税理士のための
相続法と
相続税法

法務と税務の視点

税理士 小池 正明

清文社

はじめに

　相続税は，相続や遺贈によって取得した財産を課税客体として課される税であることはいうまでもない。ただし，相続の開始から相続税の申告に至るまでには，税務の知識はもとより，さまざまな法務の知識が必要になる。

　相続人や相続分の意義，相続の承認・放棄の手続と効果，相続財産の範囲，遺産分割の方法などについて，相続税法には具体的な規定はなく，民法の相続制度を前提として相続税法が成り立っている。したがって，当然のことながら，民法の相続制度に関する正確な知識がないと，的確な相続税の実務を行うことは不可能である。

　ところで，平成30年7月6日に「民法及び家事事件手続法の一部を改正する法律」及び「法務局における遺言書の保管等に関する法律」が可決成立し，同年7月13日に公布された。昭和55年に相続法制の大幅な見直しが行われて以来，約40年ぶりの大改正である。

　この改正は，社会全体の高齢化の進展や国民の権利意識の高まり等を踏まえたものであり，配偶者の相続後の生活を保護するための配偶者居住権制度の創設，遺産分割前の預貯金の払戻し制度の創設，配偶者に居住用不動産の遺贈又は贈与があった場合の特別受益の持戻し免除の推定規定の創設，遺産の分割前に遺産に属する財産を処分した場合の遺産の範囲の明確化などの遺産分割等に関する見直し，自筆証書遺言の方式の緩和と法務局における自筆証書遺言の保管制度の創設，遺言執行者の権限の明確化，遺留分制度の見直し，特別寄与料の支払制度の創設など，改正内容はきわめて多岐にわたっている。

　平成27年1月以後の相続から相続税の課税強化が図られたため，相続税に対する関心が高まったが，上記の民法の改正により相続問題についてさらに多くの関心が寄せられている。民法の改正事項の中には，税制と直接関係しないものもあるが，身近な問題となった相続について，税理士が法務の面からの相談を受ける機会も多くなると予想される。

　本書は，民法の相続法制の大幅な見直しを踏まえ，相続に関する重

要事項について，法務の視点と税務の視点を対応させながら，それぞれのポイントを取りまとめたものである。内容は，次の7章から構成している。

第1章　相続人
第2章　相続分
第3章　相続の承認・放棄
第4章　遺言と遺贈
第5章　相続財産
第6章　遺産分割
第7章　遺留分

これらは，相続事案を処理する上で必要不可欠な事項であり，実務の手順を念頭に置いて章立てしたものである。また，上記の民法の改正事項については，紙幅の許す範囲でできるだけ詳細な解説を行っている。

相続に関する事案は，相続人の範囲，遺言の有無，相続財産の内容，遺産分割の方法などがケースごとに異なっており，多種多様である。それぞれの事案に適宜的確に対応するためには，法務と税務の両面にわたって正確な知識とそれなりの経験が求められる。

本書は，できる限り実務に即して解説したつもりであるが，筆者の経験不足や浅学のための記述誤り等があるやもしれない。その点は読者のご叱正を得て改めるつもりである。

なお，本書は，税理士や税理士事務所の職員の業務を念頭に置いて取りまとめたものであるが，相続問題に関わる弁護士や司法書士などの方々にもお役に立つことができれば幸いである。

令和元年10月

小池　正明

CONTENTS●目次

第1章　相続人

❶ 法定相続人　その範囲と相続税との関係 ……………………………… 2

❷ 養　子　その相続権と相続税法における人数規制 ………………… 11

❸ 未成年者の相続権　その相続手続と申告手続 …………………… 18

❹ 代襲相続人　その意義と同時死亡の推定 ………………………… 22

❺ 相続の欠格　欠格事由と欠格者が存在する場合の税務の取扱い ……… 25

❻ 相続の廃除　廃除要件と廃除がある場合の税務の取扱い …………… 28

❼ 遺産分割後の相続人の異動　事後的な手続と相続税申告後の税務 … 31

❽ 渉外相続〜外国籍の被相続人
相続法の適用関係と相続税法上の留意点 ……………………………… 38

❾ 相続人の不存在　財産管理・清算手続と特別縁故者への財産分与 … 47

第2章　相続分

❶ 法定相続分と代襲相続人の相続分　その意義と税法の規定 ……… 56

❷ 指定相続分　その意義，指定の方法と効果 ……………………… 60

❸ 特別受益者の相続分　持戻しの意義・特別受益の範囲と計算方法 …… 65

❹ 配偶者間の居住用不動産の贈与・遺贈と特別受益
居住用動産に係る特例的措置 …………………………………………… 76

❺ 寄与分　その意義と決定方法 ……………………………………… 80

❻ 身分が重複する場合の相続分
二重身分がある場合の相続分の算定方法 ……………………………… 84

❼ 相続分の譲渡　その意義と譲渡所得課税等の有無 ……………… 88

第3章　相続の承認・放棄

❶ 相続の承認・放棄　その法的性質 ………………………………… 94

❷ 相続の開始を「知った日」の意義
法務における熟慮期間と相続税の申告期限 …………………………… 98

❸ 相続の承認・放棄の取消し　取消しの可否と手続 ……………… 103

❹ 単純承認　その意義と「法定単純承認」となる行為 …………… 106

❺ 限定承認　その意義・方法と税務における「みなし譲渡課税」の
留意点 …………………………………………………………………… 111

❻ 相続の放棄　その意義・方法と相続税務への影響 ……………… 117

第4章 遺言と遺贈

❶ 遺 言
その意義・法的性質と遺言をすることのメリット・デメリット ········· 124

❷ 遺言事項 記載事項の法的効力と税務への影響 ················· 128

❸ 遺言の方式と遺言書の作成方法
遺言の種類・特徴と各方式のメリット・デメリット ······················ 132

❹ 遺言書保管制度 そのメリットと利用上の留意点 ················· 139

❺ 遺言の効力と遺言の撤回 遺言の無効と撤回の方法 ················· 145

❻ 遺言の執行 遺言執行者の選任と任務・権限 ················· 149

❼ 特定遺贈と包括遺贈 その意義・効力と相続税 ················· 155

❽ 条件付遺贈と負担付遺贈 その効力の発生と相続税の課税方法 ····· 159

❾ 遺贈の放棄 その効果と相続税申告後の放棄の税務 ················· 162

❿ 死因贈与 その意義と契約上の留意点 ················· 165

⓫ 法人に対する遺贈
法人に対する相続税課税の課否と個人のみなし譲渡課税 ················· 168

第5章 相続財産

❶ 相続財産の評価基準 法務と税務の基本的な相違 ················· 174

❷ 借地権 その財産性と名義変更料の取扱い ················· 178

❸ 使用貸借に係る土地 その財産性と価額の評価 ················· 182

❹ 売買契約中の土地の評価 財産の種類判定とその評価 ················· 186

❺ 建物賃借権 居住建物の同居賃借人の権利承継の可否 ················· 190

❻ 配偶者居住権 その法的性質・成立要件と税務の取扱い ················· 193

❼ 預貯金債権と預貯金の仮払い制度
預貯金の遺産分割性と払戻しの方法 ················· 208

❽ 預貯金以外の金銭債権 債権の分割の可否と実務の取扱い ················· 214

❾ 家族名義の預金等 相続財産性と税務の取扱い ················· 218

❿ 中小会社の名義株 名義株の確認と整理の方法 ················· 222

⓫ 遺産分割前に相続人が処分した遺産
相続開始後に処分された財産についての遺産分割の可否 ················· 224

⓬ 持分会社の出資持分 出資持分の相続性と評価 ················· 229

⓭ ゴルフ会員権 会員権の形態による相続性の差異と評価 ················· 231

CONTENTS

⓮ **生命保険金** 保険金請求権の法的性質と相続税の非課税 ················ 235
⓯ **生命保険契約に関する権利** その権利の相続性と税務の取扱い ···· 240
⓰ **死亡退職金** その法的性質と税務の取扱い ······························ 243
⓱ **特別寄与料** 民法における制度の趣旨と税務の取扱い ·················· 249
⓲ **年金受給権** 相続財産性と課税の課否 ··································· 255
⓳ **損害賠償請求権** 逸失利益と慰謝料の相続性と相続税の課否 ·········· 258
⓴ **祭祀財産** その範囲と承継者 ··· 262
㉑ **金銭債務** 遺産分割の可否と債務控除 ·································· 264
㉒ **保証債務と連帯債務** その相続性と相続人間の関係 ·················· 268
㉓ **葬式費用** その法的性質と税務の取扱い ································ 272

第6章 遺産分割

❶ **遺産分割の意義と方法** 遺産分割の基準・方法と形態 ················ 276
❷ **現物分割** その意義と遺産分割協議書の作成方法 ···················· 280
❸ **換価分割** その意義と実務上の留意点 ·································· 285
❹ **代償分割** その意義と実務上の留意点 ·································· 291
❺ **共有とする分割** その意義と共有物分割の留意点 ····················· 299
❻ **遺産全部の未分割** 税務上の問題点と分割後の処理 ·················· 302
❼ **遺産の一部分割** その可否と相続税額計算上の留意点 ················ 316
❽ **遺言の内容と異なる遺産分割**
　遺言を無視した遺産分割の可否と留意点 ································· 321
❾ **遺産分割の無効・取消し・やり直し**
　その法的性格と税務の考え方 ··· 326
❿ **遺産分割の対象となっていなかった財産の処理**
　分割後の遺産の発見と再分割の要否 ······································ 332
⓫ **再転相続と遺産分割**
　一次相続と二次相続が連続した場合の法務と税務 ······················ 338

第7章 遺留分

❶ **遺留分** その意義と遺留分額の算定方法 ································· 352
❷ **遺留分侵害額請求** 侵害額請求の方法と税務処理 ···················· 362
❸ **遺留分の放棄** その方法と効果 ·· 375

凡　例

　本書において，カッコ内における法令等については，次の略称を使用して
います。

【法令名略称】

相法	相続税法
相令	相続税法施行令
相規	相続税法施行規則
相基通	相続税法基本通達
評基通	相続税財産評価基本通達
措法	租税特別措置法
措令	租税特別措置法施行令
措規	租税特別措置法施行規則
措通	租税特別措置相続税関係取扱通達
通則法	国税通則法
通則令	国税通則法施行令
所法	所得税法
所令	所得税法施行令
所基通	所得税基本通達

【記載例】

相法15②一：相続税法第15条第2項第1号

相令1の12①：相続税法施行令第1条の12第1項

相基通9-6-1：相続税法基本通達9-6-1

東京家審判平29.3.1：東京家庭裁判所平成29.3.1審判

京都地判昭37.5.12：京都地裁昭和37年5月12日判決

大阪高決平10.10.3：大阪高裁平成10年10月3日決定

最判平31.3.5：最高裁平成31年3月5日判決

※本書の内容は，令和元年9月1日現在の法令等に依っている。

＊本書は，右山昌一郎・大原誠三郎監修『相続法と相続税法　相続事案に対す
　る法務・税務の対応』（平成10年，ぎょうせい）を再編集の上，全面改訂を
　行ったものである。

第1章

相続人

第1章／相続人

法定相続人
その範囲と相続税との関係

質問

相続権のある者は，民法において法定されているようですが，その範囲や順序はどのようになっていますか。

また，相続人の数や相続権の順位は，相続税の課税とどのように関わるのでしょうか。

法務の視点

1 相続人の区分

わが国の民法は，法定相続制度を採用しており，相続人の範囲や相続分について，法で定めている。民法は，相続権を有する者を「相続人」としているが，これを法で定めているため，一般には，「法定相続人」とよんでいる。

法定相続人は，血族相続人と配偶相続人に区分され，前者は文字どおり血縁関係があることで相続権を有する者，後者は配偶関係があることによる相続権者である。このうち，血族相続人については，その順位が定められており，先順位の相続人がある場合には，後順位の者に相続権はない。法定相続人の範囲とその順位は，次のとおりである（民法887，890）。

●法定相続人の範囲と順位

	血族相続人	配偶相続人
第1順位	子（又はその代襲者）	配偶者
第2順位	直系尊属（被相続人の父母等）	
第3順位	兄弟姉妹（又はその代襲者）	

2 血族相続人

　血族相続人の第1順位は子である。子が相続開始以前に死亡した場合には、孫が子を代襲して相続人となり、子及び孫が相続開始以前に死亡している場合には、ひ孫が孫を代襲して相続人となる。また、子には、被相続人の養子及び非嫡出子が含まれる。

　戸籍上の婚姻関係のない者の間の子は、被相続人と血縁関係があるとしても、その状態では相続権はなく、父親が認知の届出をして、初めて非嫡出子としての相続人となる。もっとも、被相続人がその子の母親である場合には、出生という事実によって親子関係があることが明らかであるため、認知がなくても被相続人（母親）の相続人となる（最判昭37.4.27）。

　なお、被相続人の相続開始時において、その配偶者が懐胎中であった場合、その胎児についての相続権の有無が問題となるが、民法は「胎児は、相続については、既に生まれたものとみなす」と規定しており（民法886①）、子としての相続権が与えられている。ただ、この規定は、誕生したときに初めて相続権が与えられるという意味であり、胎児が死体で生まれた場合には、初めからいなかったものとされる（民法886②）。

　血族相続人の第2順位は直系尊属である。直系尊属は、子、その代襲者及び再代襲者がいずれも存在しない場合に相続人となる（民法889①）。この場合に、「親等の異なる者の間では、その近い者を先にする」（民法889①ーただし書）と定められている。したがって、次図の場合には、母のみが相続人となり、祖父母が生存していたとしても相続権はない。

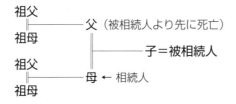

第1章／相続人

血族相続人の第3順位は兄弟姉妹である。兄弟姉妹は，子及びその代襲者，再代襲者ならびに直系尊属が存在しない場合に相続人となる（民法889①）。

父又は母が再婚した場合の前婚の子と後婚の子の関係も兄弟姉妹である。ただし，父母のいずれかが異なる兄弟姉妹の相続分は，父母の双方を同じくする兄弟姉妹の相続分の2分の1である（民法900四ただし書）。なお，兄弟姉妹についての代襲相続は，兄弟姉妹の子までである（民法889②は民法887③を準用しない）。

3 配偶相続人

被相続人の配偶者は，常に相続人となる（民法890）。この場合の「常に」とは，血族相続人が誰であっても，その者と同順位で相続人になるということである。もちろん血族相続人がいない場合には，配偶者のみが相続人であり，全財産を相続することになる。

なお，配偶者が相続人になるためには，婚姻の届出をしていることを要するから，いわゆる内縁関係にある者に相続権はない。

税務の視点

1 法定相続人又は相続人に関する相続税法の規定

相続税法は，相続人について，「被相続人の民法第5編第2章（相続人）の規定による相続人（相続の放棄があった場合には，その放棄がなかったものとした場合における相続人）」（相法15②）と規定し，また，「相続人（相続を放棄した者及び相続権を失った者を含まない。）」（相法3①本文）という規定を置いている。前者を一般に「法定相続人」と呼称し，後者は文字どおり「相続人」という。

相続税法において，「法定相続人の数」によって課税計算が行われるものとしては，次の規定がある。

① 相続税の基礎控除額の計算（相法15）
② 生命保険金の非課税限度額の計算（相法12①五）
③ 死亡退職金の非課税限度額の計算（相法12①六）

1／法定相続人

一方，「相続人」についてのみ適用される規定としては，次のものがある。

① 生命保険金の非課税規定（相法3①一）
② 死亡退職金の非課税規定（相法3①二）
③ 債務控除（相法13）
④ 未成年者控除（相法19の3）
⑤ 障害者控除（相法19の4）
⑥ 相次相続控除（相法20）

2 遺産に係る基礎控除額の計算

相続税の計算上，課税価格の合計額から控除し，また申告義務の有無の判断基準となる基礎控除額は，次の算式によって計算される（相法15①）。

●相続税の基礎控除額
　3,000万円＋600万円×法定相続人の数

この場合の法定相続人の数は，相続人の中に相続放棄をした者がいる場合であっても，その放棄がなかったものとして計算することとされている（相法15②）。

なお，基礎控除額の計算，生命保険金及び死亡退職金の非課税限度額の計算においては，後の項（14ページ）で述べる養子の数に制限があることに注意を要する（相法15②）。

ところで，現行の相続税法は，相続税の計算について，個々の相続人が取得した財産価額に対し，税率を適用して納付する相続税額を計算するのではなく，遺産総額（課税価格の合計額）と相続人の続柄・人数に応じて相続税の総額を算出し（相法16），その総額を各相続人の課税価格の割合によってあん分し，各相続人の相続税額を計算することとされている（相法17）。いわゆる法定相続分課税方式である。

この課税方式は，遺産分割のいかんにかかわらず，相続人全員が負担する相続税額が変わらないことから，仮装分割を防止するという長所を有する。しかし一方で，同額の相続財産を取得した場合であって

5

第1章／相続人

も，被相続人の遺産の多寡によって税負担が大きく異なるという問題
がある。このため，水平的公平が損なわれているという批判がある。
いずれにしても，現行法の下での相続税の総額の計算は，相続税額の
算定において不可欠の過程であり，その際に法定相続人の続柄・人数
が計算に必要な要素となる。

▌3 生命保険金・死亡退職金の非課税計算

　生命保険金と死亡退職金は，民法上の遺産ではなく，これらを取得
した相続人等の固有財産であると考えられており，原則として遺産分
割の対象にはならない。

　しかし，被相続人が保険料を負担していた生命保険契約に基づく死
亡保険金や被相続人の労務に基づいて支払われる死亡退職金は，経済
的実質において相続財産と異なることはない。

　そこで，相続税法ではこれらの財産を「みなし相続財産」又は「み
なし遺贈財産」として，相続税の課税対象に加えている（相法3）。

　そして，これらについては政策的理由により，その全部又は一部を
非課税としている。この場合の非課税限度額は，いずれも次の算式に
より計算された金額である（相法12①五，六）。

●生命保険金・死亡退職金の非課税限度額
　500万円×法定相続人の数

　この計算における法定相続人の数は，相続税法15条2項の相続人，
すなわち基礎控除額の計算を行う際の法定相続人の数と同様である。

　また，生命保険金及び死亡退職金も非課税規定の対象となる者は，
「相続人」と規定されている。生命保険金や死亡退職金は，民法上の
遺産ではないことから，相続放棄をした者が取得することは，当然に
あり得るが，この場合には，「みなし遺贈財産」として相続税の課税
対象になる。ただし，非課税規定の適用はない。

　なお，包括受遺者について民法では相続人と同一の権利義務を有す
るとしているが（民法990），「相続人とみなす」わけではない。したがっ
て，相続税法においても，相続人以外の包括受遺者は「相続人」には

・6

含まれず，生命保険金等に対する非課税規定は適用されない。

4 債務控除の適用

相続税の課税価格の算定上，債務及び葬式費用を控除できるのは，「相続又は遺贈（包括遺贈及び相続人に対する遺贈に限る。）により財産を取得した者」（相法13①）である。すなわち，相続人と包括受遺者に限り，債務控除が適用される。

もっとも，葬式費用については，相続放棄をした者など，相続人以外の者も遺族の1人として道義的に負担することがあり得る。このため，相続人以外の者が葬式費用を実際に負担した場合には，その者が取得した遺贈財産又はみなし遺贈財産の価額からその負担した葬式費用の額を控除することができることとされている（相基通13-1）。

5 2割加算の適用

相続又は遺贈により財産を取得した者が次の①及び②以外の者である場合には，その者に係る相続税額は，算出税額に，その100分の20を乗じた金額を加算することとされている（相法18）。

① 被相続人の一親等の血族（その被相続人の直系卑属が相続開始以前に死亡し又は相続権を失ったため，代襲して相続人となった被相続人の直系卑属を含む）

② 被相続人の配偶者

いわゆる2割加算の規定であるが，これは，被相続人に子があるにもかかわらず，孫に遺贈して相続税の課税を1回分回避することを防止するための重課措置である。また，被相続人の兄弟姉妹や血縁関係のない者が財産を取得することは，偶然性が高く，これらの者は相続財産によって生計を維持していく必要性に乏しいことから，同様に相続税を重課することとしている。

上記①のかっこ書は，要するに代襲相続人となった孫のことである。孫は，被相続人からみて二親等の血族であるが，代襲相続の場合には，一親等の血族とみなして2割加算の規定は適用されない。

もっとも，孫については，「相続人」であることが2割加算を適用

第1章／相続人

しない要件である。このため，代襲相続権を有している孫が相続放棄をした場合において，遺贈財産を取得したときは，2割加算の規定が適用されることになる。

また，上記①の「一親等の血族」には，被相続人の直系卑属でその被相続人の養子となっている者は含まれない（相法18②）。したがって，被相続人が孫を養子にした場合には，その孫が代襲相続人でない限り，その孫である養子には2割加算の規定が適用されることになる。

ところで，被相続人からの生前贈与財産について，相続時精算課税の適用を受けた場合において，その相続時精算課税適用者が特定贈与者である被相続人の一親等の血族に該当しないときは，その者について2割加算の規定が適用される。

ただし，被相続人（特定贈与者）の養子となった者が，その被相続人から贈与により財産を取得して相続時精算課税の適用を受けた後に離縁したような場合には，その者の相続税額のうち被相続人の一親等の血族であった期間内に被相続人から贈与により取得した相続時精算課税の適用を受ける財産の価額に対応する相続税額については，2割加算の対象にはならない（相法21の15②，21の16②，相令5の2）。

この規定により2割加算の対象にならない相続税額は，次の算式により求められる（相基通18-5）。

●相続時精算課税適用後に養子縁組が解消された者に対する相続税額

相続時精算課税適用者の算出相続税額 × 相続時精算課税適用者が被相続人の一親等の血族であった期間内にその被相続人からの贈与に取得した相続時精算課税の適用を受ける財産の額の合計額 ／（相続時精算課税適用者が相続又は遺贈により取得した財産の価額の合計額 ＋ 相続時精算課税適用者が被相続人からの贈与により取得した相続時精算課税の適用を受ける財産の価額の合計額）

要するに，相続開始時においては既に養子縁組が解消されているため一親等の血族には該当せず，2割加算の対象になる者が，相続時精算課税に係る贈与を受けた時点では養子として一親等の血族であったという場合には，相続税の課税価格に加算された部分に対応する相続税については，2割加算の適用はないということである。

1／法定相続人

6 配偶者に対する税額軽減規定の適用

　わが国の民法は，夫婦別産制を採用しているが，配偶者の財産取得については，相続財産に対する配偶者の潜在的持分を考慮するとともに，被相続人の死亡後の配偶者の生活保障に資するため，特別な軽減規定が設けられている。

　現行の相続税法は，配偶者の課税価格が「課税価格の合計額 × 法定相続分」又は「1 億 6,000 万円」のいずれか多い金額までは相続税を課税しないこととしている（相法 19 の 2 ①）。

　この規定の適用上の配偶者は，戸籍法により婚姻の届出をした者に限ることとしており（相基通 19 の 2-2），いわゆる内縁関係にある者が遺贈により財産を取得しても，軽減規定は適用されない（相基通 19 の 2-2）。したがって，相続人である配偶者のみが同規定の対象になる。

　なお，相続放棄により相続人ではなくなった配偶者が遺贈により財産を取得した場合においても，この軽減規定の適用を受けることができる（相基通 19 の 2-3）。

7 未成年者控除・障害者控除の適用

　未成年者控除及び障害者控除は，これら経済的弱者の相続税の負担を軽減し，生活保障に資するため設けられた制度である。その要件及び税額控除額は，次のとおりである（相法 19 の 3 ①，19 の 4 ①）。

●未成年者控除・障害者控除の適用要件と控除額

	未成年者控除	障害者控除
適用要件	① 無制限納税義務者（国外居住者である無制限納税義務者を含む）であること ② 法定相続人に該当する者であること ③ 18 歳未満の者であること	① 国内居住者である無制限納税義務者であること ② 法定相続人に該当する者であること ③ 障害者であること
控除額	10 万円×（18 歳－その者の年齢）	10 万円（特別障害者は 20 万円）×（85 歳－その者の年齢）

（注）　未成年者控除について，令和 4 年 3 月 31 日までの相続の場合には，上記における「18 歳」は「20 歳」とする。

第1章／相続人

　上記のとおり，これらの控除はいずれも法定相続人について適用される。したがって，未成年者（障害者）が相続の放棄をしても，遺贈財産があれば適用される（相法19の3①かっこ書き，19の4①準用，相基通19の3-1）。

　ただし，次のような場合には，未成年者（障害者）である孫が代襲相続人でない限り法定相続人には該当せず，たとえ遺贈により財産を取得しても，これらの控除はない。

被相続人───　子 ──── 孫（未成年者又は障害者）

　注意したいのは，適用要件における「無制限納税義務者」の範囲が両制度で異なることである。国外居住者であっても，その者が日本国籍を有し，かつ，相続開始前10年以内に国内に住所を有していた場合など，無制限納税義務者となるときは（相法1の3①二），国外居住者であっても未成年者控除が適用される。これに対し，障害者控除では，国内居住者である無制限納税義務者に該当する場合に適用することとされている。

　なお，いずれについても，その控除額が未成年者又は障害者本人の相続税額を超える場合，つまり控除不足が生ずるときは，その控除不足額をその者の扶養義務者の相続税額から控除することとされている（相法19の3②，19の4③）。この場合の扶養義務者は，無制限納税義務者に限られない。

2 養　子
その相続権と相続税法における人数規制

質問

　被相続人には，実子として長男と二男がいますが，これらの子（孫）は被相続人と養子縁組をしています。

　この場合の養子の相続権は，実子と同様と考えてもよいと思うのですが，相続税法の取扱いでは養子に関する否認があるようです。どのように扱われるのでしょうか。

法務の視点

1 養子縁組の法的効果と相続権

　養子は，その縁組の日から養親の嫡出子となる（民法809）。したがって，当然に養親の相続について相続人となる。ただし，普通養子の場合には，実親子との関係はそのまま継続するから，実親の相続についても相続権を有する。

　養子と養親は，相互に相続権を有する（民法887，889）。したがって，養子は養親の第1順位の血族相続人となり，養親は養子の第2順位の血族相続人となる。

　また，養子は，養子縁組の日から養親及び養親の血族との間に法定血族関係が生ずる（民法727）。もっとも，養子縁組の前に生まれた子は，養親の孫（直系卑属）には当たらず，養親の相続について代襲相続人にはならない。これに対し，養子縁組の後に生まれた子は，養子縁組により養子と養親との間に法定血族関係が生ずるため，養親の孫（直系卑属）となり，養親の相続について代襲相続人になる。したがって，次図のケースで，2人の養子が被相続人より先に死亡していた場合に，Dは養子Bの代襲相続人となるが，Cには代襲相続権はない。

第1章／相続人

```
被相続人 ┌── 養子 A（死亡）── 養子の子 C（養子縁組前に出生）
         └── 養子 B（死亡）── 養子の子 D（養子縁組後に出生）
```

2 特別養子

　特別養子制度は，昭和62年の民法改正により創設されたもので，実親子関係を切断する縁組である。したがって，特別養子は，実父母の相続について相続権はない。

　特別養子縁組は，家庭裁判所の審判によって成立し（民法817の2），養親は婚姻しており，夫婦ともに縁組しなければならない（民法817の3）。また，養親は25歳以上でなければならず（民法817の4），養子は，原則として6歳未満でなければならない（民法817の5）。特別養子縁組の成立には，養子となる者の実父母の同意が必要である（民法817の6）。

3 養子縁組の成立要件

　養子縁組は，戸籍法の定めるところにより，届出をすることによってその効力が生ずる（民法799，739①の準用，戸籍法66）。また，養子縁組の届出は，当事者双方が署名した書面で行い，2人以上の成年の証人を要する（民法799，739②の準用）。民法及び戸籍法の規定を概観すると，次表のとおりである。

●養子縁組の成立要件

	養子縁組の要件等
代諾養子縁組	養子となる者が15歳未満である場合には，その法定代理人が本人に代わって縁組を承諾する（民法797①，戸籍法68）。 （注）　養子となる者が15歳以上の場合には，未成年者であっても本人の意思による。
養親の年齢	養親は，成年でなければならない（民法792）。 （注）　養子についての年齢制限はなく，成年を養子とすることもできる。
尊属・年長者養子の禁止	尊属を養子とすることはできない。また，自己より年長の者を養子とすることはできない（民法793）。

2／養　子

未成年者を養子とする場合の家庭裁判所の許可	未成年者を養子とする場合には，家庭裁判所の許可を要する。ただし，自己又は配偶者の直系卑属を養子とする場合には，その許可を要しない（民法798）。 （注）　次のような場合には，家庭裁判所の許可は要しない。 　　・自己の孫を養子とする場合 　　・配偶者の連れ子を養子とする場合 　　・自己の非嫡出子を養子とする場合
夫婦共同縁組	配偶者のある者が未成年者を養子とする場合には，夫婦の一方が他方の嫡出子を養子とする場合又は配偶者の一方が意思表示をすることができない場合を除き，配偶者とともにしなければならない（民法795）。 （注）　配偶者のない者（独身者）が未成年者を養子とすることは認められている。

4 養子縁組の無効

　養子縁組が成立するためには，当事者の意思の合致がなければならず，縁組の意思がない場合には無効となる（民法802一）。

　この場合の「縁組の意思」については，届出をする意思があれば縁組を有効とする見解（形式的意思説）と真に親子関係を創設する意思がなければ無効となるという見解（実質的意思説）がある。判例及び学説の多くは実質的意思説によっている。

5 相続税の節税を目的とした養子縁組の有効性

　ところで，相続税の節税を目的とした養子縁組か有効か否かが争われた事案について，最高裁平成29年1月31日判決は，次のように判示し，その縁組を有効なものとしている。

---

①　養子縁組は，嫡出親子関係を創設するものであり，養子は養親の相続人となるところ，養子縁組をすることによる相続税の節税効果は，相続人の数が増加することに伴い，遺産に係る基礎控除額を相続人の数に応じて計算するものとするなどの相続税法の規定によって発生し得るものである。

②　相続税の節税のために養子縁組をすることは，このような節税効

第1章／相続人

果を発生させることを動機として養子縁組をするものにほかならず，相続税の節税の動機と縁組をする意思とは，併存し得るものである。したがって，専ら相続税の節税のために養子縁組をする場合であっても，直ちに当該養子縁組について民法802条1号にいう「当事者間に縁組をする意思がないとき」に当たるとすることはできない。

③　そして，本件事実関係の下においては，本件養子縁組について，縁組をする意思がないことをうかがわせる事情はなく，「当事者間に縁組をする意思がないとき」に当たるとすることはできない。

税務の視点

1 養子の人数制限規定

養子縁組について，民法上は有効であるとしても，相続税法は，租税回避を防止する観点から，被相続人に養子がある場合の法定相続人の数に算入する養子の数を次のように制限している（相法15②）。

●相続税法の養子の人数制限の取扱い

① 当該被相続人に実子がある場合又は当該被相続人に実子がなく，養子の数が1人である場合 …… 1人
② 当該被相続人に実子がなく，養子の数が2人以上である場合 …… 2人

この養子の人数制限規定は，相続税法における次の規定に適用される。

イ　遺産に係る基礎控除額の計算（相法15①）
ロ　相続税の総額の計算（相法16）
ハ　生命保険金の非課税限度額の計算（相法12①五）
ニ　死亡退職金の非課税限度額の計算（相法12①六）

養子の数が2人以上の場合で，この人数制限規定が適用された場合

に，上記の計算規定の適用上は，養子のうちいずれの者を否認し又は特定する必要はない。これらの計算において単に人数を制限するということである。

また，養子は「相続人」であるから，その養子について，生命保険金や死亡退職金の非課税規定，債務控除及び相次相続控除は適用され，「法定相続人」に該当することから，未成年者控除や障害者控除も適用される。

ところで，上記の養子の人数制限規定は，「被相続人に養子がある場合」に適用される。したがって，次図のように相続人が被相続人の兄弟姉妹である場合には，その兄弟姉妹の中に被相続人の親と養子縁組をしたことにより相続人となる者がいても，上記の人数制限の規定は適用されない（相基通15-5）。

●養子の人数制限規定を受けないケース

なお，上記の規定は相続税に関するものであり，人数制限がされたとしても，民法上の養子の相続権を否定するものでないことはいうまでもない。

2 実子とみなす養子の範囲

次のような養子は，租税回避を目的としたものではないため，上記の人数制限等の対象にならず，実子とみなすこととされている（相法15③，相令3の2）。

① 特別養子縁組による養子
② 被相続人の配偶者の実子でその被相続人の養子となった者（いわゆる連れ子が養子となった場合）
③ 被相続人とその被相続人の配偶者との婚姻前に，その被相続人の配偶者の特別養子となった者で，その婚姻後にその被相続人の

養子となった者
④ 実子，養子又はその直系卑属が相続開始以前に死亡し，又は相続権を失ったため，（代襲相続により）法定相続人となったその者の直系卑属

このうち②は，被相続人とその配偶者との婚姻期間（婚姻関係が終了するまでの期間）において被相続人の養子となった者をいい，③の「婚姻後にその被相続人の養子となった者」とは，その被相続人と配偶者との婚姻期間中において被相続人の養子となった者をいう（相基通15-6）。したがって，被相続人と配偶者との婚姻前に被相続人と養子縁組をしても，その者は実子とみなされ，養子の人数制限等の対象にはならない。

上記②の「被相続人の配偶者の実子でその被相続人の養子となった者」について，養子縁組の時期と婚姻の時期との関係を示すと，次のようになる。

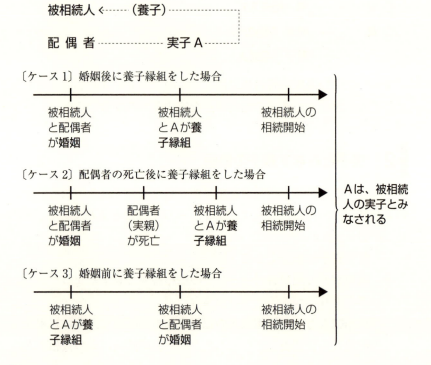

2／養　子

3 相続税の「不当減少」と養子の否認規定

　相続税法は，上記の養子の人数の制限規定のほかに，養子の否認規定を設けている。すなわち，法定相続人の数に算入する養子について，1人又は2人に制限する上記の規定を適用しても，なお相続税の負担を不当に減少させる結果となると認められる場合においては，税務署長は，その養子の数を否認して更正又は決定をすることができることとしている（相法63）。

　この規定が適用される場合には，その不当減少養子を除いた他の養子について，前記の1人又は2人の人数制限規定が適用される（相基通63-2）。

　なお，この否認規定は，上記の人数制限規定とともに，昭和63年の税制改正で創設されたものであるが，その後，この否認規定が適用された事例はないようである。したがって，どのような場合に適用されるかは定かではないが，相続開始の直前に養子縁組をし，相続開始とともに相続放棄をさせるような明らかな租税回避を目的としたケースが該当すると考えられる。

17

第1章／相続人

③ 未成年者の相続権
その相続手続と申告手続

質問

　相続人の中に未成年者が含まれていますが，相続手続で注意すべきことはありますか。

　また，未成年者の相続税の申告は，どのように行うのですか。

法務の視点

1 未成年者の法的能力と特別代理人の選任

　未成年者が法律行為をするには，その法定代理人の同意を得なければならないこととされている（民法5）。

　したがって，相続人のうちに未成年者がいる場合には，その親権者が法定代理人となり，その未成年者に代わって遺産分割協議に参画することになる（民法824）。

　ただし，次の場合には，いわゆる利益相反行為に当たるため，親権者は未成年者の代理をすることはできない。これら場合には，その未成年者のために「特別代理人」を選任する必要がある（民法826①）。

　　① 被相続人（父親）の相続に係る遺産分割に当たり，親権者（母親）と未成年者（子）が共に相続人である場合

　　② 親権者（母親）を同じくする複数の未成年者である相続人（子）がおり，その親権者が未成年者の代理人となる場合

　このうち②は，次図のようなケースをいう。この場合の母親は，2人のうちいずれか1人の代理人となることはできるが，他の一方の子については代理人となることはできず，その子のために特別代理人を選任しなければならない（民法826②）。

18

3／未成年者の相続権

```
先妻（母親）──┬─子（未成年者・相続人）
被相続人    └─子（未成年者・相続人）
後妻（相続人）
```

2 特別代理人の選任方法

特別代理人の選任の申立ては，親権者が申立人となり，未成年者の住所地の家庭裁判所に「特別代理人選任申立書」を提出して行う。この場合の特別代理人は，第三者はもちろん，利益相反がなければ未成年者の親族（叔父や叔母など）でもかまわない。

いずれにしても，相続人の中に未成年者がいる場合で特別代理人を選任する必要があるときは，家庭裁判所の審判によって特別代理人が決定されるまで遺産分割協議はできない。また，不動産の登記実務においては，法定代理人又は特別代理人の署名・押印のない遺産分割協議書を相続を証明する書面とした相続登記申請は，受理されないこととされている。

なお，胎児について，民法は「胎児は，相続については，既に生まれたものとみなす。」（民法886①）と規定し，生きて生まれた場合には，相続人となるが，当然に未成年者である。したがって，その胎児のための相続手続は，法定代理人又は特別代理人が行うことになる。

（注）「20歳」の成年年齢は，令和4年4月1日から「18歳」に引き下げられる（民法4）。もっとも，養子をとることができる年齢，喫煙年齢（未成年者喫煙禁止法），飲酒年齢（未成年者飲酒禁止法）などは，同日以後も20歳が維持される。

税務の視点

1 未成年者控除の適用

相続税の税額控除としての未成年者控除については，「法定相続人」の項で述べたとおりであり，相続又は遺贈により財産を取得した者が，法定相続人である無制限納税義務者であり，18歳未満（令和4年3月

19

第1章／相続人

31日までの相続の場合には，20歳未満）の者である場合には，その者が18歳（20歳）に達するまでの年数1年につき，10万円で計算した金額が，その未成年者の相続税額から控除される（相法19の3①）。

　なお，18歳（20歳）に達するまでの年数に1年未満の端数があるときは，その端数は1年として控除額の計算を行う（相法19の3①かっこ書）。

　ところで，上記により計算される控除額が，その者の相続税額から控除しきれない場合には，その者の扶養義務者の相続税額から控除することとされている（相法19の3②）。この場合において，扶養義務者が2人以上いるときのそれぞれの扶養義務者の相続税額からの控除は，次のいずれかの方法による（相令4の2）。

① 扶養義務者の全員が協議によりその全員が控除する金額を定めて申告書に記載した場合……その記載した金額

② ①以外の場合……扶養義務者の全員が控除できる金額をそれぞれの者の相続税額（未成年者控除前の税額）によりあん分して計算した金額

　注意したいのは，控除不足額を扶養義務者の相続税額から控除できるのは，未成年者本人が相続又は遺贈により財産を取得した場合である。したがって，未成年者が相続放棄等により財産を取得しなかった場合には，扶養義務者の相続税額からの控除は適用されないことになる。

2 未成年者の相続税の申告手続

　未成年者が法律行為をするに際しては，法定代理人又は特別代理人による必要があることは，前述したとおりである。

　相続税の申告も同様であり，申告書には，法定代理人又は特別代理人の押印が必要である。また，延納申請や物納申請など各種の手続も同様であり，これらの申請書には，代理人が押印して提出することになる。

　なお，税務申告は，法律行為ではなく，単なる通知行為であり，法定代理人又は特別代理人の押印は必要ないという考え方もあるが，代

理人が押印したほうがよいと考えられる。

3 成年年齢の引下げに伴う年齢要件の見直し

　成年年齢が20歳から18歳に引き下げられたことに伴って，税制上の年齢要件も見直された。相続税関係では，未成年者控除のほか，次の事項がある。

　①　相続時精算課税の受贈者の年齢要件（相法21の9）
　②　相続時精算課税の特例における受贈者の年齢要件（措法70の2の8）
　③　直系尊属から贈与を受けた場合の贈与税の税率の適用年齢（措法70の2の5）
　④　特定事業用資産に係る贈与税の納税猶予の受贈者の年齢要件（措法70の6の8）
　⑤　非上場株式等に係る贈与税の納税猶予の受贈者の年齢要件（措法70の7，70の7の5）

　なお，これらは，いずれも令和4年4月1日以後に贈与により取得した財産に係る贈与税について適用される。

第1章／相続人

4 代襲相続人
その意義と同時死亡の推定

質問

祖父と父が自動車に同乗中に交通事故で死亡しました。2人とも即死だったため，どちらが先に死亡したのか分かりません。

このような場合，祖父の遺産についての相続の関係や，相続税の計算・申告は，どのようにするのですか。

―― 法務の視点 ――

1 代襲相続の意義

被相続人の相続開始以前に，本来であれば相続人となるべき子（又は兄弟姉妹）が死亡している場合には，その死亡した者（被代襲者）に代わって，その直系卑属が相続人となる（民法887②，889②）。

これを代襲相続というが，「親－子－孫」という関係において，子が親より先に死亡した場合に，孫に相続権を認めないとすると，その孫は永久に財産を取得できなくなってしまう。財産承継に対する孫の期待利益を保護するための制度が代襲相続である。

なお，代襲相続は，相続人となるべき者の死亡のほか，相続の欠格（民法891）や推定相続人の廃除（民法892）も，その原因となる。ただし，相続放棄は代襲相続の原因にはならない。また，配偶者は代襲相続することはできない。

2 代襲相続人の範囲

代襲相続の典型的な例は，被相続人の子が被相続人より先に死亡したため，子の子（孫）が相続人になる場合である。

被相続人
‖ ── 子（被相続人より先に死亡）── 孫（代襲相続人）
配偶者

　この場合に，孫も被相続人より先に死亡しているとすれば，孫の子（被相続人の曾孫）が子に代わって相続人となる。いわゆる再代襲である。なお，上図の場合には，配偶者と孫が相続人となるが，孫は第1順位の血族相続人であり，被相続人の直系尊属及び兄弟姉妹がいたとしても，これらの者に相続権がないことはいうまでもない。

　一方，相続人が被相続人の兄弟姉妹であり，その兄弟姉妹が被相続人より先に死亡している場合にも，代襲相続となる。ただし，兄弟姉妹の代襲相続は，その子（被相続人のおい又はめい）までに制限されており，再代襲は認められていない。したがって，次図の場合には，被相続人の配偶者と甥が相続人となり，姪の子が相続人になることはない。

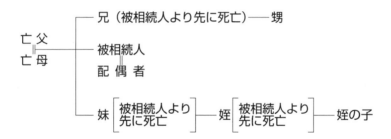

3 同時死亡と代襲相続

　被代襲者の死亡は，相続開始以前でなければならない。昭和37年の民法の改正前は，「相続開始前」と規定されていたが，同改正により「相続開始以前」とされた。したがって，被相続人の死亡時に生存していない場合には，その生存していない者は相続人にはならない。

　この結果，同時死亡又は同時死亡と推定される場合には，死亡者相互間に相続はないものとされ，代襲相続となる（民法32の2）。例えば，次の例で，父と子が交通事故等で同時に死亡したとみなされるときは，孫は，子に代わって父の相続について代襲相続人となる。

税務の視点

1 法定相続人の数

　代襲相続人は，当然のことながら「法定相続人」であり，その数に応じて相続税の基礎控除額が計算される。また，生命保険金や死亡退職金の非課税限度額の計算においても，その数に算入される。

2 代襲相続人と2割加算

　相続税額の2割加算の規定については，「法定相続人」の項で説明したとおりであり，同規定が適用されない被相続人の一親等の血族には，代襲相続人を含むこととされている（相法18①）。

　ただし，代襲相続権のある者が相続放棄をした場合には，「相続人」ではないこととなり，遺贈財産又は遺贈により取得したとみなされる財産があるときは，その者の相続税について2割加算の規定が適用される。

3 死亡した者の相続税の申告期限

　相続税の申告書を提出すべき者がその申告書の提出期限前にその申告書を提出しないで死亡した場合には，その死亡した者の相続人は，その相続の開始があったことを知った日の翌日から10か月以内に，その死亡した者に係る申告書をその死亡した者の納税地の所轄税務署長に提出することとされている（相法27②）。

　したがって，前述した同時死亡の場合には，父の相続税の申告書と子の相続税の申告書は，いずれも孫が提出することとなり，その期限はいずれも相続開始を知った日の翌日から10か月以内となる。

5 相続の欠格
欠格事由と欠格者が存在する場合の税務の取扱い

質問

　父が死亡しましたが，以前から家を出奔し自堕落な生活をしていた弟が父の自筆の遺言書を見つけ，「自分に不利に書いてあるに違いない」と考えたらしく，その遺言書を燃やしてしまいました。

　このような場合にも，弟に相続権が認められるのでしょうか。

法務の視点

1 相続の欠格事由

　相続の欠格とは，相続に関して不当・不正な行為をした場合に，相続人の資格を法的に剥奪する制度である。

　民法は，欠格事由として，次の5項目を規定している（民法891）。

① 被相続人又は相続について先順位もしくは同順位にある者を故意に死亡するに至らせ又は至らせようとしたために，刑に処せられた者

② 被相続人の殺害されたことを知って，これを告発せず又は告訴しなかった者

③ 詐欺又は強迫によって，被相続人が相続に関する遺言をすること，遺言を取り消すこと又はその変更することを妨げた者

④ 詐欺又は強迫によって，被相続人に相続に関する遺言をさせ，遺言を取り消させ又はこれを変更させた者

⑤ 相続に関する被相続人の遺言を偽造，変造，破棄又は隠匿した者

　このうち①については，殺人の既遂だけでなく，未遂や予備も含むが，殺人について故意犯であることが必要であり，過失致死や傷害致

第1章／相続人

死は含まないものとされている。

また，②について，その者に是非の弁別がないとき又は殺害者が自
己の配偶者もしくは直系血族であったときは欠格事由には該当しない
こととされている。

2 相続欠格の効果

相続の欠格事由に該当した場合には，裁判上の宣告等の手続を経る
ことなく，法律上当然に相続権がなくなる。また，相続欠格者は同時
に受遺能力をも失うこととされているため（民法965），遺贈で財産を
取得することもできない。

相続欠格の効果は相対的であり，特定の被相続人に対する関係で相
続人資格を失うこととなる。したがって，親を殺害した者でも，その
者の子は親の財産を相続することができる。また，相続欠格の効果は，
一身専属的であり，直系卑属には及ばないため，欠格者に直系卑属が
ある場合には，その者が代襲相続人となる（民法887②，889②）。

3 相続欠格の宥恕

被相続人が自己の意思で欠格者を宥恕し，相続人資格を回復させる
ことができるかについて，民法は特段の規定を設けていない。相続欠
格の制度は，公刑罰とは無関係であり，また欠格者への生前贈与は禁
止されていないので，宥恕を肯定するのが通説である。

なお，宥恕の方法に制限はなく，欠格の効果を消滅させるという意
思表示があれば足りると解されている。

税務の視点

1 相続の欠格と生前贈与の扱い

前述のとおり，相続の欠格者に対して財産の生前贈与を行うことは，
特に禁止されてはいない。したがって，相続開始前3年以内に欠格者
に対して生前贈与がなされていることもあり得なくはない。

しかしながら，被相続人からの相続開始前3年内の贈与財産価額の

相続税の課税価格の加算規定は,「相続又は遺贈により財産を取得した者」に対する贈与に限られている（相法19①）。相続の欠格者は,相続権はもちろんのこと,受遺能力をも失うのであるから,相続又は遺贈により財産を取得することは,通常ではあり得ない。

したがって,相続欠格者に対する贈与は,相続開始前3年以内の贈与はもちろんのこと,相続開始年の贈与についても相続税は課されず,贈与税の課税のみをもって課税関係は終了する。

もっとも,被相続人からの生前贈与財産について,相続時精算課税の適用を受けている場合には,被相続人（特定贈与者）の死亡時において,文字どおり精算課税が行われる。この場合に,その受贈者が相続又は遺贈により財産を取得しなかったとしても,その生前贈与財産の価額を相続税の課税価格として相続税額を計算することになる（相法21の16①）。

なお,相続の欠格は代襲相続の原因となるところ,代襲相続人となった欠格者の直系卑属に対して贈与が行われていた場合において,その代襲相続人が相続又は遺贈によって財産を取得したときは,3年以内の生前贈与の加算規定の適用を受けることとなる。

2 みなし取得財産に対する相続税の課税

相続欠格者は,民法上の遺産を取得することはないが,相続欠格者であっても,生命保険金や死亡退職金の受取人にはなり得る。このため,生命保険金等を遺贈により取得したものとみなされて相続税の納税義務者になることはあり得ることである（相法3①）。

なお,相続欠格者は「相続人」ではないから,生命保険金又は死亡退職金に対する非課税規定は適用されない（相法12①一,二）。

第1章／相続人

6 相続の廃除
廃除要件と廃除がある場合の税務の取扱い

質問

長男に対して従前から相当額の財産を贈与してきましたが，その素行は必ずしも良くありません。相続財産は，この長男を除く他の相続人に分与したいと考えていますが，どのようにしたらよいでしょうか。遺言をすることも考えていますが，長男の遺留分との関係がよく分かりません。

法務の視点

1 相続廃除の意義と要件

被相続人に対する虐待，侮辱があった場合又は著しい非行があった場合に，家庭裁判所の判断で推定相続人の相続権を失わせる制度が相続の廃除である（民法892）。廃除に関する民法の規定をまとめると，次のとおりである。

●相続廃除に関する民法の取扱い

	制度の概要
廃除の対象者	● 廃除の対象になるのは，遺留分を有する推定相続人である（遺留分を有しない推定相続人（兄弟姉妹）に相続財産を与えたくない場合には，遺言によって財産処分を行うことができる）。
廃除の原因	● 廃除原因は，被相続人に対する虐待もしくは重大な侮辱又は推定相続人にその他の著しい非行があったことである（著しい非行は，被相続人に対するものであると，被相続人以外の者に対する者であるとを問わない）。 ● 廃除原因の有無は，虐待，侮辱，非行の程度，当事者の社会上の地位，家庭の状況，教育程度，被相続人側の責任の有無，その他一切の事情を斟酌して，家庭裁判所が判断する。

6／相続の廃除

廃除の請求	● 廃除の請求は，家庭裁判所に対して行う。 ● 廃除の方法には，被相続人が生前に廃除請求を行う場合と，被相続人が遺言により行う場合がある（遺言による廃除は，遺言執行者が家庭裁判所に廃除請求をする）。

民法 892 条は，被相続人に実定法上の廃除権ないし廃除請求権を付与したものではなく，被相続人の請求に基づいて，家庭裁判所に後見的立場から廃除相当事由の存否を審査，判断させるものである。したがって，廃除については家庭裁判所の審判又は調停のあることが成立要件になる（家事事件手続法 188，同別表第 1 の 86）。

なお，相続の廃除があると，戸籍の身分事項欄に「推定相続人廃除」として，廃除に関する裁判の確定日とともに記載されるため，相続権のないことが明らかになる。

2 相続廃除の効果

相続廃除に関する審判の確定又は調停の成立によって，廃除された推定相続人は相続権を失う。

この場合，相続開始前に廃除の審判の確定又は調停の成立があったときは，廃除の効果は即時に発生することになる。また，審判の確定や調停の成立が相続開始後の場合には，廃除の効果は相続開始時に遡って発生する。

なお，相続の廃除は代襲相続の原因となる。このため，廃除された者に直系卑属がある場合には，その者が代襲相続人になる（民法 887 ②③，889 ②）。

3 相続廃除の取消し

相続の廃除は被相続人の意思に基づくものであるから，被相続人が廃除された者を宥恕しようと思えば，いつでも家庭裁判所に廃除の取消しを請求することができる（民法 894 ①）。

なお，廃除が取り消されれば，相続開始後に廃除取消しの審判がなされた場合でも，廃除の効果は被相続人の死亡時に遡って生じることとなり，相続人の地位を回復する（民法 893，894 ②）。

29

第1章／相続人

税務の視点

1 相続廃除と相続税

　相続廃除が成立した場合には，相続権と遺留分に関する権利は失われるが，廃除を受けた者の受遺能力までは失われない。もともと廃除は被相続人の生前か又は遺言によってしかされないから，被相続人の有効な遺言によって廃除した者に財産を遺贈することはあり得る。この場合には，遺贈財産についてのみ廃除を宥恕したことになると考えられる。

　もっとも，事実上，廃除を宥恕したとしても，廃除の取消しは家庭裁判所に請求しなければならないから，遺贈をしたことによって，廃除の取消しがあったことにはならない。

　いずれにしても，相続欠格と異なり，相続廃除を受けた者が遺贈を受けることも考えられるため，相続税の納税義務者になることもある。また，相続開始前3年以内の贈与財産価額の相続税の課税価格への加算規定も適用され，相続時精算課税による贈与があった場合の規定も適用される。

　なお，相続廃除は代襲相続の原因となるため，代襲相続人が相続又は遺贈により財産を取得した場合には，その代襲相続人に対する生前贈与について，相続税の課税関係が生じることになる。この点は，相続欠格の場合と同じである。

2 相続廃除と債務控除

　相続の廃除を受けた者は相続人ではないため，債務控除を適用することはできないが（相法13①），被相続人の葬式費用を実際に負担した場合には，その負担額を遺贈財産の価額から控除することが認められている（相基通13-1）。

　もっとも，実務的にみれば，相続欠格と同様に，相続廃除を受けた者が財産を取得することは極めて稀であり，通常は相続税の課税関係は生じない。

30

7 遺産分割後の相続人の異動
事後的な手続と相続税申告後の税務

質問

被相続人（父）の遺産については，相続人間で遺産分割を行い，その後に被相続人の子（非嫡出子）と称する者が認知の訴えを起こし，家庭裁判所で認められたため，非嫡出子として相続人になりました。

この非嫡出子から遺産の請求がありましたが，当初の申告をやり直さなければならないのでしょうか。

また，既に申告と納税を終えた相続税は，どのように処理したらよいのでしょうか。

法務の視点

1 相続人の異動事由

遺産分割を行うに当たっては，誰が相続人であるかを確定することが前提となることはいうまでもない。

ただ，遺産分割の確定後に相続人の異動が生じることがある。その異動事由としては，次のような例が考えられる。

① 死後認知の判決の確定（民法787）
② 推定相続人の廃除又は廃除の取消しの審判の確定（民法892〜894）
③ 相続回復請求権に基づく相続の回復（民法884）
④ 相続の放棄の取消し（民法919②）
⑤ 胎児の出生（民法886）
⑥ 相続人に対する失踪の宣告又はその取消しの審判の確定（民法30〜32）

第1章／相続人

2 死後認知の場合の価額請求

上記のうち，死後認知について説明しておくこととする。被相続人の子，その直系卑属又はこれらの者の法定代理人は，父又は母が死亡した後であっても，相続開始から3年間であれば，検察官を相手方として認知の訴えを提起することができる（民法787）。その訴えが認められた場合を「死後認知」という。

遺産分割の前に死後認知があった場合には，被認知者である相続人を加えて遺産分割を行うことになる。その者を除いて行った遺産分割は，共同相続人の一部を除外して行われたものであり，その遺産分割は無効となる。

一方，共同相続人間で遺産分割が成立した後に死後認知が確定した場合には，その認知は出生の時に遡ってその効力を生ずるが，民法は，第三者が既に取得した権利を害することはできないと規定している（民法784）。これは，死後認知によって相続人となった者が遺産の再分割を求めることはできないということである。既に確定した遺産分割のやり直しを認めると，法的安定が損なわれ，相続実務が混乱するからである。

そこで，民法は，既に行われた遺産分割の効力は維持した上で，被認知者には価額のみによる支払の請求を認めることとしている（民法910）。要するに，死後認知によって相続人となった者は，他の共同相続人に対し，相続分に見合う金銭の請求をして，財産を確保するということである。

なお，民法910条によって請求できる価額は，被認知者である相続人を共同相続人に加えて計算した具体的相続分額を基礎とすることになるが，請求額の算定の基準時は，その請求時であると解される。

3 民法910条の類推適用の可否

死後認知以外でも上記**1**に掲げた②から⑥の事由により，遺産分割後に新たに相続人としての地位が認められる場合がある。これらの場合に，民法910条を類推適用することの可否については学説が分かれ

32

ている。

　被認知者は，本来は相続人の1人として遺産分割協議に参加できる
はずであったにもかかわらず，民法910条によれば遺産の分割につい
て権利主張の機会を奪われ，かつ，分割方法について価額支払請求の
みしかできないという制約を受けることになる。したがって，死後認
知以外の場合は，民法910条の類推適用はなく，遺産分割のやり直し
を請求できるとする見解が有力である。

税務の視点

1 相続人の異動と相続税法の特則規定

　現行の相続税法は，法定相続分課税方式によっており，法定相続人
の数と法定相続分に基づいて相続税額を計算することとしている。こ
のため，相続税の申告後に相続人に異動を生じた場合には，事後的に
相続税の修正計算を要することになる。

　相続人の異動は相続に特有の事由であるため，国税通則法の規定と
は別に，相続税法は，期限後申告の特則（相法30），修正申告の特則（相
法31）及び更正の請求の特則（相法32）の各規定を設けている。

2 期限後申告の特則

　相続税の申告後に相続人となった者で，新たに財産を取得し，申告
義務が生じた場合には，その取得財産に基づき期限後申告をすること
ができる（相法30①）。

　この規定では，期限後申告をすることが「できる」とされており，
新たに相続人となった者と他の共同相続人との間で，取得財産価額に
係る相続税額の変動分を互いに授受して調整を行うことも可能であ
る。この場合には，あえて期限後申告を行う必要はない。

　もっとも，申告後の相続人の異動は，法定相続人の数の増減が生じ
るため，相続税の総額に変動を来たすことになる。この場合に，相続
税額に減少を生じた者から更正の請求がされた場合に，新たに財産を
取得した相続人が期限後申告を行わないときは，税務署長の決定を受

第1章／相続人

けることになる（相法35③）。

　なお，相続税の申告前に新たに相続権を有する者が確定した場合には，その者を加えて遺産分割を行うことになり，その遺産分割によって取得した財産に基づいて期限内申告を行うことになる。また，申告期限において，遺産が未分割であれば，相続税法55条により，各共同相続人が民法の規定に従って財産を取得したものとして申告することになる。

3 修正申告の特則

　被相続人から遺贈を受けて既に相続税の申告書を提出していた者が，その後に新たに相続人となったため，追加で財産を取得した場合には，その追加で取得した財産を含めて増加した税額について修正申告をすることができる（相法31①）。

　また，申告後に法定相続人の数が減少したことによって基礎控除額等が変動し，税額が増加した場合も同様である。

4 更正の請求の特則

　相続税について，既に申告書を提出している者で，相続人に異動が生じたことによって，相続税額が過大になった場合には，相続人の異動事由が生じたことを知った日の翌日から4か月以内に限り，国税通則法23条1項の規定に基づき更正の請求をすることができる（相法32①）。

5 死後認知の場合における税務の手続

　相続税の申告後に死後認知が確定し，民法910条による価額の償還請求があった場合の税務について，設例で確認すると，次のとおりである。

設例

① 被相続人甲は，X₁年2月に死亡した。甲の相続人（嫡出子）であるAとBは，X₁年11月に遺産分割を確定させ，同年12月に相続税の申告をした。

•34

7／遺産分割後の相続人の異動

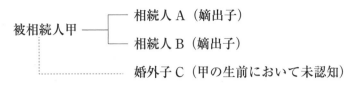

② 甲の婚外子であるCからX₂年3月に認知の訴えが提起された。
③ Cの認知の訴えは，X₂年7月に勝訴確定し，Cは非嫡出子としての相続権を取得した。なお，相続人AとBは，同日その事実を知った。
④ X₂年8月に，非嫡出子Cから相続人AとBに対し，民法910条による価額の償還請求があった。
⑤ 相続人AとBは，Cからの請求内容を不服としてこれに応じなかったが，Cからの再々の請求に応じて協議し，X₂年12月に合意が成立し，金銭の償還をした。

この事例における相続人AとBは，金銭の償還をしたため，相続税について更正の請求ができるが，上記の事実からみると，次の2つの手続になる。
① X₂年7月から4か月以内に「相続人に異動が生じたこと」（相法32①二）を事由として更正の請求を行う。
② X₂年12月から4か月以内に「民法第910条（相続の開始後に認知された者の価額の支払請求権）の規定による請求があったことにより弁済すべき額が確定したこと」（相法32①六，相令8②二）を事由として更正の請求を行う。

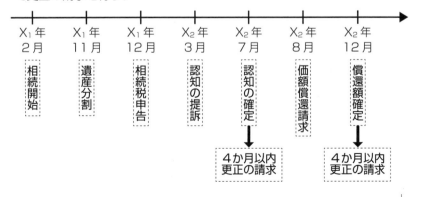

35

第1章／相続人

相続税法の規定からみれば，上例の場合には，更正の請求を2回にわたって行うのが原則である（相基通32-3）。しかしながら，死後認知の確定による相続人の異動と被認知者に対する償還額の確定とは，いわば同一事象に基づく一連の事実であり，更正の請求を一度に行うのが現実的である。

このため，実務上は，認知に関する裁判が確定したことを知った日の翌日から4か月以内に更正の請求が行われず，価額償還請求に基づき弁済すべき額が確定したことを知った日の翌日から4か月以内に2つの事由を併せて更正の請求があった場合には，いずれの事実についても更正の請求の期限内に請求があったものとして取り扱うこととされている（相基通32-3なお書）。

したがって，上例の相続人AとBは，X₂年7月から4か月以内の更正の請求を省略し，X₂年12月の償還額の確定日の翌日から4か月以内に更正の請求をすればよいことになる。ただし，この場合の更正の請求書には，死後認知の確定による相続人の異動と被認知者に対する償還額の確定という2つの事由を明記しておく必要がある。

なお，上例の被認知者であるCは，償還請求による金銭の額の取得について，新たに申告義務が生じた場合には，期限後申告書を提出する必要がある（相法30①）。もっとも，更正の請求と期限後申告を行わず，当事者間で負担税額の調整を行うことは可能である。

6 加算税・延滞税の取扱い

相続税について，期限後申告や修正申告を行った場合には，加算税や延滞税の問題が生じることがある。このうち加算税については，相続税法に特別な定めはない。しかし，相続税法30条1項の期限後申告は，国税通則法66条1項ただし書にいう「正当な理由」に該当すると考えられる。

また，自主的な修正申告の場合には，「更正があることを予知してされたものでない」として過少申告加算税は賦課されない（通則法65⑤）。

延滞税については，相続税法51条に特則規定が定められており，

同条2項では，相続税法32条1項1号から4号に規定する事由によって期限後申告や修正申告がされた場合には，相続税法33条の納期限（本来の納期限）から，これらの申告書の提出があった日までの期間の延滞税は免除することとされている。

　なお，減額更正に係る還付加算金については，相続税法に特別な定めはないが，国税通則法の規定により還付加算金が付されることとなる。

　参考までに現行の加算税制度の概要をまとめると，次のようになる。

●加算税制度の概要

種類	賦課要件等	課税割合
過少申告加算税（通則法65）	● 期限内申告書の提出後に修正申告書の提出があった場合	10%
	・修正申告税額が期限内申告税額と50万円のいずれか多い額を超える場合のその超える部分	15%
	● 過少申告となったことに「正当な理由」がある場合	課税なし
	● 修正申告書の提出が，調査があったことにより更正があることを予知してされたものでないとき	
	● 調査の事前通知以後，かつ，その調査があったことにより更正があるべきことを予知する前にされた修正申告	5%
	・期限内申告税額と50万円のいずれか多い額を超える場合のその超える部分	10%
無申告加算税（通則法66）	● 期限後申告書の提出があった場合	15%
	・納付すべき税額が50万円を超える部分	20%
	● 期限後申告をしたことに「正当な理由」がある場合	課税なし
	● 期限後申告書の提出が，調査があったことにより決定があるべきことを予知してされたものでなく，かつ，期限内申告書を提出する意思があったと認められる場合で，かつ，法定申告期限から1か月以内に提出されたとき	
	● 期限後申告書の提出が，調査があったことにより決定があることを予知してされたものでないとき	5%
	● 調査の事前通知以後，かつ，その調査があったことにより決定があるべきことを予知する前にされた期限後申告	10%
	・納付すべき税額が50万円を超える部分	15%
重加算税（通則法68）	● 過少申告加算税が課される場合に，納税者が課税標準等の計算の基礎となる事実につき隠ぺい・仮装をしていたとき	35%
	・修正申告等があった場合に，その申告の日前5年以内にその税目につき重加算税が課せられたことがあるとき	45%
	● 無申告加算税が課される場合に，納税者が課税標準等の計算の基礎となる事実につき隠ぺい・仮装をしていたとき	40%
	・期限後申告等があった場合に，その申告の日前5年以内にその税目につき重加算税が課せられたことがあるとき	50%

第1章／相続人

8 渉外相続～外国籍の被相続人
相続法の適用関係と相続税法上の留意点

質問

被相続人である私の父は，今から20年ほど前に来日した米国人であり，日本国籍はありません。母（父の配偶者）は日本人で，日本国籍を有しています。私は，日本国内で父母と同居していますが，日本国籍はなく，弟は米国に居住し，日本国籍はありません。

父の財産は，米国と日本の両方にありますが，このような場合に相続の関係や相続税の計算・申告は，どのようになるのですか。

法務の視点

1 「相続統一主義」と「相続分割主義」

被相続人が外国人である国際相続の場合には，その相続について，いずれの国の法律を適用すべきかという，いわゆる準拠法の問題がある。

相続の準拠法の決定に関しては，各国の間で「相続統一主義」と「相続分割主義」の対立があるといわれている。このうち相続統一主義とは，国際相続を規律する準拠法を定めるに当たって，相続財産が動産（現金，預金，株式など）であるか不動産（土地，建物など）であるかを区別せずに，その全てを一体的に被相続人の本国法又は住所地法を適用して統一的に規律する考え方をいう。

わが国の国際私法である「法の適用に関する通則法」は，その36条において「相続は，被相続人の本国法による。」と定めており，相続財産が動産か不動産かにかかわらず，被相続人の本国法（原則として，被相続人が国籍を有する国の法律）とし，相続統一主義を採用している。このため，わが国で国際相続を処理する場合には，被相続人

38

の住所地，相続財産の所在地等にかかわらず，原則として，被相続人の本国法が適用されることになる。

なお，相続統一主義を採用している国としては，わが国のほか，韓国，ドイツ，イタリア，スイスなどがあるといわれている。

一方，相続分割主義とは，国際相続を規律する準拠法を定めるに当たって，動産と不動産とに区別し，動産については，被相続人の本国法又は住所地法を適用し，不動産については，その不動産が所在する国の法律を適用するという考え方をいう。相続分割主義を採用している国としては，米国，イギリス，フランスなどがあるといわれている。

この結果，例えば，わが国で死亡した米国人がわが国に不動産を所有している場合には，その不動産についてはわが国の法律を適用し，動産については米国の法律を適用して処理することになる。

相続分割主義に関係する国際私法独特の概念として「反致」とよばれるものがある。「法の適用に関する通則法」は，その41条において「当事者の本国法によるべき場合において，その国の法に従えば日本法によるべきときは，日本法による。」とし，反致の規定を置いている。反致とは，当事者の本国法として外国法が指定される場合で，その外国の国際私法が日本法を指定するときは，日本法を準拠法とするという考え方である。

2 包括承継主義と管理清算主義

相続に関する国際私法については，上記のような相対立した考え方があるとともに，その権利義務関係を定める実体法についても，「包括承継主義」と「管理清算主義」という異なった定め方がある。

このうち包括承継主義とは，相続の開始と同時に，相続人等が何らの手続を経ることなく，被相続人の積極財産と消極財産の全てが相続人又は受遺者に移転するという考え方である。

わが国の民法は，「相続人は，相続開始の時から，被相続人に属した一切の権利義務を承継する。」（民法896）としており，包括承継主義を採用していることは明らかである。わが国の民法が相続放棄や限定承認相続の定めを置いているのは，包括承継主義の下で，消極財産

第1章／相続人

も包括的に承継されることに基因するためである。

　なお，包括承継主義を採用する国としては，わが国のほか，ドイツ，フランス，イタリア，スイスなどがあるといわれている。

　一方，管理清算主義とは，相続が開始したとしても相続財産が直ちに相続人に移転するわけではなく，債務を含めた相続財産は，いったん遺産財団（estate）に帰属し，遺言執行人又は遺産管理人である人格代表者（personaI representative）によって管理と清算を経た後に，残余の積極財産を相続人に分配するという方法である。このような管理清算主義の下では，共同相続人による遺産分割という手続はなく，被相続人に多額の債務があっても，相続放棄といった制度は要しないことになる。

　なお，管理清算主義は，米国，イギリスなどで採用されている。米国の場合には，人格代表者による遺産の分配は，相続開始後6か月から3年程度を要するといわれている。

税務の視点

1　外国人の相続に係る相続税額の計算方法

　相続税法は，相続税額の総額について，相続又は遺贈により財産を取得した全ての者に係る課税価格の合計額から遺産に係る基礎控除額を控除し，その控除後の金額を法定相続人が法定相続分に応じて取得したものとして計算することとしている（相法15①，16）。

　この場合の法定相続人とは，「被相続人の民法第5編第2章（相続人）の規定による相続人」（相法15②）とされ，また，法定相続分とは，「民法第900条（法定相続分）及び第901条（代襲相続人の相続分）の規定による相続分」（相法16）をいうこととされている。

　現行の相続税法は，わが国の国内法である民法の相続制度を前提としていることは明らかであるが，相続税の総額の計算において，被相続人が外国人である場合に，「相続人」及び「相続分」をどのように解するかという問題がある。

　この問題について，法の適用に関する通則法36条が「相続は，被

相続人の本国法による。」としていることから，遺産に係る基礎控除額及び相続税の総額の計算における相続人及び相続分は，被相続人が国籍を有する国の相続法の定めによると考えることもできなくはない。

しかしながら，現行の相続税法が規定する相続税の総額は，いわゆる遺産課税方式の考え方を取り入れて，被相続人ベースでの相続税額を求めることとしたものであり，相続人が実際に取得した財産の価額に基づいて計算するものではない。民法の規定による相続人が民法の規定による相続分に従って財産を取得したものと仮定し，わが国で負担すべき相続税額を算出するという相続税法独自の考え方によるものである。

したがって，相続税法は，わが国で相続税が課税される場合の負担税額の計算方法を定めており，わが国の民法と被相続人の本国法の規定による相続人及び相続分が異なっていたとしても，被相続人の本国法の定めにかかわらず，わが国で負担すべき相続税額を計算するに当たっては，わが国の民法の規定による相続人及び相続分によるべきものと解される。

┃2┃ 外国人の相続と未分割遺産に対する課税規定の適用

いわゆる包括承継主義によっているわが国の民法の下では，被相続人の死亡と同時に被相続人に帰属していた全ての権利義務が相続人に承継され，共同相続人及び包括受遺者による遺産分割の手続を経て，実際に取得する財産が確定する。

しかしながら，民法には遺産分割の期限に関する定めがないため（民法907①），相続税の申告書の提出時までに遺産分割が確定しない場合も少なくない。このため，相続税法は，相続財産の全部又は一部が未分割である場合には，共同相続人又は包括受遺者が民法の規定による相続分又は包括遺贈の割合に従って未分割遺産を取得したものとして相続税の課税価格を計算することとしている（相法55）。

この規定の適用に際しても被相続人が外国人である場合に，「相続人」及び「相続分」をわが国の民法の規定によるものとするか，被相続人の本国法の規定するところによるかという問題がある。

41

第1章／相続人

　この問題は，相続税法55条の意義から検討する必要があると考えられる。同条は，遺産が未分割であることを理由として課税の遅延を認めることは適当でないという考え方によるものであるが，その遺産はいずれは分割されるものであり，その分割は，民法の相続分又は包括遺贈の割合に従って行われ，あるいは相続分又は包括遺贈の割合に近似して行われる蓋然性が高いという想定の下で，いわば暫定的な課税価格計算を行うことを定めたものと考えられる。相続税の申告後に遺産の分割が行われ，その分割によって実際に取得した財産価額を基として計算した課税価格が当初申告に係る課税価格と異なることとなった場合には，修正申告や更正の請求ができるとされているのもその考え方の現れである。

　そうであれば，実際に相続権を有し，現実に財産を取得する者，あるいは取得する蓋然性の高い者に対して同条を適用すべきことになる。これらを勘案すれば，被相続人が外国人である場合に実際に財産を取得することができるのは，わが国の民法ではなく，その被相続人の本国法に基づく相続人であることから，相続税法55条の適用においては被相続人の本国法による相続人及び相続分によるべきものと解される。

　ちなみに，国税庁は，質疑応答事例において，下記のような内容を公表しており，前述した相続税の総額の計算は，民法の規定による相続人及び相続分を基として計算するが，未分割遺産に対する課税規定の適用上は，被相続人の本国法による相続人及び相続分によることを明らかにしている。

被相続人が外国人である場合の未分割遺産に対する課税

【照会要旨】

　外国人が死亡した場合における相続税の総額の計算は，日本の民法の規定による相続人及び相続分を基として計算することとしていますが，各人の課税価格を計算する場合において，遺産が未分割のときは，日本の民法の規定による相続人及び相続分を基として計算するのか又は本国法の規定による相続人及び相続分を基として計算するのかいず

・42

れによりますか。

【回答要旨】

　法の適用に関する通則法第 36 条により相続は被相続人の本国法によることとされていますから，被相続人の本国法の規定による相続人及び相続分を基として計算することになります。

　なお，被相続人の本国法の相続制度において，いわゆる「管理清算主義」を採用している場合には，遺産分割という手続はなく，遺言執行人又は遺産管理人によって財産と債務が清算され，その清算後の遺産を相続人が取得することになる。したがって，遺産が未分割ということはあり得ず，相続税法 55 条の適用問題は初めから生じない。

3 外国人の相続と相続税の申告期限

　相続税の申告期限は，相続の開始があったことを知った日の翌日から 10 か月以内とされ（相法 27 ①），この場合の「相続の開始があったことを知った日」とは，自己のために相続の開始があったことを知った日をいうとされている（相基通 27-4）。

　この規定は，外国人の相続についても適用されると考えられるが，問題は，被相続人の本国法において，いわゆる「管理清算主義」が採用されている場合と相続財産について「相続分割主義」によっている場合のわが国での相続税の申告期限がどのようになるかである。

　まず，被相続人の本国法が管理清算主義によっているときは，その清算が終了するまでの間に相続人が相続財産を取得することはない。このため，被相続人の有する財産が同人の本国に所在し，その財産に対してわが国で相続税が課税される場合に，相続開始から 10 か月以内に遺産の清算が終了しなくても申告を要するか否かという問題が生じることになる。

　わが国の相続税法は，相続税の総額の計算に「遺産課税」の考え方を取り入れているが，基本的には，相続人等が取得した財産に課税するという「遺産取得課税」である。

　したがって，被相続人の本国法が管理清算主義によっている場合に，

第 1 章／相続人

相続人が実際に財産を取得していない段階で相続税の申告と納税を強制することは不合理であり，また，納税に支障が生じることもあり得る。そうであれば，相続税の申告期限の起算日である「相続の開始を知った日」とは，被相続人の死亡の日ではなく，被相続人の本国法に基づいて遺産の清算が行われ，相続人が実際に財産を取得した日とすべきことになる。

この点は，国税通則法 15 条 2 項 4 号において，相続又は遺贈による財産の取得の時が相続税の納税義務が成立すると規定しているところの「財産の取得の時」も同様であると解される。

相続税法における相続税の申告期限や国税通則法における財産の取得の意義に関しては，被相続人の本国法において「相続分割主義」を採用している場合にも，上記と同様の問題が生じることになる。

相続分割主義は，前述したとおり，相続財産を動産と不動産に区分し，前者については被相続人の本国法により，また，後者については財産の所在する国の法律を適用するというものである。このため，相続分割主義によっている米国やイギリスの国籍を有する被相続人が本国に動産を所有し，わが国に不動産を所有するという場合には，動産と不動産とで財産の取得の時が異なるという事態が生じる。

ちなみに，被相続人が米国人である場合には，わが国に所在する不動産の相続については，法の適用に関する通則法 41 条の「反致」の規定によりわが国の民法が適用されるため，「包括承継主義」により，被相続人の死亡と同時にその所有権が相続人に移転することになる。ただし，一方で，米国に所在する動産は，遺産管理人等の清算を経て相続人に分配されることとなり，不動産と動産では，その取得の時期に乖離が生じることになる。

この結果，わが国に所在する不動産の取得に係る相続税の申告期限は，相続人が被相続人の死亡を知った日の翌日から 10 か月以内となるが，被相続人の本国に所在する動産についてわが国で相続税が課税される場合の申告期限は，実際に動産を取得した日から 10 か月以内になると解される。

8／渉外相続～外国籍の被相続人

4 外国税額控除

　相続又は遺贈により財産を取得した者が無制限納税義務者である場合には，国内財産のほか国外財産も相続税の課税対象になる。この場合に，国外財産について，その所在地国の法令により相続税に相当する税が課せられると，国際間の二重課税となる。

　このため，相続税法は，在外財産に対する相続税額の控除（外国税額控除）の規定を設け，二重課税の調整を行うこととしている（相法20の2）。また，贈与税についても同様の規定がある（相法21の8）。

　相続税額から控除される外国税額は，次の①と②のいずれか少ない金額である。

　①　相続又は遺贈により取得した国外財産について，その所在地国の法令により課せられた相続税に相当する税額

　②　次の算式により計算される金額

$$外国税額控除前の相続税額 \times \frac{国外に所在する財産の価額（邦貨換算額）}{相続又は遺贈により取得した財産の価額のうち課税価格の計算の基礎に算入された部分の金額}$$

　なお，外国税額控除は，その目的からみて無制限納税義務者についてのみ適用される。制限納税義務者の場合には，国外財産に課税されることはないため，国際間の二重課税という問題はなく，外国税額控除が適用される余地はない。

5 日米相続税条約の意義

　上記の外国税額控除の規定は，国外財産に対する二重課税を調整するための一般的な規定であるが，日米相続税条約においてもその規定が設けられている。

　わが国の相続税・贈与税は，相続人又は受贈者に課税される「取得者課税」とされているのに対し，米国の連邦遺産税及び贈与税（Estate & Gift Taxes）は，「遺産課税」であり，被相続人又は贈与者に課税するという違いがある。

45

第1章／相続人

このため，例えば，被相続人と相続人が日米両国に居住する場合には，同一の相続・贈与に対し，双方の国において無制限納税義務が課されることがあり，国際間の二重課税の問題が生じるおそれがある。

昭和29年4月16日に署名され，昭和30年4月1日（条約第2号）に発効した日米相続税条約（正式名称は「遺産，相続又は贈与に対する租税に関する二重課税の回避及び脱税の防止のための日本国とアメリカ合衆国との間の条約」）の主たる目的は，日米両国における相続税・贈与税の二重課税を排除することにある。

なお，財産の所在に関しては，相続税法10条に規定があるが，国内に所在するとされた財産が，同時に外国の法制上，その外国に所在するとされることがあり得る。この場合には，いずれの国においても国内財産となり，国際間の二重課税を排除するための外国税額控除が適用されないという問題が生じることになる。このような問題は，条約により調整する以外に方法はないが，現在のところ，相続税に関して条約が締結されているのは米国のみである。日米相続税条約においては財産の所在に関する規定も置かれている（日米相続税条約3条）。

6 日米相続税条約における未成年者控除・障害者控除の適用

相続税法における未成年者控除は，いわゆる居住無制限納税義務者又は非居住無制限納税義務者に該当する場合に適用し，たとえ未成年者であり，かつ，法定相続人であっても，制限納税義務者には適用されない（相法19の3①かっこ書）。また，障害者控除は，居住無制限納税義務者についてのみ適用し，非居住無制限納税義務者及び制限納税義務者には適用されない（相法19の4①かっこ書）。

ただし，未成年者である相続人の被相続人が，その死亡の時に米国の国籍を有する場合又は米国に住所を有する場合には，その相続により財産を取得した者が国内に住所を有しないときであっても，日米相続税条約により未成年者控除の適用を受けることができる。また，相続人が障害者に該当する場合も同様である（日米相続税条約4条(a)，同条約実施特例法2条）。

9／相続人の不存在

9 相続人の不存在
財産管理・清算手続と特別縁故者への財産分与

質問

　被相続人（夫）と私との関係は，いわゆる内縁の配偶者であり被相続人に正式な配偶者，子，兄弟はいません。つまり，被相続人には相続人はいないことになると思いますが，相続権のない私が遺産を取得することは不可能でしょうか。

　また，仮に遺産を取得すると，相続税はどのようになるのでしょうか。

法務の視点

1 相続人の不存在と相続財産法人

　相続が開始した場合において，相続人のあることが明らかでないときは，相続財産は法人とされる（民法 951）。これは，相続財産が無主のものとならないようにするための擬制である。

　この場合の「相続人のあることが明らかでないとき」とは，戸籍からみて相続人が存在しない場合又はその存在が明らかでない場合のほか，戸籍上は相続人が存在するが，その相続人が相続放棄，相続欠格又は相続廃除によって相続人がいない場合がある。

　なお，相続人が生存していても行方不明の場合や生死不明の場合には，「相続人の不存在」ではなく，不在者の財産管理や失踪宣告に伴う手続による（民法 25，29，30，32）。

2 相続財産管理人の権利義務

　相続人のあることが明らかでない場合には，家庭裁判所は，利害関係人又は検察官の請求によって相続財産管理人を選任し，かつ，遅滞

47・

第1章／相続人

なくその旨を公告しなければならない（民法952）。

この場合の利害関係人とは特定受遺者，相続債権者，相続財産上に担保権を有する者のほか，徴税のための国や特別縁故者として財産分与の審判を申し立てた者なども含まれる。

相続財産管理人は，相続財産法人の代表者として相続人の捜索と相続財産の管理及び清算を行う。相続財産管理人の権利義務について，具体的には，相続財産目録の調製義務，相続財産の状況報告及び管理計算義務，担保供与義務を負い，民法103条に定められた権限（相続財産に対する保存行為，相続財産たる物又は権利の性質を変えざるを得ない範囲内においてその利用又は改良を目的とする行為を行う権限）を有する（この権限を超える行為については，家庭裁判所の許可が必要となる）。

また，民法954条によって，相続財産管理人は，相続債権者や受遺者に対して財産状況の報告義務を負う。

なお，家庭裁判所の審判により，相続財産管理人に対しては，相続財産から相当の報酬が与えられる（民法29，953）。

3 相続人の捜索と相続財産の清算

相続財産法人となった場合には，財産の管理，相続人の捜索等の手続を経て，相続財産の全部又は一部が被相続人の特別縁故者に分与される場合がある。その手続は，おおむね以下のとおりである。

① 相続人の存在が明らかでない場合は，上記のとおり相続財産法人となり，家庭裁判所は，相続財産管理人を選任し，その旨を公告する（民法952）。

② その後2か月以内に相続人のあることが明らかにならなかったときは，相続財産管理人は，最低2か月の期間を定めて相続債権者及び受遺者に対し，その請求の申出をすべき旨を公告する（民法957）。

なお，この期間が満了すれば，清算が開始される。清算における弁済手続は，概ね限定承認に準じて行われ，配当弁済は債権申出期間内に申出をした相続債権者，受遺者及び相続財産管理人に

知れている相続債権者及び受遺者に対して行われる（民法 928～935）。

③　上記②の期間満了後，なお相続人のあることが明らかでないときは，家庭裁判所は，最低 6 か月の期間を定めて相続人捜索の公告をする（民法 958）。

④　上記③の期間満了後，3 か月以内に家庭裁判所は，特別縁故者からの請求を受け，その者に対して相続財産の全部又は一部を与えることができる（民法 958 の 3）。なお，特別縁故者への財産分与を行った後に残余財産があれば，最終的にその財産は国庫に帰属する。

4 特別縁故者の範囲

特別縁故者に対する相続財産の分与とは，相続人不存在の場合に，家庭裁判所の判断によって，相続財産の全部又は一部を被相続人と特別の縁故のあった者に対して分与する制度である（民法 958 の 3）。

この場合の特別縁故者とは，被相続人と生活を同じくしていた者や被相続人の療養看護に努めていた者，その他被相続人と特別の縁故があった者とされている（民法 958 の 3 ①）。

特別縁故者に該当する場合の具体例として，過去の裁判例をみると，次のようなケースがある。

①　被相続人と生計を一にしていた伯父伯母，継親子，既に死亡した被相続人の長男の配偶者（大阪家審昭 42.11.21）

②　被相続人と内縁関係にあった者，事実上の親子（養子），未認知の非嫡出子，被相続人と同じく失対事業の日雇人夫として 15 年間共同生活をしてきた者（東京家審昭 47. 6 .13）

③　被相続人の妻の死亡後，被相続人を引き取って世話をしてきた被相続人の妻の兄の妻（東京家審昭 45. 6. 8）

④　被相続人の老後の相談相手となって世話をし，被相続人の病臥後は妻とともにその看護に尽くし，その死後は葬儀を行い，被相続人の祭祀を主宰してきた者（鹿児島家審昭 38.11.2）

⑤　被相続人に依頼された看護婦として 2 年以上も連日にわたり誠

第1章／相続人

心誠意看護に努め，その看護ぶりや報酬額からみて，対価として
得ていた報酬以上に被相続人の看護に尽力した者（神戸家審昭
51.4.24）

⑥　孤独な被相続人をなぐさめ，経済的にも互いに助け合って生活
の安定に寄与した近隣に居住する被相続人の教え子（大阪家審昭
38.12.23）

⑦　10年以上にわたって被相続人の一家の生活を援助してきた元
勤務先の役員（大阪家審昭41.5.27）

また，法人や権利能力なき社団・財団等も特別縁故者となり得ると
考えられている。次のような例がある。

①　被相続人が収容されていた養老院を経営する町（熊本家審昭
39.3.31）

②　被相続人の家の墓があり，この墓が無縁墓にならないよう永代
供養料を上納したいと言っていた被相続人の菩提寺たる宗教法人
（東京家審昭40.8.12）

③　被相続人が約37年間にわたり，その経営者ないし代表者とし
て自己の私財を投じてその財政的基盤の確立に努める一方，指導
理念や行事等にも関与し，その発展に情熱を燃やし努力していた
学校法人（前掲神戸家審昭51.4.24）

5 特別縁故者に対する相続財産分与の手続

特別縁故者に対する財産分与は，相続が開始した地を管轄する家庭
裁判所の審判による（家事事件手続法203三）。その分与の申立てにつ
いての審判は，最後の相続人の捜索の公告期間（6か月）の満了後3
か月を経過した後にしなければならないこととされている（家事事件
手続法204①）。

なお，相続財産の分与の審判については，申立人及び相続財産の管
理人が，また，財産分与の申立てを却下する審判については，その申
立人がそれぞれ即時抗告をすることができる（家事事件手続法206①）。

9／相続人の不存在

税務の視点

1 特別縁故者に対する財産分与と相続税課税

特別縁故者への財産分与は，相続人が不存在の場合に相続財産法人に属していた財産を取得するものであるため，かつては法人からの贈与として所得税（一時所得）が課税されていた。

しかし，財産分与の制度は，いわば遺言制度を補充するものと見ることもできる。そこで特別縁故者に対しては，遺贈による財産の取得と同様に相続税を課すことが妥当であると考えられるようになり，昭和39年の相続税法の改正により，被相続人から遺贈を受けたものとみなすこととされた（相法4）。

2 通常の相続税課税・申告との相違点

特別縁故者の取得した財産に対する相続税については，次の点が通常の相続の場合と異なる。

1 ● 課税財産の価額

相続税の課税財産の価額は，相続開始の時における時価によることとされているが（相法22），特別縁故者が取得する財産の価額は，その財産分与を受けた時における時価によることとされている（相法4）。

これは，相続財産法人からの財産分与の手続が次のような段階を経て行われることから，相続開始後相当の期間（最短13か月）を要するため，財産の価額を分与の時の時価とすることが相当であることによる（相基通4-1）。

① 相続財産の管理人の選任及び公告（民法952）

② 相続債権者及び受贈者に対しその請求の申出をすべき旨の公告（民法957）

③ 相続人があるならば，その権利を主張すべき旨の公告（民法958）

④ 特別縁故者の財産分与の請求（民法958の3）

51

第1章／相続人

2● 相続税の申告書の提出期限

相続財産法人からの財産分与を受けたことにより，新たに相続税の申告書を提出すべき要件に該当することとなった者は，財産分与を受けることを知った日の翌日から10か月以内に，相続税の申告書を被相続人の死亡時における住所又は居所を所轄する税務署長に提出しなければならない（相法29①）。

3● 基礎控除及び適用税率

相続財産法人からの財産分与は，相続人が存在しない場合に行われるものである。したがって，基礎控除額の計算上の法定相続人がいない場合に該当するため，3,000万円の「定額控除額」が基礎控除額となる。

もっとも，相続人が存在するが，その全ての者が相続放棄したため相続人がいないこととなった場合には，その放棄をした者が「法定相続人」となるため（相法15②），法定相続人比例控除により，次の金額が基礎控除額になる。

3,000万円＋600万円×法定相続人の数

なお，基礎控除額や適用税率については，被相続人の相続開始後に税法改正があったとしても，相続開始時に施行されていた規定を適用することとされている。要するに，相続財産法人からの財産分与により取得した財産の価額は，その分与があった時の時価で評価するが，基礎控除額や適用税率は，被相続人の相続開始時の規定が適用されるということである。

4● 相続税額の加算

相続や遺贈によって相続財産を取得した者が，その被相続人の一親等の血族及び配偶者以外の者である場合には，その者の納付すべき相続税額は，算出税額に2割相当額を加算した金額となる（相法18）。

特別縁故者は，そのほとんどが被相続人の一親等の血族及び配偶者

52

9／相続人の不存在

以外の者であり，通常は 2 割加算の規定が適用されることになる。

5・債務控除

相続税の課税価格の計算における債務控除は，相続人又は包括受遺者が負担した被相続人の債務及び葬式費用に限られる（相法 13 ①）。したがって，相続財産法人から財産の分与を受けた特別縁故者は，被相続人の相続人ではなく，また，包括受遺者にも該当しないので，債務控除の適用はないことになる。

ただし，その財産分与を受けた特別縁故者が，その被相続人の債務又は葬式費用を負担した場合において，これらの金額を相続財産から受けていない場合には，これらの金額を財産分与により取得した財産の価額から控除することができることとされている（相基通 4-3）。

6・生前贈与財産の加算

相続財産法人から財産分与を受けた特別縁故者は，被相続人から遺贈により相続財産を取得したものとみなされるため，その被相続人から相続開始前 3 年以内に贈与を受けていた場合には，その財産の価額がその分与を受けた者の相続税の課税価格に加算される（相法 19 ①，相基通 4-4）。また，生前贈与財産について相続時精算課税の適用を受けている場合には，その贈与財産の価額の全てが相続税の課税価格に算入される（相法 21 の 15，21 の 16）。

3 特別縁故者に対する財産分与に伴う相続税の申告等

1・期限後申告

特別縁故者以外の者が，既に相続財産を遺贈により取得し，又は生命保険金等を取得していた場合において，その課税価格が基礎控除以下のため，相続税の申告をしていないことがあり得る。

この場合に，相続財産法人から特別縁故者に対して財産分与があると，特別縁故者と特別縁故者以外の者の課税価格の合計額が増加し，基礎控除額を超えることによって未申告であった者がその時点で相続

53

第 1 章／相続人

税の申告書の提出要件に該当することがある。

　そこで，相続税の申告書の提出期限後において，相続財産法人から
財産分与があったことにより申告義務が生じた者は，期限後申告書を
提出しなければならないこととされている（相法 29 ①)。

2 • 修正申告

　また，相続財産法人からの財産分与があったため，既に申告した相
続税額に不足が生じることとなる者は，その財産分与があったことを
知った日の翌日から 10 か月以内に修正申告書を提出しなければなら
ないこととされている（相法 31 ②)。

第2章

相 続 分

第2章／相続分

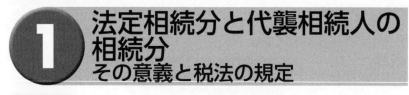

1 法定相続分と代襲相続人の相続分
その意義と税法の規定

質問

民法でも相続税法でも，法定相続分と代襲相続人の相続分の規定が法務・税務の基本になると思いますが，その具体的内容と相続税法との関係はどうなりますか。

法務の視点

1 法定相続分の意義

民法は「各共同相続人は，その相続分に応じて被相続人の権利義務を承継する。」(民法899) と規定している。相続人が複数の場合は「共同相続」となるが，各相続人が承継できる相続財産に対する割合を相続分という。一般に「相続分」というのは，こうした意味で用いられるのが通常であるが，次のような意味で用いられることがある。

一つは，分数的割合に従って計算した相続財産の価額，すなわち各相続人が具体的に取得することができる財産価額という意味である。民法903条に規定する「特別受益者の相続分」(いわゆる具体的相続分) はこの意味である。

いま一つは，遺産分割前の相続人の地位そのものを意味する場合である。民法905条に規定する「相続分の譲渡と取戻し」とは，その意味で使用されている。

2 相続人と法定相続分の関係

わが国の民法は，遺言優先主義によっているから，遺言で各相続人の相続分の指定（指定相続分）があれば，その指定された相続分が適用される。

しかし，遺言による相続分の指定がない場合には，民法が各相続人の相続分を定め，遺産分割等の基準とすることとしている。遺言がない場合は被相続人の相続分に関する意思が明らかでないため，法がその意思を推定したものと解されている。

現行の法定相続分は，次のとおりである（民法900）。

●法定相続分と留意点

相続人	法定相続分	留意点
子と配偶者	配偶者 $\frac{1}{2}$ 子 $\frac{1}{2}$	● 子が数人あるときは，各人の相続分は均分（頭割り）となる。
配偶者と直系尊属	配偶者 $\frac{2}{3}$ 直系尊属 $\frac{1}{3}$	● 直系尊属が数人あるときは，各人の相続分は均分（頭割り）となる。
配偶者と兄弟姉妹	配偶者 $\frac{3}{4}$ 兄弟姉妹 $\frac{1}{4}$	● 兄弟姉妹が数人あるときは，各人の相続分は均分（頭割り）となる。 ● 父母の一方を同じくする兄弟姉妹（半血兄弟姉妹）の相続分は，父母の双方を同じくする兄弟姉妹（全血兄弟姉妹）の2分の1となる。

上表の配偶者と兄弟姉妹の相続分について，半血兄弟姉妹の相続分は，全血兄弟姉妹の相続分の2分の1とする部分を示すと，次のとおりである。

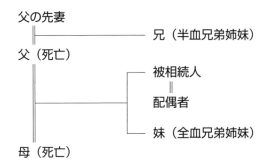

第2章／相続分

（各人の相続分）

配偶者 ……… $\dfrac{3}{4}$

妹 ……… $\dfrac{1}{4} \times \dfrac{2}{3} = \dfrac{1}{6}$

兄 ……… $\dfrac{1}{4} \times \dfrac{1}{3} = \dfrac{1}{12}$

　なお，平成25年12月11日に公布・施行された改正民法は，「嫡出でない子の相続分は，嫡出である子の相続分の2分の1とする」規定（改正前の民法900④）を廃止した。これは，最高裁判所（平成25年9月4日決定）が同規定について，憲法14条1項（法の下の平等）に違反するとしたため，法定相続分の規定が見直されたためである。見直しの理由として最高裁は，「父母が婚姻関係になかったという，子にとっては自ら選択ないし修正する余地のない事柄を理由としてその子に不利益を及ぼすことは許されず，子を個人として尊重し，その権利を保障すべきである」としている。改正後の民法の規定は，平成25年9月25日以後に開始した相続から適用されており（平25改正民法附則2），嫡出子と非嫡出子の相続分は同等となった。

3 代襲相続人の相続分

　代襲相続の場合の代襲相続人の相続分は，もともとの相続人（被代襲者）の相続分をそのまま受け継ぐことになる。この場合に，同一の被代襲者について，2人以上の代襲相続人があるときは，その被代襲者の相続分を均分して，それぞれの代襲相続人の相続分を算定することとされている（民法901）。

（設例）

　代襲相続がある場合で，①子が代襲相続をする場合，②兄弟姉妹が代襲相続をする場合，について法定相続分の算定例を示すと，次のとおりである。

・58

1／法定相続分と代襲相続人の相続分

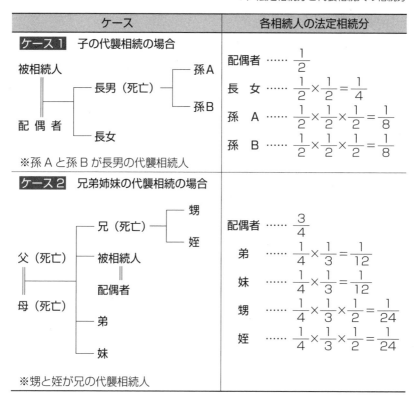

税務の視点

1 法定相続分と相続税の課税方式

わが国の相続税は,「法定相続分課税方式」によっており,相続税の計算においては,法定相続分及び代襲相続人の相続分が基本的事項となる(相法16)。

2 代襲相続と相続税の計算

代襲相続があると,相続人と相続分は,代襲相続がなかった場合のそれと異なるのは当然であり,代襲相続人の数とその相続分を基として相続税の計算を行うことも当然のことである。

第2章／相続分

② 指定相続分
その意義，指定の方法と効果

質問

　複数の相続人がおり，相続後のトラブルを回避するために各相続人の相続分を遺言によって指定しておきたいと思っています。

　指定相続分について，法務・税務の取扱いは，どのようになりますか。

法務の視点

1 指定相続分の意義

　被相続人は，法定相続分に拘束されず，遺留分の規定に反しない限り，遺言により，共同相続人の相続分を指定し又はその指定を第三者に委託することができる（民法902）。

　相続分を指定した場合には，相続分の割合について，法定相続分に優先して適用される。

　なお，遺留分の規定に反した相続分の指定があっても，その遺言は有効であり，遺留分の侵害を受けた相続人は，他の相続人又は受遺者・受贈者に対し，遺留分侵害額請求を行って，遺産を確保することとされている。

2 相続分の指定の方法

　相続分の指定又は指定の委託をする場合には，必ず「遺言」によらなければならない。

　第三者に対する指定の委託も遺言によらなければならないが，指定の委託を受けた第三者が行う相続分の指定について，特に決められた方式はない。また，委託を受けた者は，共同相続人の全員又は一部の

者の相続分を定めることができるが，指定を行うことが義務となるわけではない。したがって，指定の拒否をすることもできる。

なお，被相続人が遺言で相続分の指定を委託する第三者について，特に資格要件はないが，相続人・包括受遺者をここに含めてよいかどうかについては見解が分かれている。これを肯定する見解もあるが，公平を期するため，相続に関係のない者であることが必要であり，相続人や包括受遺者を除外するのが適当であると解される。

3 一部の相続人に対する相続分の指定

被相続人が，共同相続人のうちの一部の者について相続分を指定することも可能である。この場合に，その指定のなかった相続人の相続分は，指定相続分を除いた相続分を法定相続分で配分するというのが通説である。したがって，次のようになる。

設例

被相続人の相続人は次のとおりであるが，被相続人は遺言で子Aについてのみ，その相続分を4分の1と指定している。

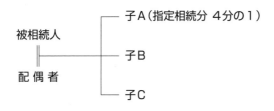

各相続人の相続分は，次のようになる。

子　A ……　$\dfrac{1}{4}$

配偶者 ……　$\dfrac{3}{4} \times \dfrac{1}{2} = \dfrac{3}{8}$

子　B ……　$\dfrac{3}{4} \times \dfrac{1}{2} \times \dfrac{1}{2} = \dfrac{3}{16}$

子　C ……　$\dfrac{3}{4} \times \dfrac{1}{2} \times \dfrac{1}{2} = \dfrac{3}{16}$

第2章／相続分

4 相続分の指定・特定財産承継遺言と対抗要件

　相続分の指定は，相続財産の割合を定めるものであるが，これに類似するものとして「遺産の分割の方法の指定として遺産に属する特定の財産を共同相続人の1人又は数人に承継させる旨の遺言」（いわゆる相続させる旨の遺言）がある。民法は，これを「特定財産承継遺言」と称している（民法1014②）。

　平成30年7月に成立した改正民法は，相続分の指定があった場合と特定財産承継遺言について，相続債権者を保護する観点から，いわゆる対抗要件主義を採用した。

　旧民法の下では，相続分が指定された場合や特定財産承継遺言があった場合には，登記等の対抗要件を備えなくても，その権利の取得を第三者に対抗できると解されていた。

　しかし，このような取扱いは，遺言によって法定相続分を超える権利を取得した相続人が，その後も対抗要件を備えずに放置するおそれがあり，特に不動産の場合には，登記と実態に齟齬が生じ，取引の安全が損なわれるとともに，不動産の登記制度に対する信頼を害するという問題があった。

　そこで，改正民法は，相続による権利の承継は，遺産の分割によるかどうかにかかわらず，法定相続分を超える部分については，登記，登録その他の対抗要件を備えなければ，第三者に対抗することができないこととした（民法899の2①）。

5 相続分の指定と債務の承継

　金融機関からの借入金など，相続債務の多くは，いわゆる可分債務であるが，可分債務については，共同相続人間で，相続開始と同時に相続分に応じて当然に分割して承継するものとされてきた（最判昭34.6.19）。

　この点について，改正民法は，被相続人の相続開始時の債務の債権者は，相続分が指定された場合であっても，各共同相続人に対し，法定相続分に応じてその権利を行使することができる旨の規定を設けて

いる（民法 902 の 2）。

　これは，相続分の指定が相続債権者と関係のないところで行われるものであるため，遺言の内容を知り得ない債権者を保護するために明文化したものである。したがって，共同相続人は，債権者に対し，法定相続分に従って承継した債務を負担する義務を負うことになる。

　ただし，債権者が指定相続分に応じた債務の承継を承認したときは，その指定相続分に従って分割された債務について権利の行使をすることになる（民法 902 の 2 ただし書）。

　なお，法定相続分に応じてその権利を行使することができるという民法 902 条の 2 の規定は，あくまでも相続債権者との関係についての規律であり，相続人間の内部では，指定相続分に従って債務を負担することになる。この場合に，相続債権者が各相続人に対し，法定相続分に応じた額の請求をし，各相続人がその請求に応じて弁済をしたときは，指定相続分を超えた額の弁済をした相続人は，他の相続人にその超える額を求償することができる。

　したがって，次のようになる。

● 相続人……AとBの2人（法定相続分は各2分の1）
● 指定相続分……A：4分の3，B：4分の1
● 相続債務……1,000 万円
● 債務の弁済……相続債権者からの請求により，B は 500 万円（債務 1,000 万円のうち法定相続分に応ずる額）を弁済

　この場合のBは，250 万円（債務 1,000 万円の指定相続分に相当する額）を超えて弁済した 250 万円を A に対して求償することができる。

税務の視点

1 指定相続分がある場合の相続税の課税価格の計算

　現行の相続税法は，法定相続分課税方式によっており，相続税の課税計算において，指定相続分が直接関係する部分はない。

　もっとも，未分割遺産がある場合の相続税の課税価格の計算では，法定相続分（民法 900），代襲相続人の相続分（民法 901），指定相続分（民

第2章／相続分

法902）及び特別受益者の相続分（民法903）に従って各相続人が相続
財産を取得したものとすることとされている（相法55）。

2 相続分の指定がある場合の債務控除

相続分の指定があった場合の民法の規定は，前述のとおりであるが，
被相続人の債務を指定相続分に従って分割承継したときは，その分割
承継した額について，それぞれの相続人の課税価格の計算において債
務控除が適用される（相法13①）。

また，共同相続人間で指定相続分と異なる割合で債務の負担額を決
定することは任意であり，実際の負担額について債務控除を適用する
ことも可能である。指定相続分を超える割合で債務を負担することは，
その超える部分について，一種の債務引受契約が成立したと考えるこ
ともできるが，これについて贈与税等の課税問題が生じることはない。

3／特別受益者の相続分

③ 特別受益者の相続分
持戻しの意義・特別受益の範囲と計算方法

質問

　相続人の中に被相続人から多額の生前贈与を受けている場合は，民法上，その贈与財産を持ち戻して相続分を計算すると聞きました。

　この場合の持戻しとは，どのような意味でしょうか。また，民法のこの規定と相続税とはどのように関わるのでしょうか。

法務の視点

1 特別受益の持戻しの意義

　相続財産は，法定相続分又は指定相続分を基準として共同相続人間で分割等の手続を行うのが原則である。

　しかし，共同相続人のうち特定の相続人だけが被相続人の生前に特別の金銭的援助を受けたり，生計のために土地や建物の贈与を受けていた場合に，法定相続分や指定相続分のみを基準として遺産分割を行うと，相続人間で不公平が生じる。

　そこで，このような不公平を是正するため，民法は，特別受益者に対する相続分の規定を設け，一定の生前贈与財産の価額を相続開始時の財産の価額に加算して相続分を算定することとしている（民法903①）。これを「特別受益の持戻し」とよんでいる。

　この場合の特別受益とは，「遺贈」と「生前贈与」であり，このうち生前贈与としての特別受益は，「婚姻，養子縁組のための贈与」と「生計の資本としての贈与」とされている。

2 被代襲者に対する贈与の特別受益の該当性

　特別受益となるのは，相続人に対する遺贈と贈与であるが，被相続

65

人が推定相続人に対して贈与をした場合において、その推定相続人が被相続人より先に死亡したときに、その贈与がその代襲相続人の特別受益に該当するかどうかという問題がある。要するに、次図の場合に、子に対する贈与が孫の特別受益となるかということである。

被相続人 ——子の生存中に贈与—— 子［被相続人より先に死亡］—— 孫（代襲相続人）

この点について、孫は、特別受益後の代襲相続人であるから、遺産分割においては、相続の公平上、孫も子の特別受益を引き受けることが相当であるとする裁判例がある（大阪高判平27.3.29）。

3 特別受益の持戻し計算の方法

特別受益の持戻し計算とは、被相続人の相続開始時の財産価額に、贈与の価額を加算したものを相続財産とみなして法定相続分又は指定相続分によって算定した価額から、遺贈及び贈与の価額を控除して、その特別受益者の相続分（具体的相続分）を算定するものである。

【設例】

① 被相続人の相続関係は、次のとおりである。

② 被相続人の相続開始時の財産は、4億円である。
③ 被相続人は、遺言により②の財産のうち3,000万円を子Aに遺贈した。
④ 子Bは、被相続人からその生前に生計の資本として2,000万円の贈与を受けている。

＜各相続人の具体的相続分＞

① 相続財産とみなされる額

4億円＋2,000万円（生前贈与）＝4億2,000万円

② 各相続人の具体的相続分の額

配偶者……4億2,000万円×$\frac{1}{2}$＝2億1,000万円

子　A……4億2,000万円×$\frac{1}{2}$×$\frac{1}{3}$－3,000万円（遺贈）＝4,000万円

子　B……4億2,000万円×$\frac{1}{2}$×$\frac{1}{3}$－2,000万円（贈与）＝5,000万円

（注）　子Aは，4,000万円の相続財産のほかに3,000万円の遺贈財産を取得する。

▌**4**▏ 超過特別受益者の相続分

　特別受益の持戻し計算を行って各相続人の具体的相続分の額を算定した場合において，多額の生前贈与を受けた相続人については，その特別受益の額が具体的相続分の額を上回ることもあり得る。この場合，その超過特別受益者は，相続分を受けることはできないとされているが（民法903②），その超過特別受益者は，その超過分を返還する必要がないと解されている。

　もっとも，その未返還分は他の相続人が負担しなければならないこととなる。その計算方法について，実務の取扱いが統一されているわけではないが，「具体的相続分の割合に応じて現実の相続財産を分割すべきであるとする説」が多数説であるとされる（大塚正之「判例タイムズ」688号）。この方法を設例で示すと，次のとおりである。

╴設例╴

① 被相続人甲の相続人は，配偶者乙，子A及び子Bの3人である。

② 甲の相続財産は，1億円である。

③ 甲は，生前に子Aに対して5,000万円の特別受益に当たる生前贈与を行っている。

第 2 章／相続分

＜具体的相続分の計算＞

① 相続財産とみなされる額

1 億円＋5,000 万円＝ 1 億 5,000 万円

② 法定相続分による配分額

乙……1 億 5,000 万円×$\frac{1}{2}$＝ 7,500 万円

A……1 億 5,000 万円×$\frac{1}{2}$×$\frac{1}{2}$ −5,000 万円＝△1,250 万円⇒ゼロ

B……1 億 5,000 万円×$\frac{1}{2}$×$\frac{1}{2}$＝ 3,750 万円

③ 乙と B が取得できる財産価額

1 億円

④ 具体的相続分の額（1 億円を上記の価額であん分する）

乙……1 億円×$\dfrac{7,500 \text{万円}}{7,500 \text{万円}＋3,750 \text{万円}}$＝6,666 万 6,667 円

（小数点第一位を四捨五入）

B……1 億円×$\dfrac{3,750 \text{万円}}{7,500 \text{万円}＋ 3,750 \text{万円}}$＝3,333 万 3,333 円

（小数点第一位を四捨五入）

5 特別受益となる生前贈与の範囲

　特別受益の範囲について，相続人に対する「遺贈」は，その目的を問わず全て含まれる。その範囲が問題になりやすいのは，生前贈与であるが，民法は，前述のとおり「婚姻，養子縁組のための贈与」及び「生計の資本としての贈与」と規定するのみである（民法 903 ①）。このため，どのような贈与が特別受益となるかは，法解釈の問題になる。ただ，民法は，相続税法のように相続開始前 3 年以内のものに限る，といった期間は定められていないので，贈与時期は関係しない。

　特別受益となる「婚姻，養子縁組のための贈与」については，持参金や嫁入り道具は特別受益になるが，結納金や挙式費用は，一般的には特別受益に該当しないと解されている。また，「生計の資本としての贈与」については，子どもの新規開業のための準備資金の提供や独立して生活を営むための土地や建物の贈与等が該当するとされている。

　なお，学資金について，通常の学資の支出は生計の資本としての贈

与ではないが，被相続人の資産や収入に不相応な学資や被相続人の子の間で著しく不均衡な学資の場合には，特別受益となる余地がある。

▎**6**▎ 生命保険金の特別受益の該当性

ところで，生命保険金が特別受益に当たるかどうかについても肯定説と否定説があるが，最高裁は，次のように判示している（最判平16.10.29）。

「死亡保険金請求権は，民法903条1項に規定する遺贈又は贈与に係る特別受益には当たらない。ただし，死亡保険金請求権の取得のための費用である保険料は，被相続人が生前に支払ったものであり，保険契約者である被相続人の死亡により保険金受取人である相続人に死亡保険金請求権が発生することに鑑みると，保険金受取人である相続人とその他の共同相続人との間に生ずる不公平が民法903条の趣旨に照らし到底是認することができないほど著しいと評価すべき特段の事情がある場合には，同条の類推適用により，当該保険金請求権を特別受益に準じて持戻しの対象となると解するのが相当である。上記の特別の事情の有無については，保険金の額，この額の遺産に対する比率のほか，同居の有無，被相続人の介護等に対する貢献の度合いなどの保険金受取人である相続人及び他の共同相続人と被相続人の関係，各相続人の生活実態等の諸般の事情を総合的に考慮して判断すべきである。」

要するに，生命保険金は，原則として特別受益にはならないが，特定の相続人の受取額が極めて多額である場合には，特別受益になることがあるということである。その判断基準は必ずしも明確ではないが，上記の最高裁の判示を参考にせざるを得ない。

もっとも，生命保険金が特別受益になるとしても，その評価をどうするか（受取保険金の額によるのか，支払保険料を勘案した額とするのか）は，明確になっているとはいえない。

なお，死亡退職金が特別受益となるかどうかについては，上記の生命保険金と同様に考えるべきであろう。

第 2 章／相続分

7 特別受益の評価

　特別受益の評価は時価により，その評価の基準時は相続開始時とするのが通説であるが，特別受益とされるべき生前贈与財産が相続開始前に滅失してしまった場合（例えば，贈与を受けた土地建物を処分し，相続開始時には存在していない場合）に，特別受益に該当するかどうかの問題がある。

　この点について，民法は，特別受益に該当する贈与の価額は，受贈者の行為によって，その目的たる財産が滅失し又はその価額の増減があったときでも，相続開始の当時なお原状のままあるものとみなすこととしている（民法904）。

　ただし，この規定からみると，受贈者自身の行為によらずに目的財産が滅失した場合（例えば，生前贈与を受けた家屋等が天災により滅失した場合）には，特別受益としなくともよいことになる。

　また，特別受益の評価に関し，不動産と金銭とでは異なった扱いになる。不動産を時価評価し，金銭の贈与を受贈額のままとすると，両者の間でアンバランスになる。このため，最高裁は，贈与財産が金銭であるときは，贈与時の金額を相続開始時の貨幣価値に換算した価額をもって評価すべきとしている（最判昭51.3.18）。

税務の視点

1 未分割遺産に対する課税と特別受益

　民法903条の特別受益者の相続分が相続税務に関わるのは，相続財産が未分割の場合の課税価格の計算においてである。

　共同相続人間で相続財産の分割が行われていない場合の課税価格の計算について，相続税法は，その未分割遺産については，共同相続人が「民法（904条の2を除く。）の規定による相続分」に従って，その財産を取得したものとして，その計算をすることとしている（相法55）。この場合の「民法（904条の2を除く。）の規定による相続分」とは，民法900条から903条までに規定する相続分をいうものとされ

•70

3／特別受益者の相続分

ている（相基通 55-1）。したがって，未分割遺産に係る各相続人の課税価格は，特別受益者の相続分を勘案したところで算定することになる。

相続財産が未分割であり，共同相続人中に特別受益者がいる場合の相続税の課税価格の計算例を示せば，次のとおりである。

設例

① 被相続人甲は，令和元年 5 月 25 日に死亡し，その遺産は，4 億 8,000 万円と算定された。
② 被相続人甲の相続人等は，次図のとおりである。

③ 上記①の遺産のうち，被相続人甲の適法に作成された遺言書に基づき，乙に 5,000 万円，丙に 1,000 万円がそれぞれ遺贈された。
④ 被相続人甲の遺産は，上記③により遺贈されたものを除き，相続税の申告書の提出時において共同相続人間で分割されていない。
⑤ 共同相続人のうち，被相続人甲から生前に生計の資本として贈与を受けた者及びその贈与財産の内容等は，次のとおりである。

受贈者	受贈年月日	受贈財産	贈与時の価額	相続時の価額
長男 A	平成 25.6.8	土地	5,000 万円	3,000 万円
二男 B	平成 30.9.3	株式	1,000 万円	1,000 万円

（注）被相続人甲に係る債務及び葬式費用はないものとする。

【計算】
(1) 民法 903 条の規定による相続分の額
　① 未分割遺産の価額
　　　（遺産額）　　　（乙の受遺額）　（丙の受遺額）
　　　4 億 8,000 万円－5,000 万円－1,000 万円＝4 億 2,000 万円

第2章／相続分

② 特別受益額

$$\underset{\text{(Aの受贈額)}}{3{,}000\,\text{万円}}+\underset{\text{(Bの受贈額)}}{1{,}000\,\text{万円}}+\underset{\text{(乙の受遺額)}}{5{,}000\,\text{万円}}=9{,}000\,\text{万円}$$

（注） 特別受益となる生前贈与財産の価額は，相続開始時の価額による。

③ 民法903条のみなす相続財産の価額（①＋②）

4億2,000万円＋9,000万円＝5億1,000万円

④ 各共同相続人の具体的相続分の価額

$$乙\cdots\cdots\underset{\text{(③のみなす相続財産)}}{5\,\text{億}1{,}000\,\text{万円}}\times\underset{\text{(法定相続分)}}{\frac{1}{2}}\underset{\text{(特別受益)}}{-5{,}000\,\text{万円}}=2\,\text{億}\ \ 500\,\text{万円}$$

$$A\cdots\cdots 5\,\text{億}1{,}000\,\text{万円}\times\frac{1}{2}\times\frac{1}{2}-3{,}000\,\text{万円}=\ \ \ \ 9{,}750\,\text{万円}$$

$$B\cdots\cdots 5\,\text{億}1{,}000\,\text{万円}\times\frac{1}{2}\times\frac{1}{2}-1{,}000\,\text{万円}=1\,\text{億}1{,}750\,\text{万円}$$

(2) 相続税の課税価格

	合計	乙	A	B	丙
	万円	万円	万円	万円	万円
相続財産（未分割）	42,000	20,500	9,750	11,750	
特定遺贈財産	6,000	5,000			1,000
相法19の加算額	1,000			1,000	
課税価格	49,000	25,500	9,750	12,750	1,000

（注） Bに対する生前贈与は，相続開始前3年以内の贈与に該当し，相続税法19条が適用される。

　ところで，上記の設例の場合に，特別受益を考慮せずに，未分割遺産を法定相続分に従って取得したものとして計算すると，各相続人等の課税価格に差異が生ずるが，課税価格の合計額は上記と同じである。

　したがって，相続税の総額も同じであり，当事者間の税負担の得失を別とすれば，財産取得者全員の負担税額は変わらない。また，未分割遺産の額は，配偶者の税額軽減の適用はなく（相法19の2③），その点でも負担税額に異動はない。

　このため，相続税法55条は，民法903条の特別受益者の相続分も勘案して課税価格を計算することとしているが，特別受益を考慮せず

に，未分割遺産を法定相続分で配分して課税価格を計算しても実務上の問題はないと考えられる。

つまり，現行の未分割遺産に対する課税規定は，分割が行われるまでの暫定的なものであり，実際の遺産分割は特別受益を勘案して行われることを予測し，各人が現実に取得する財産の価額に近い価額で課税することが望ましいとの考え方によるものである。

未分割遺産は，いずれは共同相続人間で分割され，その段階で各人間の税負担の調整が行われることからすれば，当初の相続税の申告では，特別受益を勘案せずに課税価格の計算をしても，納税者と税務当局の間に問題は生じないものと考えられる。

2 負担未確定の債務の取扱い

未分割遺産に対する課税規定に関連する事項として，被相続人の債務の負担者が確定していない場合の課税価格の計算における債務控除の取扱いがある。

この点について，負担未確定の債務は，民法900条から902条までの相続分に応じて各相続人の負担額を計算し，債務控除を行うこととされている（相基通13-3）。したがって，民法903条の特別受益者の相続分は考慮する必要はなく，いわゆる法定相続分又は指定相続分で債務控除の額を計算すればよいことになる。

3 未分割遺産に対する課税規定とみなし相続財産の取扱い

相続財産の分割又は未分割という問題は，いずれにしても民法上の遺産（いわゆる本来の相続財産）に係ることであるが，相続税の課税対象となる財産には，被相続人の死亡後に取得する生命保険金や死亡退職金などのいわゆるみなし相続財産が含まれる。

未分割遺産に対する相続税法55条の規定では，前述のとおり特別受益者の相続分を含めた民法の相続分の規定により未分割遺産を取得したものとして課税価格を計算することとされているが，この場合に，生命保険金や死亡退職金等を特別受益として取り込むか否かという問題がある。

第2章／相続分

　この点については，相続税法55条の規定により課税価格を計算する場合において，相続税法上のみなし相続財産があるときは，そのみなし相続財産の価額は，その者の相続分に応じた本来の相続財産に加算して課税価格を計算することに取り扱われている（相基通55-2）。

　これは，民法上は生命保険金や死亡退職金等について，特別受益と解する場合にも，その金額をどう算定するかについて民法上の議論があるため，税務の取扱いでは，みなし相続財産を特別受益から除外することとしているものである。

　したがって，各相続人がみなし相続財産を取得している場合には，その取得金額（生命保険金や死亡退職金について非課税規定が適用される場合には，その非課税控除後の金額）を上記**1**により計算した未分割遺産の価額に加算して各相続人の課税価格を計算することになる。

■**4** 生前贈与と法務・税務の相違点

　民法における特別受益に関して，民法と税法の取扱いに違いがあるのは，生前贈与についてである。

　民法903条は，被相続人から相続人に対する婚姻，養子縁組のための贈与又は生計の資本としての贈与を特別受益とし，その財産の相続時の価額で持ち戻すこととしている。

　一方，相続税法19条は，相続や遺贈による財産取得者が被相続人から相続開始前3年以内に贈与を受けている場合には，その財産の贈与時の価額をその者の課税価格に加算すべき旨を定めている。また，生前贈与財産について，相続時精算課税を選択適用した場合には，特定贈与者の相続時に全ての贈与財産の価額が相続税の課税対象になる（相法21の15，21の16）。

　これらの規定は，その目的も趣旨も異なることはいうまでもないが，それぞれの相違点をまとめると，概ね次表のようになる。

3／特別受益者の相続分

●生前贈与に関する法務と税務の相違点

	民法（903条）	相続税法（19条）	相続時精算課税
規定の趣旨	共同相続人間の遺産分割の公平を図るため	相続税と贈与税の負担調整を行うため	生前贈与財産を相続時に清算的に課税するため
対象者	共同相続人	相続又は遺贈により財産を取得した者	相続時精算課税適用者（相続又は遺贈により財産を取得しなかった者も対象）
対象財産	婚姻，養子縁組のための贈与又は生計の資本としての贈与	贈与の意図や贈与財産の内容等は問わない（ただし，贈与税の非課税財産は除く）	相続時精算課税の適用を受けた特定贈与者からの全ての贈与財産
対象となる贈与時期	贈与時期は問わない	相続開始前3年以内の贈与に限る	贈与の時期は問わない
財産の価額（評価）	持戻し価額は，相続開始時の価額	相続税の課税価格に加算される価額は，贈与時の価額	相続税の課税価格に加算される価額は，贈与時の価額
免除	被相続人の意思により持戻し免除ができる	要件に該当すれば，全て課税価格に加算される	相続時精算課税の適用を受けたものは全て加算される

第 2 章／相続分

配偶者間の居住用不動産の贈与・遺贈と特別受益
居住用動産に係る特例的措置

質問

被相続人は，その配偶者に居住用不動産の生前贈与をしています。居住用不動産の配偶者間の移転について，民法・税法は特別の扱いがありますか。

法務の視点

1 特別受益の持戻しの免除

民法903条（特別受益者の相続分）は，前項で述べたとおり，相続人に対する遺贈や贈与があった場合に，遺産の取得について共同相続人の実質的な公平を図ることを目的とした規定である。

しかし，被相続人が特定の相続人に遺贈や贈与を行う場合に，その相続人により多くの財産を取得させたいという意思を有している場合もある。そこで，民法は，被相続人の意向を尊重し，特別受益の持戻しを免除するという意思表示があった場合には，これに従うこととしている（民法903③）。

なお，持戻しの免除の意思表示は，特別の方式は定められていないため，明示と黙示を問わないと解されている。もっとも，実務的には，遺言によってその意思を明らかにしておくことが望ましいと考えられる。

2 居住用不動産の贈与等に係る持戻し免除の推定

被相続人が生前にその配偶者に対し，居住用不動産を贈与した場合又は配偶者に居住用不動産を遺贈した場合には，その配偶者の長年の貢献に報いるとともに，配偶者の老後の生活保障を意図していることが多いと考えられる。そうであるとすれば，遺産分割における配偶者

の取得財産価額を算定するに当たり，その居住用不動産の価額を特別受益とし，その取り分を減らすという意図もないと想定される。

そこで，平成30年7月に成立した改正民法は，婚姻期間が20年以上の配偶者に対し，居住用不動産を贈与又は遺贈をした場合には，特別受益の持戻し免除の意思表示があったものと推定することとした（民法903④）。

また，後述（193ページ）の配偶者居住権が遺贈の目的とされた場合にも，持戻し免除の意思表示があったものと推定される（民法1028③）。

この規定における「20年以上」であるかどうかは，居住用不動産の遺贈の場合には，遺言の効力が生じた時（遺言者の死亡時）であり，贈与の場合には，その贈与の時により判定するものとされている。

なお，この民法規定は，下記の「贈与税の配偶者控除」の制度をベースに考案されたものである。

税務の視点

1 贈与税の配偶者控除の特例

相続税法は，従来から配偶者の老後の生活を保障するという趣旨に基づいて，居住用不動産の贈与について，特例的措置を講じている。これを「贈与税の配偶者控除」といい，贈与税の課税価格から最高2,000万円が控除される。その適用要件をまとめると，次のとおりである（相法21の6）。

① 婚姻期間が20年以上である配偶者間の贈与であること。

② 贈与財産は，居住用不動産か又は居住用不動産の取得のための金銭であること。

③ 贈与を受けた年の翌年3月15日までに，贈与を受けた居住用不動産に居住し，又はその日までに贈与を受けた金銭で居住用不動産を取得すること。

④ その後も引き続き，その居住用不動産に居住する見込みであること。

77

第2章／相続分

⑤ 前年以前のいずれかの年に，その配偶者からの贈与について，既にこの配偶者控除の規定の適用を受けていないこと。

⑥ 一定の書類を添付して，贈与税の申告をすること。

このうち①の婚姻期間は，婚姻の届出があった日から居住用不動産又は金銭の贈与があった日までの期間により計算し（相令4の6①②），その期間に1年未満の端数があるときでも，その端数は切り上げない（相基通21の6-7）。

また，上記の⑤の要件は，同一の配偶者間では一生に1回しか適用されないということである。したがって，例えば1,800万円の居住用不動産の贈与を受けて，この規定の適用を受けた場合には，その後の年分で200万円の控除を受けることはできないことになる。

なお，この規定に適用による贈与税額の計算に当たっては，贈与税の基礎控除（110万円）より先に配偶者控除（最高2,000万円）を行うこととされている（相基通21の6-6）。したがって，その年分の受贈財産が居住用不動産のみの場合には，2,110万円までは納付税額がないことになる。

ところで，配偶者控除の特例の対象となる居住用不動産とは，居住の用に供している土地（借地権を含む）や家屋及びこれらを取得するための金銭である。

この場合，土地と家屋のいずれか一方でも特例の適用があるが，土地のみの贈与の場合には，贈与を受けた配偶者（妻）の配偶者（夫）か，又は贈与を受けた配偶者の親族が家屋の所有者でなければならない（相基通21の6-1(2)）。

なお，実務的には，この特例の控除額との関係から，土地及び家屋の持分を贈与する例が多い。

2 贈与税の配偶者控除と相続税の生前贈与財産の課税価格加算との関係

贈与税の配偶者控除の規定の適用を受けた後，贈与者について3年以内に相続が開始した場合の相続税の取扱いは，次のようになる。

すなわち，被相続人からの財産の贈与で，相続開始前3年以内のも

のは，その財産の価額が相続税の課税価格に加算されることになるが，次の金額は「特定贈与財産」として相続税の課税価格には加算されない（相法 19 ②）。

① 居住用不動産等の贈与が相続開始の年の前年以前にされた場合で，受贈者が贈与税の配偶者控除の適用を受けているとき……適用を受けた配偶者控除額に相当する部分

② 居住用不動産等の贈与が相続開始の年にされた場合で，受贈者が既に配偶者控除の適用を受けた者でないとき……配偶者控除の適用があるものとした場合の控除額に相当する部分

要するに，相続開始の年の贈与（②）を含め，相続開始前 3 年以内の贈与に該当しても，配偶者控除額の部分（最高 2,000 万円）については，相続税の課税価格に加算されないということである。

3 民法の規定と相続税法の規定の相違点

配偶者に対する居住用不動産の贈与等について，民法の特別受益の持戻し免除の推定規定と贈与税の配偶者控除の規定との相違点は，次のとおりである。

① 贈与税の配偶者控除は，2,000 万円が控除限度額とされているが，民法の規定に上限額はない。

② 贈与税の配偶者控除では，居住用不動産の取得のための金銭の贈与も対象とされているが，民法は，居住用不動産に限定している。

③ 居住用不動産の遺贈については，贈与税の配偶者控除の対象にならないが，民法では，持戻し免除の推定規定の対象になる。

第 2 章／相続分

5 寄与分
その意義と決定方法

質 問

　被相続人の相続人は子 3 人ですが，そのうち私（次女）だけが被相続人と同居し，本人の身の回りの世話や看護に努めてきました。民法には寄与分という制度があるそうですが，私にそれが認められるでしょうか。

　また，仮に寄与分が認められた場合，相続税では特別な扱いが受けられるのでしょうか。

法務の視点

1 寄与分の意義

　民法は，「共同相続人中に，被相続人の事業に関する労務の提供又は財産上の給付，被相続人の療養看護その他の方法により被相続人の財産の維持又は増加について特別の寄与した者」は，法定相続分から特別受益者の相続分までの規定による相続分とは別に相続財産を取得できることとしている（民法 904 の 2）。いわゆる寄与分（寄与相続分）の制度で，特別受益者の相続分の規定と同様に，相続人間の実質的な公平を図るための規定である。

2 寄与分権利者の範囲

　寄与分を主張できるのは，共同相続人に限られる。したがって，相続人でない者（例えば長男の配偶者や内縁関係にある者）は，いかに財産の維持・増加に貢献したとしても寄与分は主張できない。

　また，包括受遺者は共同相続人と同様に取り扱われるが（民法 990），共同相続人ではないので，同様に寄与分の主張はできないとす

るのが多数説である。

　なお，代襲相続人が被代襲者の寄与を主張できるかどうかについても肯定説と否定説があるが，その主張を認める審判例がある（横浜家審平6.7.27）。

(注)　相続人以外の者の被相続人に対する療養看護等の貢献を考慮するための方策として，特別寄与料の請求制度があるが，これについては後述する（第5章「17　特別寄与料」249ページ）。

3 寄与分が認められた例

　相続の実務においては，どのようなケースに寄与分が認められるかが問題となるが，上記の民法の規定からみると，「通常の寄与」ではなく「特別の寄与」であることがその要件になる。一般的には，次のような分類が可能である。

① 家事従事型……被相続人が事業者である場合の相続人の労務の提供

② 金銭出資型……相続人よる被相続人の債務の弁済や資金の援助

③ 療養看護型……相続人による被相続人の療養看護

④ 扶養型…………相続人による自己の扶養義務の範囲を超える被相続人の扶養

　上記のうち①については，相続人が事業に従事した期間，報酬の有無等が総合的に勘案される。審判例としては，被相続人の妻や跡取りの子が農業に従事した例が多くみられる（福岡家審昭56.8.18）。

　また，上記の②及び③について，妻による被相続人の事業への労務の提供及び財産上の給付とともに，3年以上にわたる看護を考慮して寄与分が認められた例がある（高松家審昭43.7.17）。

　注意したのは，③の療養看護との関係である。妻の通常の家事労働や妻としての夫に対する看護などは「特別の寄与」とはいえない。ここでいう「特別の寄与」とは，療養看護により，被相続人が付添人などの費用の支出を免れ，財産が維持されたという財産上の効果をもたらすような貢献をした場合にのみ認められる。

第2章／相続分

4 寄与分の決定方法

　寄与分の決定については，共同相続人間の協議によることが原則である。ただし，共同相続人間で協議が調わないとき，又は協議をすることができないときは，家庭裁判所は，寄与者の請求により寄与分を定めることができる。また，審判によらず家庭裁判所の調停により決定することもできる。

　もっとも，寄与分は遺産分割の前提となる事項であることから，寄与分の審判の申立てをするには，原則として家庭裁判所に遺産分割の請求がされている必要がある（民法904の2④）。

　なお，寄与分の主張は，遺産分割が確定するまで主張することができる。寄与分は，遺産分割の前提事項であるため，遺産分割の際に寄与分の主張をせず，遺産分割後に新たに寄与分の主張をすることはできないと考えられる。

5 寄与分の算定方法

　寄与分の算定方法について，特別の定めはない。寄与の時期，その方法と程度，相続財産の額その他一切の事情を考慮して定められる（民法904の2②）。もっとも，寄与分は，被相続人が相続開始の時に有していた財産の価額から遺贈の価額を控除した残額を超えることはできないこととされている（民法904③）。これは，遺贈があった場合には，その遺贈を優先的に適用するということである。

　なお，寄与分について，民法上は遺言事項ではないため，被相続人が遺言で寄与分の額等を指示したとしても，法的拘束力はないと考えられている。

税務の視点

1 寄与分による取得財産と相続税課税

　現行の相続税の課税方式は，法定相続分課税方式によっており，相続税の総額は，法定相続分及び代襲人の相続分により財産の取得が

あったものとして，その計算を行うこととされている（相法16）。したがって，相続税の計算において，寄与分が関わることはない。

要するに，寄与分が認められた場合には，その分だけ取得する相続財産が増加し，それに対応して税負担も増加することになる。

なお，寄与分として取得した財産は，その取得した相続人の固有の財産でないことは明らかであり，非課税とされる余地はない。

2 未分割遺産に対する課税規定と寄与分

相続又は包括遺贈により取得した財産について，相続税の申告書の提出時までに共同相続人又は包括受遺者の間で未分割である場合には，その未分割遺産は，「民法（第904条の2（寄与分）を除く。）の規定による相続分又は包括遺贈の割合」によって取得したものとして課税価格を計算することとされている（相法55）。

この場合の民法の規定による相続分からは寄与分が除かれている。寄与分は，共同相続人間の協議又は家庭裁判所における審判によって決定されるため，遺産が未分割の場合には，その寄与分も具体的に定まっていないことになる。したがって，相続税法55条における「民法の相続分」に寄与分を含めると，課税価格の計算ができないことになる。そこで，同条の適用上は，寄与分を除くこととしているわけである。

第 2 章／相続分

 身分が重複する場合の相続分
二重身分がある場合の
相続分の算定方法

質問

被相続人の孫が被相続人夫婦と養子縁組をしていますが，その孫が代襲相続人である場合に，子としての相続分と代襲相続人としての相続分の双方を有するのですか。

法務の視点

1 身分関係が重複する場合の相続分の考え方

養子縁組は人為的な親子関係の創設であるが，そのことにより当事者間に親子，兄弟等の身分が重複する場合があり，法定相続分の算定方法に疑問が生ずることがある。

この場合の基本的な考え方は，一方が他方の親族関係を否定する旨の規定（例えば，特別養子縁組の場合は養親との関係のみとなり，実親との親子関係はないことになる）がない限り，2つの身分が同時に存在することになり，双方の相続分を有することになる。

2 身分が重複する場合の相続分算定の具体例

養子縁組によって身分が重複する場合の相続分の算定方法について，いくつかの例を示すと，次のとおりである。

1● 孫が養子となった場合

このケースの孫（養子）は，被相続人の子（養子）としての身分と，長男の代襲相続人としての身分の双方を有している。この場合には，養子としての相続分と代襲相続人としての相続分の双方を取得することとされている（昭26.9.18民事甲1881号民事局長回答）。したがって，法定相続分は次のようになる。

配偶者 ……… $\dfrac{1}{2}$

二　男 ……… $\dfrac{1}{2} \times \dfrac{1}{3} = \dfrac{1}{6}$

孫（養子）…… $\left[\dfrac{1}{2} \times \dfrac{1}{3}\right] + \left[\dfrac{1}{2} \times \dfrac{1}{3}\right] = \dfrac{1}{3}$

2● 実子と養子が婚姻した場合

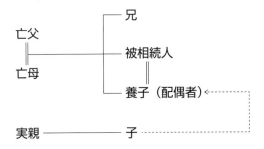

このケースにおける養子（配偶者）は，被相続人の配偶者としての身分を有すると同時に，被相続人の兄弟姉妹としての身分も有している。したがって，これら双方の相続分を取得するという考え方もあるが，相続実務では，相続分の重複には否定的であり，配偶者としての相続分のみを有すると解されている（昭23.8.9民事甲2371号民事局長回答）。法定相続分は次のようになる。

配偶者（養子）…… $\dfrac{3}{4}$

兄 ……………… $\dfrac{1}{4}$

3 非嫡出子を養子とした場合

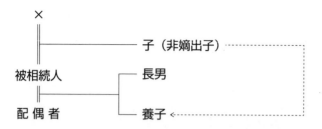

このケースの非嫡出子は、被相続人と養子縁組をしたことにより、嫡出子としての身分を取得することになるが、嫡出子と非嫡出子の身分が同時に存在するというのは不自然であると考えられる。非嫡出子の身分は消滅し、養子としての相続分のみを有すると考えられる。

したがって、長男と養子の相続分は次のように同等となる。

配偶者 ……… $\dfrac{1}{2}$

長　男 ……… $\dfrac{1}{2} \times \dfrac{1}{2} = \dfrac{1}{4}$

養　子 ……… $\dfrac{1}{2} \times \dfrac{1}{2} = \dfrac{1}{4}$

税務の視点

1 身分が重複する場合の相続分と相続税の総額の計算

現行の相続税法は、法定相続分課税方式によっており、法定相続分及び代襲相続人の相続分の規定が相続税の総額の計算の基礎となる（相法16）。

相続税の総額の計算上、身分関係が重複する場合の相続分の取扱いは、相続税法が民法に追従する形で適用される。したがって、上記の民法の取扱いによる相続分によって相続税の総額の計算を行うこととなる。

なお、相続税の取扱いでは、代襲相続人が被相続人の養子である場合には、代襲相続人の相続分と養子としての相続分の双方を有する旨

を確認的に明らかにしている（相基通 15-4（注））。

2 身分関係が重複する場合の法定相続人の数

相続税の基礎控除額等の計算は，法定相続人の数が基礎となるが，身分関係が重複する場合に，法定相続人の数を重複してカウントするのは不自然である。したがって，相続人のうちに代襲相続人であり，かつ，被相続人の養子となっている者がある場合の法定相続人の数については，その者は実子 1 人として計算することが留意的に明らかにされている（相基通 15-4）。

相続分の譲渡
その意義と譲渡所得課税等の有無

質問

相続分の譲渡を行った場合には，民法の規定による相続分に，その相続分も含まれるのでしょうか。また，含まれるとした場合の課税関係はどのようになるのでしょうか。

法務の視点

1 相続分の譲渡の意義

相続人の有する相続分は，財産的価値のある実体的権利であり，相続人の意思によって譲渡することが可能であると考えられている。また，実務的にみれば，共同相続人間での遺産分割が長期に及ぶ場合には，相続財産を早期に換金し，相続手続から離脱したいという相続人がないとはいえない。

そこで，民法は相続分を譲渡することを前提とした規定を設けている（民法905）。同法は，「共同相続人の1人が分割前にその相続分を第三者に譲り渡したとき」と規定しており，譲渡の相手方が共同相続人以外の者である場合はもちろん，共同相続人が他の共同相続人に譲渡することも可能であると考えられる。

この場合に，相続分の譲受人が共同相続人以外の者であるときは，譲渡した相続人に代わって，その譲受者が譲り受けた相続分に基づいて遺産分割に参画できることになる。また，譲受人が共同相続人であれば，その者の本来の相続分に譲り受けた相続分を加えた割合で遺産を承継できることになる。

なお，相続分の譲渡とは，遺産に含まれる個々の財産の共有持分の譲渡ではなく，相続債務も含めた相続人の権利の譲渡であると解され

ている。

2 相続分の譲渡と相続債務の負担

　相続分の譲渡があった場合に，相続債務の負担がどのようになるかという問題がある。これについては，諸説があるが，相続債権者は，相続分の譲渡があったかどうかを知り得ないこともあるため，その譲渡をした相続人が免責されるとすれば，相続債権者に不測の損害が生じるおそれがある。

　したがって，相続分の譲渡を受けた者はもちろん，その譲渡をした相続人も債務者とされる。一種の重畳的債務の引受けであり，譲渡人と譲受人の負う債務は，不真正連帯債務になると考えられる。

3 相続分の譲受人の対抗要件

　相続分の譲受人が相続分の譲渡を主張するためには，対抗要件が必要か否かについても考え方が分かれる。

　判例では，相続分の譲渡は，相続財産に属する個別的財産に関する権利の移転ではないから，譲受人は他の相続人に対し対抗要件を備えることは不要としている（東京高決昭28.9.4）。ただし，対抗要件が必要であるという説も根強くある。

4 相続分の取戻し

　相続分の譲渡を規定する民法は，相続分の取戻権についても規定しており，共同相続人が第三者に相続分を譲渡したときは，他の共同相続人は，相続分の価額と費用を償還して，その第三者から相続分を取り戻すことができる（民法905①）。

　これは，遺産分割手続に譲受人である第三者が入り込むことによって，相続手続が混乱し，相続問題が紛糾することを防止するためである。ただし，こうした問題は譲受人が第三者である場合に生じることから，譲受人が他の共同相続人である場合には，取戻権は発生しない。

　第三者に対する取戻権の行使は，譲受人に対する一方的意思表示で足り，相手方の承諾は不要である。ただし，相続分の価額及び譲渡に

第2章／相続分

要する費用を現実に提供しなければならない。

なお，取戻権の行使期間は，譲渡の時から1か月以内である。

税務の視点

1 相続分の譲渡と相続税

相続分の譲渡について，相続税法には特段の規定はない。相続税法は，各相続人等が取得した財産の価額に対して課税することとしているから，相続分の譲渡を受けた者についても，当然のことながら，その取得財産に課税されることになる。

ところで，相続税の申告期間前に，共同相続人の1人が他の共同相続人に相続分を譲渡した場合において，申告書の提出時に遺産未分割であるときの相続税法55条の規定をどのように適用するかという問題がある。

この点について，相続分を譲渡し，その対価を収受した相続人が，自己の課税価格は，その対価の額を考慮せず，法定相続分に応じた額であると主張した事案がある。

この事案について，最高裁は，「相続税法55条は，各相続人にその取得財産価額に応じた税額を負担させることを原則としているので，同法の『民法（民法904条の2（寄与分）を除く。）の規定による相続分』には，共同相続人間の譲渡に係る相続分が含まれる。」と判示し，納税者の主張を斥けている（最判平5.5.28）。

要するに，相続税法55条の「民法に規定する相続分」とは，共同相続人間で相続分の譲渡があった後の相続分をいうものとして，各相続人の課税価格を計算するということである。

2 相続分の譲渡の場合の課税関係

相続分の譲渡があった場合の課税関係は，譲渡の相手方（譲受人）が共同相続人であるか第三者であるかによって異なる。また，譲渡の対価の有無によっても課税関係が異なる。その概要をまとめると，次表のようになる。

7／相続分の譲渡

●相続分の譲渡に係る課税関係

	譲渡人	譲受人	区分	譲渡人の課税関係	譲受人の課税関係
ケース1	共同相続人	共同相続人	無償	相続税課税なし	相続税負担増
ケース2			有償	相続税課税	相続税負担増
ケース3		第三者	無償	相続税課税	贈与税課税
ケース4			有償	相続税課税譲渡所得課税	課税なし

【ケース1】

　共同相続人に相続分の譲渡をしたため，譲渡人は，相続財産を取得しない。このため，相続税の課税はない。一方，譲受人は，譲り受けた相続分に対応する相続財産を取得することになるため，その価額に対応する相続税が課税される。

　このケースは，共同相続人間の遺産分割の問題に帰属することになる。

【ケース2】

　譲渡人は，共同相続人に相続分を譲渡したことによって取得した対価相当額が相続財産となり相続税が課税される。一方，譲受人は，譲り受けた相続分から支払った対価相当額を控除した価額に対して相続税が課税される。

　このケースは，代償分割に類似した課税関係になる。

【ケース3】

　共同相続人に対する相続分の譲渡でないため，遺産分割の問題ではない。譲渡人には相続分に応じた相続財産を取得したものとして相続税が課税される。一方，譲受人は，共同相続人でないことから，譲渡人から相続分の価額に相当する額の贈与があったものとして贈与税が課税される。

【ケース4】

　譲渡人に対しては，ケース3と同様に，相続分に応じた相続財産を取得したものとして相続税が課税される。また，その相続分に応じた相続財産が譲渡所得の基因となる財産が含まれている場合には，相続

91

第2章／相続分

財産の譲渡として譲渡所得税が課税される。この場合の譲渡所得課税は，次のようになる。

① 相続分の譲渡は，土地や建物といった個々の財産の譲渡ではなく，相続分という総体的な権利の譲渡である。したがって，分離課税の譲渡所得ではなく，総合課税の譲渡所得となる。また，所得税法59条1項のみなし譲渡課税の適用はない。

② 相続人に相続権が生じるのは相続開始の時である。したがって，譲渡所得の課税上の相続分の取得時期は，相続開始の時となる。

③ 相続分の譲渡は，個々の財産の譲渡ではないことから，譲渡した資産についての被相続人の取得費の引継ぎはない。また，その譲渡について，時価による取得を規定する所得税法60条2項の適用もない。したがって，相続分の譲渡に係る取得費はゼロとなり，租税特別措置法39条の相続税額の取得費加算の特例も適用されない。

一方，譲受人は，譲渡人の相続分としての財産の取得となるため課税は生じない。なお，譲受人が譲渡人の相続分を著しく低い対価の額で譲り受けた場合には，その譲渡人の相続分としての財産の譲渡時における時価と支払対価の額との差額が贈与とみなされ，贈与税が課税される（相法7）。

いずれにしても，第三者に対する相続分の譲渡の場合には，相続税が課税されるとともに，譲渡所得課税があることに留意する必要がある。

第3章

相続の承認・放棄

第3章／相続の承認・放棄

相続の承認・放棄
その法的性質

質問

相続については，承認と放棄の選択ができることとされているようですが，その法的性質はどのようなものでしょうか。また，相続人が未成年者のような場合，承認・放棄は自由に行うことができますか。

法務の視点

1 相続の承認・放棄の意義

相続人は，相続開始の時から被相続人の財産に属した一切の権利義務を承継することとされており（民法896），わが国の相続制度は，財産だけが同制度の対象になる。しかしながら，被相続人の財産には消極財産も含まれるため，相続人は相続によって必ずしも財産的な利益を得られるとは限らない。ときには，被相続人が債務超過の状態で相続が開始することもある。

相続の法的効果によって，被相続人の財産と債務が無制限に相続人に承継されるとすれば，相続人は過重な債務負担のために生活が脅かさることにもなりかねない。そこで，民法は，債務を含めた被相続人の財産の承継をするか否かの選択権を相続人に与えている。

被相続人の財産・債務を一切承継しないとするのが相続放棄である（民法939）。一方，その承継をするのが相続の承認であるが，財産と債務の全部を無条件・無制限に承継することを単純承認といい（民法920），相続財産の範囲で債務を負担するという条件付で相続するのが限定承認である（民法922）。

2 相続の承認・放棄の法的性質

　相続の承認・放棄の法的性質について，多数説は，財産上の法律行為であり，相手方なき単独行為であるとしている。つまり，相続開始によって被相続人に属していた一切の権利義務が相続人に当然に帰属する効果を拒否する行為，換言すれば，相続の効果を相続開始の時に遡って消滅させる意思表示が相続放棄である。逆に，これらの効果を全部又は条件付で拒否しないという意思を表示する行為が相続の承認（単純承認と限定承認）であると解されている。

　相続の承認・放棄は，原則として要式行為とされているため，相続放棄及び限定承認は，家庭裁判所における一定の手続（申述書又は申立書の提出）が必要とされている（民法924, 938）。もっとも，単純承認の場合には，その手続に関する規定はないため，特別な手続は要しない。

3 相続の承認・放棄の行為能力と法定代理

　相続の承認・放棄は財産上の法律行為であると解されるため，相続人が承認及び放棄を行うためには財産法上の行為能力が必要である（民法3の2）。

　相続人が制限行為能力者である場合には，法定代理人（未成年者の場合），後見人（成年被後見人の場合），保佐人（被保佐人の場合）の同意又は代理によって承認及び放棄を行うことになる。

1● 未成年者の承認・放棄

　未成年者の場合には，法定代理人である親権者の同意を得て，その未成年者自身が承認・放棄を行うことができる（民法5①）。この場

第3章／相続の承認・放棄

合に，法定代理人の同意を得ないで行った承認・放棄は取り消すことができることとされている（民法5②）。

ただし，被相続人の配偶者（母）と未成年の子が共同相続人であるような場合に，配偶者（母）が子の代理人として子の相続放棄の手続をしたとすれば，相続財産の全部を配偶者が取得することになり，子の利益が保護されないことになる。このように，未成年者と親権者とが利益相反関係にある場合には，親権者は，その未成年者のために家庭裁判所に特別代理人の選任を申し立てる必要がある（民法826①）。その特別代理人が未成年者を代理して相続放棄の手続を行う。

2● 成年被後見人の承認・放棄

成年被後見人が相続人となった場合の承認・放棄は，後見人が成年被後見人を代理して行うことになる（民法8，859）。仮に成年被後見人自身が承認・放棄をしても，取り消すことができることとされている（民法9）。

また，成年被後見人に後見監督人がある場合に，その後見人が成年被後見人に代って承認・放棄をするためには，後見監督人の同意を得なければならない（民法864）。仮に後見人と被後見人との間に利益相反関係がある場合には，被後見人のために特別代理人の選任が必要である。ただし，後見監督人がいるときは後見監督人が被後見人を代理することになる（民法851四）。

3● 被保佐人の承認・放棄

被保佐人については，保佐人の同意を得て被保佐人が自ら承認・放棄をすることになる（民法13①）。ただし，保佐人の同意を得なかった場合には，その取消しをすることができる（民法13④）。

4 | 相続財産の一部承認・放棄

相続財産の一部だけを承認・放棄することはできない。もっとも，積極財産の範囲内で消極財産を承継すること，すなわち限定承認を行うことは可能である。

96

1／相続の承認・放棄

5 相続開始前の相続の承認・放棄

相続の開始前に相続の承認・放棄を行うことは不可能であり，仮に相続開始の前に承認・放棄の意思表示を行ったとしても，法的には無効である。

また，相続人は，限定承認をする場合を除き，相続の承認・放棄に関して条件や期限を付すこともできない。もちろん，被相続人が遺言で相続人の承認・放棄を禁止することもできないし，そのような遺言があっても法的には無効である。

税務の視点

1 相続の放棄と相続税の計算

相続税の基礎控除額等の計算をする場合の「法定相続人」の意義については，既に説明したとおりであり，相続の放棄があった場合には，その放棄がなかったものとした場合の相続人をいう（相法15②）。

法定相続人の数によって計算する事項には，基礎控除額のほか，生命保険金及び死亡退職金の非課税限度額がある（相法12①五，六）。

2 相続の放棄者と相続税の規定

相続税法には，「相続人」について適用し，相続の放棄をした者など相続人以外の者には適用されない事項がある。これについても，既に説明したとおりであるが，次の事項である。

① 生命保険金の非課税控除（相法12①五）
② 死亡退職金の非課税控除（相法12①六）
③ 債務控除（相法13）
④ 相次相続控除（相法20）

したがって，相続の放棄をした者についてのみ考えれば，相続の放棄は相続税の課税上の不利益が生ずることになる。

97

第3章／相続の承認・放棄

相続の開始を「知った日」の意義
法務における熟慮期間と相続税の申告期限

質問

　相続の放棄については，いわゆる熟慮期間として相続の開始があったことを知った時から3か月以内という期間が定められ，一方，相続税では，相続の開始を知った日から10か月以内に申告書を提出するよう定められています。

　この場合の3か月又は10か月の期間の起算日，つまり，「相続の開始を知る」とは，どの時点をいうのでしょうか。

法務の視点

1 相続の承認・放棄の期限

　相続人は，自己のための相続の開始があったことを知った時から3か月以内に，相続について単純承認もしくは限定承認又は放棄をしなければならない（民法915①本文）。

　この場合の3か月という期間は，相続人が相続財産の内容等を調査して相続の承継をするか否かを決定するために設けられているものであり，一般に熟慮期間とよばれている。熟慮期間は3か月であり，短期間に設定されているが，相続に関する権利関係を早期に確定させるとともに，相続債権者の保護を図るという趣旨も有している。

2 熟慮期間の起算点

　相続の選択に関する熟慮期間の起算点について，民法は「自己のために相続の開始があったことを知った時」と規定しているが，この場合の「自己のために相続の開始があったことを知った時」とは，どの時点をいうのかが問題になることがある。

2／相続の開始を「知った日」の意義

　この点について，かつて大審院の判例は，相続開始の原因たる事実を知り，かつ，そのために自己が相続人となったことを覚知した時と解していた（大決大15.8.3）。

　これに対し，最高裁は，原則として相続開始の原因たる事実（被相続人の死亡）を知り，かつ，自己が相続人となった事実を知った時をいうものとしている。ただし，相続人が被相続人の死亡という事実を知った場合であっても，相続財産が全く存在しないと信じており，また，その信じたことに相当の理由があると認められるときは，相続財産の存在を認識した時又は通常これを認識し得る時が熟慮期間の起算点であると解している（最判昭59.4.27）。

　この判決以降，下級審判決では，相続財産の不存在を信じたことについて，相当の理由の有無を検討する傾向にある。

　相続人が未成年者や成年被後見人である場合の熟慮期間の起算点は，その法定代理人（親権者・後見人）がその未成年者等のために相続の開始があったことを知った時とされている（民法917）。

　なお，相続人が2人以上である場合には，熟慮期間の起算点が相続人ごとに異なる場合があり得る。例えば，被相続人甲が死亡し，相続人が甲の長男Aと二男Bの場合に，Aは甲の死亡時に自己のために相続の開始があったことを知ったが，Bは相続開始時に行方不明であり，相当の期間を経て被相続人の死亡を知った，という場合は，それぞれの熟慮期間の起算点が異なることになる。

3 熟慮期間の伸長

　相続財産の内容が複雑なため，調査その他の都合上，3か月の期間内では承認・放棄の判断ができないような場合には，利害関係人又は検察官の家庭裁判所への請求によって，熟慮期間を伸長することができることとされている（民法915①ただし書）。また，熟慮期間の伸長は，共同相続人ごとに各別に認められる。

4 再転相続の場合の熟慮期間の起算点

　相続人が相続の承認又は放棄をしないで死亡したときは，その者の

99

第3章／相続の承認・放棄

相続人が自己のために相続の開始があったことを知った時が熟慮期間の起算点となる（民法916）。このような場合を一般に再転相続とよんでおり，次のようなケースである。

- 一次相続……被相続人甲，相続人A
- 二次相続……被相続人A，相続人B

被相続人甲———^{一次相続}———相続人A ⇒被相続人A ———^{二次相続}———相続人B

　この場合の一次相続についてのBの相続放棄の熟慮期間の起算点は，二次相続に係る被相続人Aの死亡を知った日となる。一方で，二次相続についてのBの相続放棄の熟慮期間の起算点は，Aの死亡を知った日となる。したがって，一次相続についての熟慮期間は，二次相続についての熟慮期間と同一となる。

　この点について，Aが死亡したことによりBが甲の相続人となったことを知らなかった事案について，最高裁令和元年8月9日判決は，「民法916条は，Aが，自己が甲の相続人であることを知っていたが，相続の承認又は放棄をしないで死亡した場合を前提にしていると解すべきであり，Aが甲の相続人となったことを知らずに死亡した本件に同条は適用されない。」とした原審（大阪高判平30.6.15）を覆し，「相続の承認又は放棄をしないで死亡した者(A)の相続人(B)が，当該死亡した者(A)からの相続により，当該死亡した者(A)が承認放棄をしなかった相続における相続人としての地位を，自己が承継した事実を知った時」を民法916条にいう「その者の相続人が自己のために相続の開始があったことを知った時」と解すべきであるとした。

　この最高裁の事案は，熟慮期間の起算点を争った者(B)が一次相続の被相続人（甲）の兄弟の子（甲の甥又は姪）というケースである。要約すると，一次相続に係る被相続人（甲）に配偶者と子がいたが，その全員が相続放棄をしたため，甲の兄弟が相続人となり，さらに，その兄弟の1人であるAが相続放棄の申述をすることなく死亡したため，Bが相続人となったという事例である。このため，Aが死亡したことによりBが甲の相続人となったことを容易に知り得なかったという背景がある。

100

2／相続の開始を「知った日」の意義

税務の視点

1 相続税の申告期限と「相続の開始を知った日」の意義

　相続税の申告書は，相続の開始があったことを知った日の翌日から10か月以内に提出することとされている（相法27①）。この場合の「相続の開始があったことを知った日」とは，前述の相続の承認・放棄の熟慮期間と同様に，自己のために相続の開始があったことを知った日である。

　この場合，通信機能が発達している今日では，相続人が被相続人の死亡に立ち合わなくとも，その死亡をその日のうちに知るのが通常であると考えられる。したがって，特に反証のない限り，被相続人の死亡日が相続人において自己のために相続の開始があったことを知った日となると解される。このため，被相続人の死亡日の翌日から起算して10か月経過後に申告書を提出すれば，期限後申告の扱いとなる。これを期限内申告と主張するためには，納税者自身が相続の開始を知った日について立証する責任があると考えられる。

　なお，失踪宣告や認知の訴えにより相続人となる場合等の特殊なケースについての「相続の開始があったことを知った日」は，次のように取り扱われている（相基通27-4）。

① 　民法30条及び31条の規定により失踪の宣言を受け死亡したものとみなされた者の相続人又は受贈者……これらの者が当該失踪の宣言のあったことを知った日

② 　相続開始後において当該相続に係る相続人となるべき者について民法30条の規定による失踪の宣告があり，その死亡したものとみなされた日が当該相続開始前であることにより相続人となった者……その者が当該失踪の宣告のあったことを知った日

③ 　民法32条1項の規定による失踪の取消しがあったことにより相続開始後において相続人となった者……その者が当該失踪の宣告の取消しのあったことを知った日

④ 　民法787条の規定による認知に関する裁判又は同法894条2項の規定による相続人の廃除の取消しに関する裁判の確定により相

101

第3章／相続の承認・放棄

続開始後において相続人となった者……その者が当該裁判の確定
を知った日

⑤　民法892条又は893条の規定による相続人の廃除に関する裁判
の確定により相続開始後において相続人となった者……その者が
当該裁判の確定を知った日

⑥　民法886条の規定により，相続について既に生まれたものとみ
なされる胎児……法定代理人がその胎児の生まれたことを知った日

⑦　相続開始の事実を知ることのできる弁識能力のない幼児等……
法定代理人がその相続の開始のあったことを知った日（相続開始
の時に法定代理人がないときは，後見人の選任された日）

⑧　遺贈（被相続人から相続人に対する遺贈を除く。⑨において同
じ）によって財産を取得した者……自己のために当該遺贈のあっ
たことを知った日

⑨　停止条件付の遺贈によって財産を取得した者……当該条件が成
就した日

なお，当該相続に係る被相続人を特定贈与者とする相続時精算課税
適用者に係る「相続の開始があったことを知った日」とは，上記にか
かわらず，その特定贈与者が死亡したこと又は民法30条の規定によ
る失踪の宣告に関する審判の確定があったことを知った日となる。

▌2▏申告期限前の決定処分

ところで，相続の開始を「知る」とは，相続人のいわば主観に属す
ることであり，第三者（課税庁）からは認識できない事柄である。こ
のため，納税者が恣意的にその日を設定し，申告期限を伸長させると
いう租税回避行為が行われないとも限らない。

そこで，相続税法では，被相続人の死亡日の翌日から10か月が経
過したときは，税務署長は，申告期限前であっても相続税の決定処分
をすることができる旨を定めている（相法35②）。

この規定により決定が行われた場合において，その処分に不服を申
し立てるには，納税者において相続の開始を知った日の立証が求めら
れることになると考えられる。

102

3／相続の承認・放棄の取消し

③ 相続の承認・放棄の取消し
取消しの可否と手続

質問

父の相続について，他の相続人との関係から家庭裁判所に申述して，いったん相続の放棄をしました。しかし，これは私の本意ではないことから撤回しようと思いますが，可能でしょうか。

また，その場合に税務では，どのように扱われますか。

法務の視点

1 相続の承認・放棄の取消しの意義

相続について，いったん承認・放棄が行われた場合には，熟慮期間中であってもその取消しをすることはできない（民法919①）。この場合の「取消し」は，「撤回」の意味である。したがって，民法の一般規定に基づく無効（例えば，錯誤（民法95））や取消し（例えば，詐欺・強迫（民法96））の主張をすることはできる。

相続の承認・放棄の取消しは家庭裁判所の審判事項でありその取消しをするためには，その者又は代理人が家庭裁判所に申述書を提出しなければならない（家事事件手続法201④⑤，同法別表第一91）。

2 相続の承認・放棄の取消事由

相続の承認・放棄の取消しができる事由を列挙すると，以下のとおりである。

① 未成年者が法定代理人の同意を得ないで承認・放棄を行った場合（民法5②）

② 成年被後見人が後見人の同意を得ないで承認・放棄を行った場合（民法9）

103

第3章／相続の承認・放棄

 ③ 被保佐人が保佐人の同意を得ないで承認・放棄を行った場合（民法13④）

 ④ 承認・放棄が詐欺又は強迫によって行われた場合（民法96①）

 ⑤ 後見人が，後見監督人があるにもかかわらず，その同意を得ないで被後見人を代理して相続の承認・放棄を行った場合（民法864，865①）

　相続の承認・放棄の取消権は，追認することができる時から6か月間その行使をしないときは，時効によって消滅する。承認又は放棄の時から10年を経過したときも同様である（民法919③）。この場合の10年の期間は除斥期間と解されている。一般の取消権の時効や期間等が5年又は20年であるのに対し（民法126），相続の承認・放棄が短期に定められているのは早期に承認又は放棄の効力を確定させ，相続債権者等の保護を図る趣旨である。

税務の視点

1　相続の承認・放棄の取消しと相続税との関係

　相続について，いったん承認又は放棄をすると，熟慮期間内であっても原則として取り消すことができない点は，前述のとおりである。

　相続財産の分割等は，相続の承認や放棄があれば，それを前提として行うことになるが，承認・放棄の取消しができる期間と相続税の申告期限との関係からみると，その承認・放棄の取消しと相続税とは，直接的な関係はない。

2　相続税の申告後の承認・放棄と相続税務

　ところで，前述のとおり，民法919条3項は，例外的に相続の承認・放棄の取消しを認めており，それが相続税の申告後に行われた場合には，既に確定した課税関係を訂正する必要がある。

　そこで，相続税法は，相続税の申告後に相続の承認又は放棄の取消しがあったことにより相続人に異動が生じた場合には，その異動が生じたことを後発的事由として（相法32①二），期限後申告の特則（相

法30①），修正申告の特則（相法31①）及び更正の請求の特則（相法
32①）の各規定が適用できることとされている。

　なお，これらの規定による期限後申告と修正申告は，税務署長によ
る決定又は更正処分があるまではいつでもできるが，更正の請求は，
承認・放棄の取消しにより相続人に異動があったことを知った日の翌
日から4か月以内に行う必要がある。

第3章／相続の承認・放棄

単純承認
その意義と「法定単純承認」となる行為

質問

父の死亡から半年が過ぎました。相続税の申告は，相続から10か月以内と聞いていたため，その間は，何らの手続もしていません。

なお，遺産や債務の調査はこれから行いますが，仮に債務超過となっても，今から相続の放棄をすることは認められるのでしょうか。

法務の視点

1 単純承認の意義

相続の単純承認とは，相続人が被相続人の権利義務を無限に承継することをいう（民法920）。

したがって，単純承認すると，相続財産は相続人の固有財産と融合することとなり，相続人は被相続人の債務の全部を弁済しなければならず，その弁済がない場合には，被相続人の債権者は相続人の固有財産に対しても強制執行をすることができる。

なお，単純承認の法的性質については，意思表示とする見解と法定効果とする見解とが対立しているが，多数説及び判例は意思表示と解している（最判昭42.4.27，大判大10.8.3）。

2 法定単純承認の意義

民法は，次に掲げる場合には，相続人が単純承認したものとみなす旨を規定している（民法921）。いわゆる法定単純承認である。

① 相続人が相続財産の全部又は一部を処分したとき
② 相続人が相続の開始を知った時から3か月の期間（熟慮期間）内に限定承認又は放棄をしなかったとき

③　相続人が，相続財産の全部又は一部を隠匿し，私にこれを費消し，又は悪意でこれを相続財産の目録中に記載しなかったとき

1● 相続財産の全部又は一部を処分した場合

上記①の「処分」とは，相続人が財産の現状や性質を変える行為をいう。ただし，相続人が相続財産の保存行為や民法602条（短期賃貸借）に定める期間を超えない賃貸借契約の締結は，ここにいう処分には該当しない。また，相続財産から葬式費用を支出することも処分には当たらない。

いわゆる「形見分け」が相続財産の処分に該当するか否かという問題がある。この点について，判例は経済的価値の有無によって取扱いを分けている。すなわち，経済的価値のないもの，もしくは著しく低い価額の物品を形見分けとして贈与することは，相続財産の処分には当たらないとされている。下級審の判例としては，被相続人の着衣，身回り品，ほとんど経済的価値のない財布，所持金2万432円が分与された例（大阪高決昭54.3.22），既に交換価値を失う程度に着古した上着とズボンが分与された場合（東京高決昭37.7.19），背広上下，冬オーバー，スプリングコート，椅子2脚，価値の低い時計が分与された例（山口地徳山支判昭40.5.13）について，いずれも相続財産の処分には当たらないとしている。

これに対し，いわゆる形見分けであっても経済的価値のある衣類を他人に贈与する行為は，相続財産の処分に該当するとした例がある（大判昭3.7.3）。

さらに，相続債務を弁済するために相続財産である不動産を譲渡することは相続財産の処分であり（大判昭12.1.30），相続債権を取り立ててこれを相続人が収受することも処分に該当するとされている（最判昭37.6.21）。

また，相続人が故意に相続財産である家屋に放火した場合や，相続財産である高価な美術品を故意に壊した場合にも，その処分に該当する。もっとも，失火や過失により相続財産が毀損されたような場合は，処分には該当しない。

第3章／相続の承認・放棄

相続財産の処分とは，相続人が被相続人の死亡の事実を知った後か，確実に死亡を予想しながら行ったものでなければならないという考え方がある（最判昭42.4.27）。

なお，相続人が未成年者である場合に，その法定代理人が相続財産の処分を行ったときは，相続人が単純承認したものとみなされる（大判昭6.8.4）。

2● 熟慮期間の徒過

相続人が承認・放棄の熟慮期間（3か月）内に限定承認も放棄もしないで，その期間が徒過したときは，単純承認をしたものとみなされる（民法921 二）。単純承認を意思表示と解している判例・多数説では，熟慮期間の経過によって，相続人が黙示の意思表示をしたものと解するということである。

もっとも，熟慮期間が伸長されている場合には（民法915①ただし書），その伸長された期間が徒過したときに単純承認したものとみなされる。

3● 相続財産の隠匿・消費等

相続人が限定承認又は放棄をした後でも，相続財産の全部もしくは一部を隠匿し，私にこれを消費し，又は悪意でこれを財産目録に記載しなかったときは単純承認したものとみなされる（民法921 三）。

この場合の「隠匿」とは，その財産の存在を他人が容易に認識し得ないようにする行為である。単純承認の効果を発生せしめるという規定上，債権者の追及を免れるためという詐害的意思が必要であり，単なる相続財産の「置き忘れ」や「しまい忘れ」など相続人の不注意による場合は隠匿には当たらない。

また，「私にこれを消費」した場合とは，「濫りに」あるいは「ほしいままに」相続財産を消費する行為をいう。例えば，借地権を相続により承継した相続人が，限定承認後にその賃料を相続財産である家屋の売却代金で支払った場合は，「私に消費」したことになる（大判昭12.2.9）。ただし，相続人が死者の臨終に使用した夜具布団を施与した

り焼棄することは「私に消費」したことにはならないとする例がある（東京控判大 11.11.24）。

さらに，「悪意でこれを財産目録中に記載しなかった」場合も単純承認をしたものとみなされる。この場合の「悪意」とは，財産が遺産に属することを知っただけでは足りず，さらにこれを隠匿する意思があったことを必要とする（大判昭 5.4.14）。

また，債務などの消極財産の不記載の場合にも，積極財産の不記載の場合と同様に扱われる（最判昭 61.3.20）。相続債権者等を害し，限定承認手続の公正を害するという点では財産の隠匿と同じだからである。

なお，上記１（相続財産の全部又は一部を処分した場合）は，相続人が限定承認や相続放棄をする前の段階を想定しているのに対し，この規定は，限定承認や相続放棄をした後に相続財産の隠匿等があった場合のみなし単純承認である。相続人が限定承認や相続放棄をしたことにより，債務を免れるという利益があるとしても，相続財産の隠匿等があった場合には，その利益を享受させるのは適当でない。このため，いわば制裁として単純承認をしたものとみなすこととしているわけである。

税務の視点

1 単純承認相続と相続税の課税

一般に「相続する」というのは単純承認のことであり，相続税法に特別の規定はない。相続税は，課税価格の合計額が遺産に係る基礎控除額を超え，かつ，納付すべき税額がある場合に申告義務が生ずるだけである。

2 財産・債務の分割承継と課税価格の通算の可否

相続の単純承認の場合には，被相続人の財産と債務は，無制限に相続人に承継され，共同相続人間で財産の分割と債務の負担を確定させることになる。

第3章／相続の承認・放棄

この場合に，遺産分割が確定したことにより課税価格にプラスとマイナスが生じたとしても，次の設例のように，各相続人の課税価格を通算することは認められていない。

設例

相続人ＡとＢの間で分割及び負担が確定し，それに基づいて計算した相続税の課税価格は次表のようになった。

	相続人Ａ	相続人Ｂ
相続財産	2億円	1億円
相続債務	1,000万円	1億2,000万円
課税価格	1億9,000万円	△2,000万円

この場合には，課税価格の合計額を1億9,000万円とし，相続人Ａのみが算出された相続税を負担することになる。

110

5／限定承認

限定承認
その意義・方法と税務における「みなし譲渡課税」の留意点

質問

2か月前に兄が死亡しましたが、当人に妻子がないため、弟の私が相続人になりました。兄の遺産は、時価 8,000 万円ほどの土地建物が主なものです。ところが、サラ金業者からの借金がかなりあるようで、今のところ 7,000 万円ほどの借用証が見つかっています。このような状況のため、相続についてどのように対応したらよいのか分かりません。聞くところでは、限定承認という方法があるようですが、これはどのようなものでしょうか。兄の遺産である土地建物は必要ではありませんが、私に多額の借金が残ることが不安です。

法務の視点

1 限定承認の意義

相続人は、相続により取得した財産の価額を限度として被相続人の債務及び遺贈を弁済することを条件として、相続の承認をすることができる（民法 922）。これを限定承認という。

例えば、被相続人の相続財産が 5,000 万円で、相続債務が 8,000 万円という場合には、債務のうち 5,000 万円の弁済義務を負い、残額の 3,000 万円については弁済義務を負わないというケース（下記の図 1）と、相続財産が 8,000 万円で、相続債務が 5,000 万円という場合には、債務の全額について弁済義務を負うというケース（下記の図 2）がある。要するに、相続財産の範囲内で相続債務を負担するという条件付相続を限定承認という。

相続放棄は、相続人を相続債務から救済する制度であるが、限定承認も相続債権者の犠牲によって相続人を保護する制度といってよい。

111

第3章／相続の承認・放棄

債務超過の場合に相続財産から弁済できない債務は，いわゆる責任なき債務ということになる。

●限定承認のイメージ
　(図1)弁済義務を負わないケース　　(図2)弁済義務を負うケース

　　　　　　8,000万円　　　　　　　　　8,000万円

［図：相続財産5,000万円と相続債務8,000万円の比較図］

　この場合，限定承認といえども相続の承認であり，（図1）の相続債権者は相続人に対して8,000万円の弁済請求はできる。ただ，弁済がない場合の強制執行は，5,000万円の相続財産についてのみ可能で，相続人の固有財産に強制執行はできない。

　このような限定承認の効果からみて，相続財産と相続債務のいずれが多いか分からないときは，限定承認の手続をすることが良策であるという説明をすることもできる。

　なお，債務超過の相続の場合に，実務的には相続放棄と限定承認を次のように使い分けることも考えられる。

▍設例

被相続人に配偶者はなく，相続人は子2人である（被相続人には，年老いた弟と妹がある）。

被相続人の財産内容は，明らかに債務超過である。

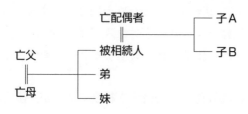

この例は，債務超過の相続であるため，相続人である子２人が相続放棄をすることも一策である。ただ，仮に子２人が相続の放棄をすると，相続権は弟と妹に移転することになる。したがって，債務超過である相続について，改めて弟と妹に相続問題が生じることなる。もちろん，弟と妹が相続放棄をすれば問題の解決にはなるが，当人の年齢等を考慮すれば，相続問題を押し付けることが酷な場合もあり得る。そこで，子２人が限定承認をすれば，いわば子の段階で問題の解決を図ることができることになる。

2 限定承認の手続

相続人が限定承認をしようとするときは，相続の開始があったことを知った時から３か月以内に家庭裁判所に申立てをしなければならない（民法924）。この場合の書面は「家事審判申立書」により，被相続人及び相続人の全員の戸籍謄本とともに，財産目録を調製して提出する必要がある。

相続放棄と異なるのは，相続人が数人あるときは，その全員が限定承認をしなければならないことである。したがって，共同相続人の一部に単純承認をする者がある場合には，他の相続人は限定承認をすることができなくなる。これは，限定承認に伴う清算手続の煩雑化を防止する趣旨である。

もっとも，共同相続人の一部の者が相続の放棄をし，他の相続人の全員が限定承認をするということは可能である。

3 限定承認に係る債務の取扱い

前述のとおり限定承認が行われると，被相続人の債務はその全額が相続人に承継されるが，弁済の責任は被相続人の積極財産の範囲に限られる（民法922）。この場合，相続債権者は，その債権の全額を請求することができるが，相続人の固有財産には強制執行を行うことはできない。

ただし，限定承認を行った相続人が任意に債務を弁済した場合には，その弁済は有効なものとなり，非債弁済にはならない（民法705）。

また，相続人が被相続人に対して有していた債権・債務について，

第3章／相続の承認・放棄

単純承認が行われた場合には混同によって消滅するが，限定承認の場合には，相続財産と相続人の固有財産が分離され，個別のものとして清算されるため，混同によって消滅することはない（民法925）。このため，例えば相続人が限定承認する前に被相続人の債務の保証をし又は重畳的債務引受けをした者は，限定承認後も債務の全額について責任を負うことになる（大判大13.5.19）。

4 限定承認が行われた場合の清算手続

限定承認がされた場合には，相続財産の管理・保全・清算の手続を要する。おおむね次のような手順になる。

① 相続人が複数のときは，家庭裁判所は相続人の中から相続財産の管理人を選任する。

② 限定承認をした者は，限定承認の受理審判があった後5日以内（共同相続の場合には管理人の選任後10日以内）に，全ての相続債権者及び受遺者に対し，限定承認をしたこと，2か月以内にその請求をすべき旨の公告（除斥公告）を行う。

③ 限定承認者に知れている債権者に対しては，各別に債権申出の催告をする。

④ 上記②の公告期間の満了に伴い，限定承認者は，相続債権者にそれぞれの債権額の割合に応じて相続財産の中から弁済を行う。この場合，相続財産が不動産等で換価を要するものであるときは，原則として競売に付さなければならない。

上記の②及び③に関して，限定承認者が除斥公告や催告を怠り，又は上記の期間内に債権者や受遺者に弁済したことによって他の債権者や受遺者に弁済することができなくなった場合には，そのことによって生じた損害を賠償しなければならない（民法934①）。また，正当に弁済を受けることができなくなった債権者や受遺者は，弁済を受けた者に対して求償することもできる（民法934②）。

上記の④に関して，優先権を有する債権者（相続財産上に先取特権・質権・抵当権等を有する債権者）がいる場合には，その債権者が一般債権者に優先する（民法929ただし書）。

114

5／限定承認

　なお，限定承認者が換価を要する相続財産を競売ではなく，任意売却した場合でも，その売却行為は無効とはならない。ただし，そのことによって相続債権者や受遺者に損害を与えた場合には，限定承認者は不法行為に基づく損害賠償責任を負うべきものと解されている。

税務の視点

1 限定承認とみなし譲渡課税

　相続について単純承認した場合の相続財産は，その取得した者が引き続き所有していたものとみなされる（所法60①）。要するに，資産の取得価額及び取得時期については，被相続人から相続人に引き継がれることになる。このため，相続の時点で所得税の課税が生じることはない。

　これに対し，限定承認相続の場合には，相続開始の時に被相続人から相続人に対し，相続財産を時価で譲渡したものとみなすこととされている（所法59①一）。このため，相続財産が土地等の譲渡所得の基因となるものが含まれている場合には，被相続人に対して譲渡所得課税が行われることになる。また，山林所得の基因となる資産の場合も同様である（この場合の譲渡所得等の申告は，いわゆる準確定申告で行う）。

　もっとも，この場合の譲渡所得税額は，被相続人の債務に含まれるため，他の一般の相続債務と同様に限定承認の効果が及ぶ。したがって，限定承認を行った相続人は，その固有財産を支出して所得税を納付する必要はない。国税債務と他の一般債務とを合わせた債務の総額が相続財産の時価を超えれば，事実上納税の必要はないことになる。

　なお，相続人が限定承認により取得した資産を清算のために譲渡した場合の譲渡所得の金額の計算上は，その相続人がその資産を相続開始時の時価で取得したものとみなされる（所法60②）。このため，時価と取得費が同額となり，相続人において譲渡益が生ずる例はほとんどないといってよい。

115

第3章／相続の承認・放棄

2 限定承認と納税義務の承継との関係

　国税通則法は，相続が開始した場合において，被相続人に課されるべき又はその被相続人が納付・徴収されるべき国税は，相続人に納税義務を承継させることとしている（通則法5①前段）。

　ただし，相続人が限定承認をした場合には，相続人は相続により取得した財産を限度として被相続人の国税を納付すればよいこととされている（通則法5①後段）。したがって，国は，相続人の固有の財産に対しては滞納処分をすることができないことになる。

3 限定承認と相続税の債務控除

　被相続人の未納の公租公課を含め，相続開始時の債務は，相続税の債務控除の対象となる（相法13①一）。

　この場合の被相続人の公租公課には，限定承認に係るみなし譲渡所得税も含まれるため，限定承認に係る相続税に関しては，相続人が負担することになった譲渡所得税額が債務控除の対象になる。

　もっとも，限定承認の場合に相続財産の価額が債務の額を大きく上回る例はほとんどない。限定承認の場合に相続税の申告義務が生ずることは，実際問題としてはないと考えられる。

相続の放棄
その意義・方法と相続税務への影響

質問

共同相続人の1人ですが,被相続人の死亡を基因として多額の生命保険金を取得しました。そこで,被相続人の遺産については相続の放棄をすることにしましたが,その手続はどのように行えばよいでしょうか。

また,相続人の中に遺産分割協議で財産を取得しない者がいます。この場合も相続放棄ですが,民法ではどのような扱いになりますか。

法務の視点

1 相続放棄の意義

相続放棄とは,前述したとおり,相続人が相続の開始とともに自己のために生じていた相続の効力を否認し,初めから相続人とならなかったものとする意思表示である。

相続の放棄は,債務超過となっている相続の場合に,相続債権者の犠牲の下に,相続人を債務から救済する制度であるが,共同相続の場合に,債務超過でなくても被相続人から多額の生前贈与を受けているなどの理由で相続放棄を行う場合もある。相続放棄は,各相続人ごとに行うことができる(民法938)。

2 相続放棄の方法

相続放棄は,前述のとおり,相続人が自己のために相続の開始があったことを知った時から3か月以内に家庭裁判所に申述をすることによって行う。この方法によらない相続放棄は法律上の効力を生じない。

相続放棄の申述書が提出されると,家庭裁判所はその申述を審査し

第3章／相続の承認・放棄

て受理するか否かを決定することとなるが，これは申述書が形式的要件を具備しているかどうか，申述が本人の真意によるものかどうかを形式的に審査するものであり，必ずしも本人の審問等を行うことは要しない（最判昭29.12.21）。

家庭裁判所が放棄の申述を受理することによって，相続放棄の法的効力が生ずる。相続放棄の申述が受理されると，家庭裁判所からその放棄者に相続放棄申述受理証明書が交付される。

3 相続放棄の効果

相続の放棄をすると，その者は，その相続に関しては初めから相続人にならなかったものとみなされる（民法939）。また，相続放棄は，代襲相続の原因にはならない。

このような相続放棄の効果からみると，特定の相続人の相続放棄によって相続人の範囲に異動が生じる場合がある。また，その放棄をした者を除いて相続分を算定するため，放棄がなかった場合の相続分と異なることになる。

設例

①相続人である子の1人が相続放棄した場合，②相続人である子の全員が相続放棄した場合，について法定相続分の算定例を示すと，次のとおりである。

ケース	相続人とその相続分
ケース1 子の1人が相続放棄をした場合 被相続人 ├─ 子A ├─ 子B 配偶者 └─ 子C…相続放棄	配偶者 …… $\dfrac{1}{2}$ 子A …… $\dfrac{1}{2}\times\dfrac{1}{2}=\dfrac{1}{4}$ 子B …… $\dfrac{1}{2}\times\dfrac{1}{2}=\dfrac{1}{4}$
ケース2 子の全員が相続放棄をした場合 亡父 ┌─ 兄 ├─ 被相続人 ─ 子A…相続放棄 亡母 │ 配偶者 ─ 子B…相続放棄 └─ 妹	配偶者 …… $\dfrac{3}{4}$ 兄 …… $\dfrac{1}{4}\times\dfrac{1}{2}=\dfrac{1}{8}$ 妹 …… $\dfrac{1}{4}\times\dfrac{1}{2}=\dfrac{1}{8}$

ところで，下図は，被相続人の弟が被相続人の養子となったところ，その養子（弟）が相続の放棄をした場合に，弟として相続の承認又は放棄をできるかという問題である。

この場合の弟のように二重の相続資格者が先順位の相続人として相続の放棄をした後は，後順位の相続人としても相続の放棄をしたことになるというのが実務先例である（昭33.1.10甲61号民事局長回答）。

したがって，下図の場合には，配偶者のみが相続人になる。

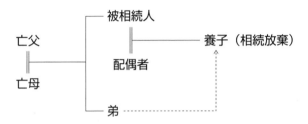

4 事実上の相続放棄

前述のとおり，相続開始から3か月以内に家庭裁判所に申述して行うのが法的な意味での相続放棄であるが，相続実務では，いわゆる事実上の相続放棄が少なくない。

相続放棄をすべき熟慮期間が経過してしまったり，あるは申述することの煩わしさを避けるため，法的な手続をせずに相続財産の取得を放棄することである。具体的には，次のいずれかの方法が採られている。

① 遺産分割協議に加わった上で，相続財産をまったく取得しないとする方法（事実上の放棄者を含めて共同相続人の全員が遺産分割協議書に署名・押印する方法）

② 被相続人の生前に特別受益としての贈与を受けているため，相続分がない旨を陳述する書面（特別受益証明書）を作成する方法

このうち②の「特別受益証明書」とは，例えば，次のような書面である。

第 3 章／相続の承認・放棄

●特別受益証明書の例

特別受益証明書

被相続人

氏　　　名　甲山太郎

本　　　籍　埼玉県川口市○○ 1234 番地

最後の住所　埼玉県川口市○○ 1 丁目 2 番 3 号

生 年 月 日　昭和○○年 5 月 18 日

死亡年月日　令和○年 6 月 5 日

　私は，上記の被相続人の相続人ですが，当該被相続人から生前において，既に相続分に相当する財産の贈与を受けています。よって，当該被相続人の死亡に係る相続については，私の受けるべき相続分はないことを証明いたします。

　　　　　令和○年 10 月 20 日

　　　　　　（本籍）長野県松本市○○ 1058 番地

　　　　　　（住所）群馬県高崎市○○ 2 丁目 3 番 4 号

　　　　　　相続人（三男）甲山 三郎　㊞

（注）　特別受益証明書は，その文面に「被相続人から生前に贈与を受けているため，相続分はない」旨の記載があればよく，様式等に決まりはない。ただし，押印は実印により，印鑑証明書の添付を要する。

　このような事実上の相続放棄は，実務上は法的手続による相続放棄と同様の効果が得られるため，相続人間でトラブルがない限り現実的な方法といってよい。

　ただ，実際問題とすると，「特別受益証明書」は特定の相続人が多くの財産を取得し，あるいは不動産について単独相続登記するためのいわば便法として利用されることが少なくない。ちなみに，不動産の登記実務では，特別受益証明書の真偽が問題となることはなく，登記官はその書面の添付があれば，形式的な審査だけで登記申請を認めて

6／相続の放棄

いる。

このため，その証明書の真偽をめぐって後日，相続人間でトラブルが生じるそれがある。いずれにしても，事実上の相続放棄は，相続人全員の意思を確認して行うことが重要である。

なお，相続実務の現場では，事実上の相続放棄に関する遺産分割協議書や特別受益証明書に押印を受けるに際し，「ハンコ代」と称して金員の授受を行うといった例もある。ただし，このような金員は，その性格があいまいなだけに税務上の問題（金員の贈与か，遺産分割における代償金かという問題）が生じるおそれがあることに留意する必要がある。

税務の視点

1 相続放棄に関する相続税法の規定

相続放棄がある場合の相続税法の適用関係については，既に多くの箇所で説明したところである。ポイントは，次のとおりである。

① 相続税の基礎控除額の計算上の法定相続人の数は，相続の放棄があっても，その放棄がなかったものとした場合の相続人の数による（相法15②）。

② 相続の放棄（法的な手続による放棄）をした者については，遺贈による取得財産があっても生命保険金及び死亡退職金の非課税控除（相法12①五，六），債務控除（相法13），相次相続控除（相法20）の各規定は適用されない。

③ 相続の放棄をしても遺贈財産やみなし取得財産に対しては配偶者の税額軽減規定が適用される（相法19の2①）。また，相続放棄者は相続税法上の「法定相続人」であるため，未成年者控除（相法19の3①）及び障害者控除（相法19の4①）の各規定は適用される。

④ 代襲相続人となった被相続人の孫は，一親等の血族に含まれるため，2割加算の規定は適用されないが（相法18①），その孫が相続の放棄をすると「相続人」ではないため，遺贈財産に対する

121

第3章／相続の承認・放棄

相続税額について，同規定が適用される。

2 事実上の相続放棄と未成年者控除等の適用

相続人が未成年者であるため，正式な意味での相続の放棄はしないが，取得財産をゼロとする事実上の相続放棄を行わせる例がある。この場合に注意したいのは，未成年者控除（相続人が障害者である場合の障害者控除）の適用である。

未成年者控除（障害者控除）は，未成年者（障害者）本人の相続税額から控除するのが原則であるが，その者の相続税額から控除しきれない金額があるときは，その者の扶養義務者の相続税額から控除することとされている（相法19の3②，19の4③）。

ただし，この控除未済の扶養義務者からの控除の規定は，未成年者（障害者）が相続財産を取得し，相続税の納税義務者となった場合に適用されるものである。したがって，未成年者（障害者）が財産を全く取得しなかった場合には，扶養義務者からの控除も認められないことになる。

このため，相続人中に未成年者（障害者）がいる場合に，その取得財産額をゼロとすることは，税負担上は得策ではなく，たとえわずかな金額でも相続させることが相続人全体にとって有利になる。

第4章

遺言と遺贈

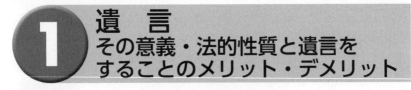

質問

相続争いを防止するためには，遺言をすることが良いという話を聞きましたが，遺言をすることにはメリットとデメリットがあると思います。遺言をすることについて，法務・税務の面で，どのように考えたらよいでしょうか。

法務の視点

1 遺言の意義と法的性質

　遺言制度は，遺言者の最終の意思を尊重し，その死後にその意思を実現させること目的としたものである。遺言として法的保護が与えられるのは，後述するような遺言書の要式を具備し，遺言事項として法的に認められた内容のものに限られる。

　遺言は，要式行為であり，相手方のない単独行為である。遺言が要式行為とされているのは，遺言が遺言者の死後に効力を生ずるものであるため，遺言の内容が遺言者の最終の意思表示であるかどうかを確認できるようにするためである。

　なお，「単独行為」とは，契約のように当事者双方の意思表示の合致を必要とせず，一方の者の意思表示だけで法的効果を発生させる法律行為をいう。したがって，財産の遺贈を内容とする遺言について，相手方（受遺者）の意思は遺言の成立には関係しない。また，「相手方のない」とは，特定の者を受遺者として遺贈をする旨の遺言があったとしても，その特定の者は相手方ではなく，あくまでも遺言の効果を受ける者であり，その者が遺贈財産を受けなくても遺言そのものは有効に成立するということである。

2 遺言能力

遺言を行える能力について，通常の取引行為をする際に必要な行為能力は必要とされないが（民法962），意思能力は必要であるとされる。その上で民法は，遺言ができる年齢を満15歳とし（民法961），未成年者や制限行為能力者（成年被後見人，被保佐人又は被補助人）であっても，遺言をすることができることとしている（民法973①）。

また，遺言能力については，その遺言をした時に有していればよいこととされている（民法963）。

3 共同遺言の禁止

遺言は，遺言者の最終の意思を尊重し，その死後にその意思を実現させる制度であるが，遺言は遺言者の意思により撤回することができる（民法1022）。このため，2人以上の者が一の書面で遺言をすると，遺言自由の原則や遺言撤回の自由を拘束することになる。そこで，民法は，共同遺言を禁止する旨を規定し，2人以上の者が同一の証書で遺言をすることができないこととしている（民法975）。

なお，2人以上の者が同一の用紙をもって独立して別々の遺言をした場合に，各自の分が所定の方式を備えている場合には，共同遺言には該当しないとされている。

税務の視点

1 遺言をすることの税務上のメリット

相続税においては，一定の相続財産を特定の相続人が取得した場合に適用できるさまざまな特例的な制度がある。例えば，次のような制度である。

① 配偶者に対する税額の軽減（相法19の2）……配偶者が遺産分割等により実際に取得した財産が軽減措置の対象になる。

② 小規模宅地等の特例（措法69の4）……被相続人の事業の承継者や居住を継続する親族が被相続人等の事業用宅地等又は居住用

第4章／遺言と遺贈

宅地等を取得した場合に適用される。

③　農地についての相続税の納税猶予（措法70の6）……一定の要件を満たす農業相続人が農地等を取得した場合に適用される。

④　個人の事業用資産に係る相続税の納税猶予（措法70の6の10）……一定の要件を満たす特例事業相続人等が特定事業用資産を取得し，事業を継続する場合に適用される。

⑤　非上場株式等の相続税の納税猶予（措法70の7の2,70の7の6）……一定の要件を満たす同族会社の後継者がその株式等を取得した場合に適用される。

　遺言をすることのメリットは，遺産分割がスムーズに行えることにある。上記の各特例規定について，遺言によってその対象となる財産を適用対象者に取得させることができるため，税務的にも遺言が有効であると考えられる。

　また，上記の③から⑤の納税猶予制度は，相続税の申告期限内に遺産分割を行うことが絶対条件になるが，共同相続人間で意見の対立がある場合でも，遺言によって取得する財産が指示されていれば，申告期限内の遺産分割が可能になる。

2 遺言をすることの税務上のデメリット

　遺言については，上記のようなメリットがあるが，一方で，次のような問題も含まれていることに注意する必要がある。

①　配偶者に対する税額軽減規定との関係……配偶者は，課税価格の合計額に対する法定相続分までの財産取得又は1億6,000万円までの財産取得には相続税が課税されないこととされているが（相法19の2①），遺言の内容によっては，配偶者の取得財産が少なくなり，軽減規定の適用に際して不利益が生じることがある。また，配偶者に多額の財産を取得させると，高齢の配偶者の場合には，二次相続時（配偶者の相続時）に多額の相続税が課税され，結果として相続税の負担が過重になることもある。

②　小規模宅地等の特例の適用との関係……遺言によって特例の適用要件を満たさない相続人等に事業用宅地等や居住用宅地等を取

126

得させることとした場合には，相続人等の全員について課税上の不利益が生じる。

③ 納税資金の問題……遺言によって，金融資産を特定の相続人に取得させることとした場合には，他の相続人の納税が困難となる場合がある。

いずれにしても，遺言によって各相続人等の取得財産を指定する場合には，相続税の特例制度のほか，納税の面にも配意する必要がある。

第4章／遺言と遺贈

2 遺言事項
記載事項の法的効力と税務への影響

質問

　わが家には長く続いた家訓があります。また，私自身も子供たちに言い残しておきたいことがあります。

　民法では遺言に書くことが決まっているとのことですが，家訓等を書いた場合に，遺言全体が無効となってしまうのですか。また，民法で定められている事柄については全部書かなければいけないのですか。

法務の視点

1 法的効力を有する遺言事項

　遺言によって法的効力を与えられるのは，遺産の処分に関する事項（遺贈など），相続に関する事項（相続分の指定など）及び身分に関する事項（遺言による認知など）に大別できる。法的効力を有する遺言事項は，次のとおりであるが，これらのうち必要な事項だけを遺言すればよいことはいうまでもない。

① 認知（民法781 ②）

② 後見人の指定（民法839）・後見監督人の指定（民法848）

③ 遺贈（民法964）・一般社団法人等に対する財産の拠出（一般社団法人及び一般財団法人に関する法律157，158）

④ 相続人の廃除（民法893）・廃除の取消し（民法894）

⑤ 相続分の指定・指定の委託（民法902）

⑥ 特別受益者の持戻し免除（民法903 ③）

⑦ 遺産分割方法の指定・指定の委託（民法908）

⑧ 遺産分割の禁止（民法908）

⑨ 共同相続人間の担保責任の指定（民法914）

• 128

⑩　遺言執行者の指定・指定の委託（民法 1006）

⑪　信託の設定（信託法 2）

2 法的効力を有しない遺言事項

　上記の遺言事項以外の事項として，例えば「相続財産は円満に分割すること」とか，「相続人は互いに助け合っていくこと」，あるいは「葬儀は簡素に行うこと」といった個人的な感情や思いを遺言することは自由であり，遺言が無効になるわけではないが，その記載事項には法的効力は生じない。

　ただ，相続財産の分割方法を指定・指示する場合に，なぜそのような遺言をしたかという遺言者の考え方を明確にしておくことは，遺言の内容をめぐる相続人間の紛争を防止する効果があると考えられる。

税務の視点

1 遺言事項と相続税の関係

　遺言事項の中で相続税と深く関わりのあるのは，①認知，②遺贈・寄附行為，③相続人の廃除・廃除の取消し，④相続分の指定，⑤特別受益者の持戻し免除，⑥遺産分割方法の指定，⑦遺産分割の禁止，⑧信託の設定である。

　これらのうち，認知（死後認知）及び廃除等については「第1章　相続人」で，また，相続分の指定及び遺産分割方法の指定についての問題点は前項でそれぞれ説明したとおりである。また，遺贈については後述（155 ページ）することとする。

　上記のうち，特別受益者の持戻し免除については，「第2章　相続分」で説明したところであるが，特別受益の有無や受益額の確定等でトラブルになるのを防止するというメリットがある。

　なお，遺言で特別受益の持戻しの免除を明示したとしても，相続税の取扱いには反映されないから，相続人に対する生前贈与が相続開始前3年以内のものであれば，相続税法 19 条の規定により，受贈財産の価額がその受贈者の相続税の課税価格に加算され，また，その贈与

第4章／遺言と遺贈

について相続時精算課税の適用を受けている場合には，贈与の時期に
かかわらず，その贈与財産の価額に相続税が課税される。

▌2▐ 遺言による遺産分割の禁止と税務

被相続人は，遺言で相続開始の時から5年を超えない期間を定めて
遺産の分割を禁止することができることとされている（民法908）。

実際に遺産分割の禁止を遺言する例はほとんどないと考えられる
が，仮にその旨を遺言で明らかにした場合には，相続税の申告期限ま
でに分割できないこととなり，遺産分割を前提とした前述の税制上の
特例措置が適用できないことになる。

いずれにしても，遺産分割を禁止する遺言は，税務的にみて有利に
なることはない。

▌3▐ 遺言による共有相続の問題点

遺産分割の方法を遺言で指示することは自由であり，共同相続人間
で遺産を共有とする分割方法を指定することも，もちろん可能である。
遺言者の意思とすれば，相続人間の公平を期すことにあると想定でき
る。

ただし，財産の共有状態を長期間継続することは，当事者にとって
不都合なことが多く，いずれは単独所有とする必要が生じることにな
る。財産の共有状態を解消するには，共有物分割の手続によらざるを
得ない（民法256，258）。ただ，土地等の不動産が共有である場合に，
その分割を行うと，共有者相互間でそれぞれの持分を交換又は売買し
たとみることができる。このため，共有物の分割を行うと譲渡所得課
税の問題が生じることになる。

もっとも，共有物の分割は，共有者が有していたその資産全体に対
する持分権をその資産の一部に集約したにすぎないものであり，経済
的実態からみると譲渡所得の実現とはいえない。そこで，税務の取扱
いとして，共有物の分割をしても持分の交換・譲渡はなかったものと
して譲渡所得課税は行わないこととされている（所基通33-1の6）。

ただし，分割された資産が土地等で，分割後のそれぞれの土地等の

130

価額の比が共有持分割合と著しく異なるときは，共有者相互間で財産価値が移転したことになる。したがって，その価額差に見合う対価の授受がなければ贈与となり，また，実際に対価を授受すれば譲渡所得としての課税関係が生じることになる。

　いずれにしても，共有とする遺産分割は，税務的にみれば避けることが得策である。

第4章／遺言と遺贈

3 遺言の方式と遺言書の作成方法
遺言の種類・特徴と各方式のメリット・デメリット

質問

 遺言書には,「自筆証書遺言」というものがあって,誰にも相談することなく遺言書が作れると聞きました。メモ書き程度のものと考えてよいのですか。これは,その他の方式の遺言に比べて効力の違いなどがあるのですか。また,その他の方式の場合にはどのくらい費用がかかるのですか。
 遺言の方式と相続税の関係についても教えてください。

法務の視点

1 普通方式遺言と特別方式遺言

 遺言は,法律に定める方式に従って作成されたものだけが有効であるが（民法960),その種類をまとめると,次のとおりであり,普通方式遺言と特別方式遺言がある。

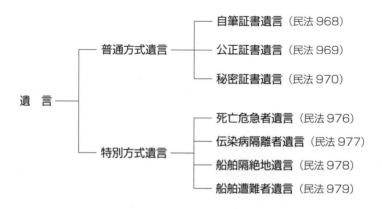

 以下,実務上の観点から,自筆証書遺言と公正証書遺言について,

3／遺言の方式と遺言書の作成方法

そのポイントにふれておくこととする。

なお，自筆証書遺言に係る「遺言書保管制度」については，次項（139ページ）で説明する。

2 自筆証書遺言の作成ポイント

自筆証書遺言は，文字どおり遺言者が自筆で作成するものであるが，次の点に留意する必要がある。

●自筆証書遺言を作成する際の留意点

① 遺言書本文は自筆する（代筆やパソコン等で作成したものは無効となる）。ただし，後述のとおり，財産目録については自筆することを要しない。

② 日付も自筆する（「令和2年3月」のように「日」を記入していないものは無効となる。また，「令和2年3月吉日」という記載も無効となる）。

③ 氏名も自筆する（ペンネームなど本名以外でも遺言者が特定できれば有効となる）。

④ 押印は実印が望ましいが，認印や拇印でも有効である。

⑤ 加除訂正は，その箇所を明確にして，その箇所に押印の上，署名する。

⑥ 遺言書に封印をするかどうかは任意であるが，封印のある遺言書は家庭裁判所で開封することが義務付けられているので，偽造や変造を防止する観点からは封印することが望ましい。

⑦ 不動産の表示は，登記事項証明書の記載と同様とすることが望ましい（土地については，所在，地番，地目及び地積を記載し，家屋については，所在，家屋番号，種類，構造及び床面積を記載する）。

⑧ 株式，公社債，預貯金等については，種類，銘柄，数量又は金額，金融機関名のほか，証券番号，口座番号等を記載することが望ましい。

⑨ 遺言執行の迅速・確実を期すため，遺言執行者を指定しておくことが望ましい。

133

第4章／遺言と遺贈

　ところで，自筆証書遺言について，平成30年7月に成立した改正民法は，その方式を緩和し，自筆証書遺言を作成しやすいものとした。そのポイントは，次のとおりである（民法968）。

①　自筆証書遺言に相続財産の目録を添付する場合には，その目録については自署を要しない。

②　財産目録の作成については，特定の方式が定められていないため，代筆やパソコン等によって作成する方法のほか，不動産の登記事項証明書や預金通帳の写しをもって財産目録とすることができる。

③　財産目録の毎葉（各頁）には署名・押印をしなければならない（自署によらない財産目録の記載が両面に及ぶ場合には，その両面に署名・押印をしなければならない）。

④　自筆による遺言書の本文と財産目録とを編綴したり，契印をする必要はない。

　なお，④について民法では，遺言書本文と財産目録の一体性が要求されている（民法968②）。この場合の一体性について，具体的な方法は定められていないが，両者に契印をする方法，同一の封筒に入れて封緘する方法，遺言書全体を編綴する方法などが考えられる。

3 公正証書遺言の作成ポイント

　公正証書遺言は，公証人によって作成されるが，おおむね次のような要領になる（民法969）。なお，公正証書遺言は，原本，正本及び謄本を各1部作成し，原本は公証人役場で保管し，正本と謄本は遺言者に交付される。

●公正証書遺言を作成する際の留意点

①　証人2人以上の立会の下で，公証人役場で作成する。
②　遺言者が遺言の内容を公証人に口述する。
③　公証人が遺言者の口述を筆記し，これを遺言者及び証人に読み聞かせる。
④　遺言者及び証人が筆記の正確なことを承認した後，各自これに署

134

3／遺言の方式と遺言書の作成方法

名し，押印する（遺言者が病気等で署名することができない場合には，公証人がその事由を付記して署名に代えることができる）。

⑤　公証人が，その証書が①から④に掲げる方式に従って作成したものである旨を付記して，その遺言書に署名・押印する。

上記①の証人について，資格等の制限はないが，次の者は証人になることはできないこととされている（民法974）。

①　未成年者

②　推定相続人（相続が開始した場合に相続人となるべき者）及び受遺者（その遺言により財産の遺贈を受ける者）

③　②の者の配偶者及び直系血族

④　公証人の配偶者，四親等内の親族，書記及び使用人

なお，公正証書遺言は，全てのものがオンラインで一元管理されており，遺言者の死亡後であれば，全国いずれの公証人役場でもその有無を確認することができる。

参考までに，公正証書遺言の作成手数料は，次のとおり定められている（公証人手数料令9）。

●公証人役場における公正証書遺言の作成手数料

目的の価額	手数料
100 万円以下	5,000 円
100 万円超 200 万円以下	7,000 円
200 万円超 500 万円以下	11,000 円
500 万円超 1,000 万円以下	17,000 円
1,000 万円超 3,000 万円以下	23,000 円
3,000 万円超 5,000 万円以下	29,000 円
5,000 万円超 1 億円以下	43,000 円
1 億円超 3 億円以下	43,000 円に超過額 5,000 万円までごとに 13,000 円を加算した額
3 億円超 10 億円以下	95,000 円に超過額 5,000 万円までごとに 11,000 円を加算した額
10 億円超	249,000 円に超過額 5,000 万円までごとに 8,000 円を加算した額

135

第4章／遺言と遺贈

（注1）　財産の相続又は遺贈を受ける者ごとにその財産価額を算定し，上表に当
　　　　てはめて，その価額に対応する手数料の額を求め，これらの手数料の額を
　　　　合算して，その遺言書全体の手数料を算出する。
（注2）　全体の財産の価額が1億円以下の場合には，（注1）によって算出された
　　　　手数料の額に11,000円を加算する。
（注3）　原本について，その枚数が法務省令で定める枚数の計算方法により4枚
　　　　を超える場合には，その超える枚数1枚ごとに250円の手数料が加算され
　　　　る。また，正本と謄本についても1枚につき250円の手数料を要する。
（注4）　公証人が公証役場以外の場所に出張して公正証書を作成する場合には，
　　　　（注1）における手数料が50%加算され，また，公証人の日当及び現地ま
　　　　での交通費が請求される。

　　公正証書遺言の作成例を示すと，以下のとおりである。

令和〇年第123号

遺言公正証書

　　本職は遺言者山田一郎の嘱託により証人，中村太郎　証人，鈴木次
郎の立会いのうえ，遺言者の遺言の趣旨の口述を筆記し，この証書を
作成する。
　　遺言の趣旨
第1条　遺言者は，遺言者が所有する次の財産を遺言者の妻山田春子
　　　　（昭和25年1月7日生）に相続させる。
　　一、土地
　　　　　北区〇〇七丁目
　　　　　地番　23番1
　　　　　宅地　145平方メートル
　　一、建物
　　　　　北区〇〇七丁目23番地
　　　　　家屋番号　23番
　　　　　木造2階建居宅　236平方メートル
第2条　遺言者は，遺言者が所有する〇〇工業株式会社の株式の全部
　　　　を長男山田秋男（昭和52年6月7日生）に相続させる。
第3条　遺言者は，遺言者の預金のうち，金1,000万円を長女内田
　　　　夏子（昭和54年4月9日生）に，金800万円を次男山田

136

冬男（昭和58年5月18日生）に，それぞれ相続させる。

第4条　遺言者は，相続開始時における残余の財産は，すべて遺言者
　　　の妻山田春子に相続させる。

第5条　遺言者は，次の者を遺言執行者に指定する。

　　　東京都千代田区○○八丁目3番地

　　　　弁護士　田中　五郎

　　　　　　　昭和36年12月8日生

　　　　　　　　　　　　　　　　　　　　　　　　　　以上

　　　本旨外要件

　　　東京都北区○○七丁目1番8号

　　　　無職

　　　　遺言者　山田　一郎

　　　　　　　昭和22年2月2日生

　上記は，印鑑証明書の提出により人違いでないことを証明させた。

　　　東京都江東区○○一丁目2番3号

　　　　会社員

　　　　証人　　中村　太郎　昭和35年5月5日生

　　　東京都杉並区○○二丁目3番4号

　　　　会社員

　　　　証人　　鈴木　次郎　昭和47年8月8日生

　前記各事項を列席者に読み聞かせたところ，一同その筆記の正確な
ことを承認し，次に各人が署名押印する。

　　　　遺言者　山田　一郎

　　　　証人　　中村　太郎

　　　　証人　　鈴木　次郎

　この証書は，令和○年5月1日本職役場に於て，民法第969条第
1号ないし第4号所定の方式に従って作成し，同条第5号にもとづ
き本職左に署名押印する。

　　　東京都中央区日本橋兜町1番10号

　　　　東京法務局所属

　　　　公証人　石田　三郎

第4章／遺言と遺贈

税務の視点

1 相続税の申告後の遺言書の発見と更正の請求等

　遺言の方式や遺言書の作成方法とは直接的な関係はないが，相続税の申告後に遺贈に係る遺言書が発見された場合には，その遺言の内容に従って財産の再分割を行うことになる。このため，相続税の申告後に取得財産価額に異動が生じることになる。

　この場合には，相続税法32条1項4号の「遺贈に係る遺言書が発見され，又は遺贈の放棄があったこと」を事由として，次のような事後的な税務処理が必要になる。

① 　上記の事由が生じたため，新たに申告書の提出要件に該当した者については，期限後申告書を提出することができる（相法30①）。

② 　上記の事由が生じたため既に確定した相続税額に不足を生じた場合には，修正申告書を提出することができる（相法31①）。

③ 　上記に事由が生じたことにより既に申告した相続税額が過大となったときは，その事由が生じたことを知った日の翌日から4か月以内に更正の請求をすることができる（相法32①）。

2 公正証書遺言の証人と税理士業務

　税理士の業務の都合上，公正証書遺言の証人になることを依頼される場合が少なくない。ただ，遺言の内容によっては，相続人間で利害得失が生じることもあるため，相続税の申告を受任した場合に，中立的な立場で業務を行うことが困難になることも考えられる。したがって，税理士が公正証書遺言の証人になることには慎重に対応する必要がある。遺言の内容に不満を持つ相続人がある場合に，遺言書の証人として関わることは，その相続人から申告業務の委任を受けにくくなることもあり得るからである。

　もっとも，これとは逆に，遺言書の証人となることによって被相続人の信頼を得ていたことが明らかになり，税理士業務が行いやすいという見方もある。

遺言書保管制度
そのメリットと利用上の留意点

質問

自筆証書遺言について，遺言書を法務局で保管する制度ができたそうですが，どのようなメリットがあるのですか，また，その利用に当たって留意すべきことがありますか。

法務の視点

1 遺言書保管制度の趣旨

自筆証書遺言は，遺言をしようとする者が自署をする能力があれば，いつでも作成することができる。また，作成のための費用もかからないため，遺言者にとって手軽に遺言ができるというメリットがある。

一方で，自筆証書遺言は，その作成に際し，公正証書遺言と異なり第三者の関与は不要である。このため，遺言の内容によっては，その真正性や相続人間の紛争が生じるおそれがある。また，その保管方法によっては，相続人が遺言書の存在に気付かないまま遺産分割を行うことがあり得る。さらに，相続関係者によって偽造や変造，あるいは隠匿されてしまうというリスクもある。

自筆証書遺言について，遺言者の死亡後の手続としては，公正証書遺言と異なり，家庭裁判所の「検認」を要することも利用の妨げになっているという指摘もある（民法1004①）。また，封印のある自筆による遺言書を家庭裁判所以外の場所で開封したり，検認の手続を怠った場合には，5万円以下の過料に処せられるという法制もデメリットである（民法1005）。

そこで，平成30年7月に「法務局における遺言書の保管等に関する法律」（遺言書保管法）が成立し，上記のようなデメリットを解消す

第4章／遺言と遺贈

る遺言書保管制度が創設された。

2 遺言書保管法の概要

遺言書保管法の概要をまとめると，下表のとおりである。なお，同法は，令和2年7月10日から施行される。

●遺言書保管法の概要

	制度の概要
遺言書保管所及び遺言書保管官	● 遺言書の保管に関する事務は，法務大臣の指定する法務局がつかさどることとし，その指定する法務局を「遺言書保管所」という（遺言書保管法2）。 ● 遺言書保管所における事務は，「遺言書保管官」が取り扱う（同法3）。
遺言書の保管の申請	● 保管の対象となるのは，民法968条に規定する自筆証書による遺言書に限られる（同法1）。 ● 遺言書保管官は，保管の申請に係る遺言書について，日付，遺言者の氏名の記載，押印の有無，本文部分が手書きによっているか否か等を確認する。 ● 保管の申請をすることができる遺言書は，法務省令で定める様式に従って作成した無封の遺言書でなければならない（同法4②）。 ● 遺言書の保管の申請は，遺言者の住所地もしくは本籍地又は遺言者の所有する不動産の所在地を管轄する遺言書保管所の遺言書保管官に対してしなければならない。 ● 遺言書の保管の申請をすることができるのは，遺言書を作成した遺言者のみであり，また，保管の申請は，遺言者が遺言書保管所に自ら出頭して行わなければならない（同法4①，6）。
遺言書保管官による本人確認	● 遺言書の保管の申請があった場合において，遺言書保管官は，その申請者が本人であるかどうかを確認するため，一定の書類の提示又は提出を求める（同法5）。
遺言書の保管・情報の管理	● 遺言書保管官は，保管する遺言書について，次の情報を電子データとして管理する（同法7①②）。 ① 遺言書の画像 ② 保管の申請書に記載された次の事項 　イ 遺言書に記載されている作成の年月日 　ロ 遺言者の氏名，出生の年月日，住所及び本籍 　ハ 遺言書に受遺者及び遺言執行者の記載があるときは，その氏名又は名称及び住所

	③ 遺言書の保管を開始した年月日 ④ 遺言書が保管されている遺言書保管所の名称及び保管番号
遺言書の閲覧	● 遺言者は，遺言書保管所の遺言書保管官に対し，いつでも当該遺言書の閲覧を請求することができる（同法6②）。 ● 遺言書の閲覧を請求する場合には，遺言者が遺言書保管所に自ら出頭して行わなければならない（同法6④）。 ● 遺言者以外の者は，遺言者の生存中は，保管されている遺言書について，閲覧を含め，遺言書保管所からいかなる情報も得ることができない。
遺言書の保管の撤回	● 遺言者は，遺言書保管所に保管されている遺言書について，保管の申請を撤回することにより，遺言書の返還等を受けることができる（同法8）。 ● 保管の申請の撤回をするためには，遺言者が遺言書保管所に自ら出頭して行わなければならない（同法8①③）。 ● 保管の撤回は，遺言者の生存中に，遺言者のみが行うことができる（遺言者が死亡した場合には，その相続人であっても，遺言書の返還を請求することができない）。
遺言書情報証明書の交付等	● 相続人，受遺者，遺言執行者等の関係相続人等は，遺言書保管官に対し，保管されている遺言書について，その遺言者が死亡している場合に限り，その内容を証明した書面である遺言書情報証明書の交付を請求することができる（同法9①）。 （注）　登記，各種名義変更等の手続は，遺言書情報証明書を確認することにより可能となる。 ● 遺言書情報証明書の交付を請求することができるのは，次の「関係相続人等」に限られる（同法9①）。 ①　遺言者の相続人（相続欠格又は廃除によって相続権を失った者及び相続の放棄をした者を含む） ②　遺言書に記載された次に掲げる者又はその相続人 　イ　受遺者 　ロ　認知するものとされた子 ③　その他上記に類する者
遺言者の死亡後の関係相続人等の閲覧請求	● 関係相続人等（相続人，受遺者，遺言執行者等）は，遺言者が死亡している場合に限り，自己が関係相続人等に該当する遺言書の閲覧を請求することができる（同法9③）。

第４章／遺言と遺贈

遺言書の保管の通知	● 遺言書保管官は，保管されている遺言書について，遺言者が死亡した後，関係相続人等の請求により遺言書情報証明書を交付し又は遺言書を閲覧させた場合には，遺言者の相続人，受遺者及び遺言執行者に対し，遺言書を保管している旨を通知する（同法９⑤）。
遺言書の検認の不要	● 遺言書保管所に保管されている遺言書については，遺言書の検認は要しない（同法11）。

3 遺言書保管制度の留意点

遺言書保管制度は，前述した自筆証書遺言のリスクやデメリットについて相当程度に解消するものであるが，次のような点に留意する必要がある。

第一に，遺言書の保管に当たっては，外形的に判別できることがらに限って審査されるにすぎないことである。したがって，遺言の内容の有効性を保証するものではないため，この制度によって，相続人間での遺留分をめぐるトラブルなどが解消されることはない。

第二に，この制度では，遺言書を画像処理して電子データ化するため，遺言書は，法務省令で定める様式に従って作成されたものに限られることである。

第三に，遺言書の保管を申請する場合には，遺言者が自ら遺言書保管所（法務局）に出頭しなければならないことである。公正証書遺言のように公証人が遺言者の指定場所に出張して作成できるような手当はなされていない。また，遺言者が保管されている遺言書の閲覧を請求する場合又は遺言書の撤回をする場合にも同様に遺言者自らが遺言書保管所に出頭して行わなければならない。

遺言書保管制度の場合には，遺言書の検認を不要とするなどのメリットがあるが，上記のような制約もあることに留意する必要がある。

なお，遺言書の保管の申請，遺言書の閲覧申請，遺言書情報証明書又は遺言書保管事実証明書の交付申請に際しては，一定の手数料を納付することとされている。

4／遺言書保管制度

税務の視点

1 遺言書の作成と税理士業務

　遺言書保管制度とは直接的な関係はないが，遺言書の作成に当たって，税理士が相談を受ける場合が少なくない。その際には，前項までに述べたように，遺言の内容と相続税との関係に十分に配慮する必要がある。

　注意したいのは，遺言に関する相談業務と弁護士法との関係である。遺言書の作成に関する相談は，いうまでもなく法律相談であり，業務として行う場合には，弁護士法に抵触するおそれがある。したがって，遺言書の作成を依頼された場合には，弁護士と共同して作業に当たることが望ましい。

2 遺言の方式と特徴・差異

　遺言について，自筆証書遺言と公正証書遺言について説明したところであるが，遺言書保管制度を含めた，それぞれの特徴と差異をまとめておくと，次のとおりである。税務の問題とは直接の関わりはないが，参考にされたい。

●各種遺言書の比較

	自筆証書遺言	自筆証書遺言 （遺言書保管制度）	公正証書遺言
作成の方式	● 本文……遺言者の自筆 ● 財産目録……パソコン等による作成，預金通帳のコピー等も可	● 本文……遺言者の自筆 ● 財産目録……パソコン等による作成，預金通帳のコピー等も可	● 公証人により作成
方式の審査	● なし	● 日付，遺言者の氏名の記載など，外形的な確認	● 公証人による審査
証人	● 不要	● 不要	● 必要（2名）

143

第4章／遺言と遺贈

保管場所	● 制限なし	● 遺言書保管所	● 公証役場
検索	● なし	● 遺言書保管所で可能	● 公証役場で可能
検認	● 必要	● 不要	● 不要
紛失・改ざん等の危険の有無	● 遺言書の紛失等の危険あり	● 遺言書の紛失等の危険なし	● 遺言書の紛失等の危険なし

5 遺言の効力と遺言の撤回
遺言の無効と撤回の方法

質問

父が死亡し，遺言書らしきものが発見されました。家庭裁判所で検認は受けたのですが，内容や遺言書の日付からして父の意思が反映されていないと推定できます。同居していた兄がムリヤリに書かせたものだとすると，この遺言書を無効にすることができるのでしょうか。

また，いったん作成した遺言書を取り消すにはどうしたらよいでしょうか。

法務の視点

1 遺言の効力発生時期

遺言は，遺言者の単独行為であり，一定の方式に従って遺言の意思を表示した時に成立するが，その効力は，遺言者の死亡の時に生ずる（民法985①）。

また，遺言に停止条件を付けることもできるが，その条件が遺言者の死亡後に成就したときは，その条件が成就した時から遺言の効力が生じる（民法985②）。

なお，遺言事項の中には，一定の手続を要するものがある。例えば，遺言で相続廃除やその取消しをしたときは，遺言執行者が家庭裁判所に審判の申立てをしなければならないが，その審判が確定した時に廃除の効力が生じる。

2 遺言の無効・取消し

遺言は，相手方のない単独行為，すなわち法律行為のうちの一つであり，無効・取消しが問題となる。

第4章／遺言と遺贈

第一に，意思能力のない者や満15歳未満の者の遺言は無効である（民法961）。したがって，遺言者が重度の認知症である場合の遺言は，無効となる可能性が高い。第二に，未成年者や成年被後見人などの制限行為能力者の遺言で所定の要件を具備していないものは無効である。第三に，遺言によって遺贈などの財産行為がなされた場合は，民法総則の90条（公序良俗），95条（錯誤），96条（詐欺・強迫）の規定によって無効となることがある。第四に，遺言による身分行為については，当然に民法総則編の規定の適用はないが，誤って自分の子でない者を認知したような場合には，認知の無効を主張することは可能であるとされている。

3 遺言の取消しの意義

一方，民法1022条から1026条には，遺言の取消しが自由にできること及びそれを前提としたいくつかの規定が置かれている。この場合の「取消し」は，民法96条の暇庇ある意思表示の取消しとは異なり，法的理由なしに意思表示の取消しを認めたものであり，「撤回」に該当するものである。

民法1022条では，遺言者はいつでも遺言の方式に従って遺言を取り消す（撤回する）ことが自由である旨を規定している。これは，遺言が遺言者の最終意思表示であることを担保するために設けられている規定である。

また，遺言者は遺言を撤回する権利を放棄することができないこととされている（民法1026）。したがって，遺言者が受遺者との間で，遺贈に関する遺言を撤回しないという契約を締結しても，その契約は無効となる。

4 遺言の撤回の方法

1 ● 撤回する旨の遺言

遺言者は，遺言の方式に従って，前に行った遺言の全部又は一部を撤回することができる（民法1022）。前の遺言を撤回するという文言

146

を用いれば最も明確であるが，他の同様の言葉を用いて取り消すこともできる。

遺言の撤回は，前の遺言の全部でも一部でも可能である。例えば，「前の遺言の第○○条を取り消す」ということもできる。

この場合の撤回は，遺言の方式によらなければならないが，前の遺言の方式と異なる方式による遺言によることは可能である。例えば，前の公正証書遺言を後の自筆証書遺言によって撤回することができるということである。

2● 前の遺言に抵触する後の遺言

前の遺言の内容と後の遺言の内容が抵触する場合には，その抵触する部分について，後の遺言で前の遺言を撤回したものとみなされる（民法1023①）。例えば，前の遺言で「甲土地をAに遺贈する」としていたものを，後の遺言で「甲土地をBに遺贈する」としたときは，甲土地をAに遺贈するという前の遺言は撤回されたものとみなされ，Bに遺贈するという後の遺言が有効となる。

また，遺言書に記載されている事項が遺言をした後の法律行為に抵触する場合には，その遺言は撤回されたものとみなされる（民法1023②）。例えば，遺言には甲土地をAに遺贈するとされていたところ，遺言者が生存中に甲土地をBに売却してしまったような場合である。

ただし，後に行われた処分は，遺言者の意思表示があるだけでは足りず，遺言の効力確定前に効果が生じていることが必要であるとされている（最判昭43.12.24）。したがって，甲土地をAに遺贈するという遺言をした後，Bに対して甲土地を売却するという意思表示をしたのみではその遺言は撤回されたことにはならず，現実にBに売却されたときに撤回されたことになる。

3● 遺言書の破棄による撤回

遺言者が故意に遺言書を破棄したときは，その遺言は撤回されたものとみなされる。また，遺言者が故意に遺贈の目的物を破棄したときも同様である（民法1024）。

第4章／遺言と遺贈

税務の視点

1 遺贈に係る遺言が無効となった場合の相続税務

　遺言の内容に従って財産を取得し，相続税の申告をしたところ，その後において遺言の全部又は一部が無効となった場合には，既に申告した相続税について事後的な修正が必要になる。

　遺贈に係る遺言が無効となった場合には，その目的財産は相続財産に復帰することになり，改めて共同相続人間で遺産の分割が行われることになる。そのことによって，当初申告の課税価格又は相続税額が過大となったときは更正の請求を行うことができる（相法32①）。また，当初申告に係る相続税額が過少となるときは修正申告を行うこととなり（相法31①），新たに相続税の申告義務が生じた場合には期限後申告を行うことになる（相法30①）。

　なお，共同相続人全員の納付すべき相続税額が変わらないときは，相続人間で税負担の調整を行うこととしても税務的な問題はない。

2 遺言の撤回と課税関係

　遺言の撤回は，遺言者が生前に行うものである。遺言の効力が生じる前（遺言者の死亡前）に，撤回によってその効力が失われてしまうため，遺言による財産の相続・遺贈は生じない。したがって，相続税法が関わることはない。

148

6 遺言の執行
遺言執行者の選任と任務・権限

質問

被相続人に自筆証書の遺言があり，遺言執行者が明記されています。この場合，遺言執行者はどのようなことをするのでしょうか。また，遺言執行者にはどのような権限があるのでしょうか。

法務の視点

1 遺言の執行の意義

遺言として法的効力を有する事項は一定のものに限られているが，その中には，相続分の指定及びその指定の委託（民法 902），遺産分割方法の指定（民法 908），未成年者後見人の指定（民法 839）など，特別な行為を要せずに遺言の内容が実現するものがある。

一方，遺言による子の認知（民法 781，戸籍法 64），遺言による相続人の廃除（民法 893）などは，認知の届出書の提出や家庭裁判所への廃除の申立てなどの手続を要する。このような遺言の実現のために特別の手続等を行うことを遺言の執行という。

なお，遺言書保管制度を利用していない自筆証書遺言については，遺言書の保管者が家庭裁判所に検認の請求をしなければならず（民法 1004 ①），遺言執行の前提となる手続である。

2 遺言執行者の職務と権限等

1 • 遺言執行者の意義と権限

遺言の執行は，遺言の内容を法的に実現させるための手続であり，その任に当たる者が遺言執行者である。

149

第4章／遺言と遺贈

遺言執行者がいない場合には，相続人が遺言内容を実現させなければならないが，その内容によっては，共同相続人間での意見の不一致や利害の対立が生じ，一部の相続人の妨害的な行動によってスムーズに遺言内容を実現させることが困難になる場合がある。このため，遺言の適正かつ迅速な実現を図るため，遺言の執行を遺言執行者に委ねる必要がある。

民法は，「遺言執行者は，遺言の内容を実現するため，相続財産の管理その他遺言の執行に必要な一切の行為をする権利義務を有する。」（民法1012①）と定めている。

なお，この条文中の「遺言の内容を実現するため」の部分は，平成30年7月に成立した改正民法で追加された文言であり，改正前の民法と比較して遺言執行者の権限を強化したものと解されている。

2● 遺言執行者の指定及び選任

❶遺言執行者の指定

遺言者は，遺言で遺言執行者を指定し又はその指定を第三者に委託することができる（民法1006①）。この場合，指定される遺言執行者は1人でも複数でもよい。

遺言執行者の指定を受けた者は，当然に遺言執行者に就任する義務はないが，その就職を承諾したときは，直ちにその任務を行わなければならない（民法1007）。

遺言で指定された遺言執行者が承諾を留保していると，遺言執行が進まないことから，相続人その他の利害関係人は，相当の期間を定めて，その期間内に就職を承諾するかどうか確答すべき旨を遺言執行者に催告することができる。遺言執行者がその期間内に相続人に対して確答をしないときは，就職を承諾したものとみなされる（民法1008）。

❷遺言執行者の選任

遺言で遺言執行者が指定及び指定の委任がされていない場合，又は指定及び指定の委任がされていても指定された者が遺言執行者に就職しなかった場合には，家庭裁判所は，利害関係人の請求によって遺言執行者を選任することができる（民法1010）。

3 • 遺言執行者の欠格事由

民法では，未成年者及び破産者は，遺言執行者となることができないと規定されている（民法1009）。

法律上は，相続人や受遺者も遺言執行者の欠格者とはされていないため，これらの者も遺言執行者になることができるが，遺産を取得するという利害関係があることからみて，これらの者が遺言執行者になるのは好ましいことではない。

公正証書遺言の証人が遺言執行者になることができるかどうかについては，学説上，疑義を唱える者が多いようであるが，判例はこれを肯定しており，実務上も弁護士等が公正証書遺言の証人になり，その者を遺言執行者に指定するという例は多い。

なお，平成11年の民法改正以後は，成年被後見人，被保佐人及び被補助人は，遺言執行者として不適格とはされなくなった。

4 • 遺言執行者の任務

❶遺言執行者の相続人への通知義務

遺言執行者は，その任務を開始したときは，遅滞なく，遺言の内容を相続人に通知しなければならないこととされている（民法1007②）。

この規定は，平成30年7月に成立した改正民法に設けられたものである。その改正前でも相続人に対する遺言執行者の就職通知は，実務として行われていたが，改正民法は，相続人への遺言内容の通知義務を明確化した。

なお，遺言内容の通知の相手方は相続人であり，相続人以外の受遺者には通知する義務はない。

❷財産目録の調製

遺言執行者は，遅滞なく相続財産の目録を調製して，相続人に交付しなければならない（民法1011①）。

また，相続人の請求があるときは，遺言執行者は，その請求を行った相続人の立会いによって財産目録を調製し，又は公証人にこれを調製させなければならない（民法1011②）。

第4章／遺言と遺贈

5● 遺言執行者の権限

　前述のとおり民法は、「遺言執行者は、遺言の内容を実現するため、相続財産の管理その他遺言の執行に必要な一切の行為をする権利義務を有する。」（民法1012①）と定めており、また、「遺言執行者がその権限内において遺言執行者であることを示してした行為は、相続人に対して直接にその効力を生ずる。」（民法1015）とされている。

　このうち、後者について、平成30年7月の改正民法の成立前は、「遺言執行者は、相続人の代理人とみなす。」（改正前民法1015）とされていた。この規定をめぐっては、遺留分に関する権利が行使された場合など、遺言者の意思と相続人の利益が対立する場合に、遺言執行者は、相続人のために職務を行うべきであるという見解があり、遺言の内容の実現に支障が生じるという問題が提起されていた。

　そこで、改正民法は、遺言執行者の職務は、遺言の内容を実現することにあるとする規定を設け、その権限と法的地位を明確化している。

　なお、遺言執行者がある場合には、遺贈の履行は遺言執行者のみが行うことができることとされている（民法1012②）。この場合の遺贈は、特定遺贈であるか、包括遺贈であるかを問わない。ちなみに、不動産の登記の申請に際しては、遺贈の場合には、相続による権利の移転登記のように単独申請をすることはできず、特定遺贈でも包括遺贈でも、その所有権の移転の登記は、登記権利者として受遺者、登記義務者として遺言執行者又は相続人との共同申請によることとされている（昭33.4.28民事甲779号民事局長通達）。

6● 特定財産承継遺言の執行

　特定財産承継遺言とは、いわゆる「相続させる旨」の遺言であり、民法は、「遺産分割の方法の指定として遺産に属する特定の財産を共同相続人の一人又は数人に承継させる遺言」（民法1014②）と定義している。その上で、特定財産承継遺言があった場合には、遺言執行者は、対抗要件を備えるために必要な行為をすることができるとしている。

152

これは，「相続させる」旨の遺言については，財産を取得する相続人が単独で登記申請をすることができるとされていたことから（不動産登記法63②），その不動産が被相続人名義である限り，遺言執行者に登記手続をすべき権利も義務もないと考えられていたことに関係している。改正前の民法の規定では，相続登記の促進が図られないという問題があったため，改正民法は，特定財産承継遺言があった場合に，遺言執行者は，その遺言によって財産を取得する相続人のために対抗要件を具備する権限を与えたわけである。

7● 相続人の処分権の制限

遺言執行者がある場合には，相続人は，相続財産の処分その他遺言の執行を妨げるべき行為をすることができないこととされている（民法1013①）。

相続人に自由に財産処分を許すと，遺言の執行が困難になるおそれが大きいため，このような規定が設けられている。この規定に反した行為は絶対的に無効となる（民法1013②）。

8● 報酬・遺言執行の費用

遺言執行者の報酬について，遺言者が遺言で定めたときは，その定めたところによる。遺言で定めがない場合には，相続財産の状況その他の事情を勘案して家庭裁判所が定めることになる（民法1018①）。

なお，遺言の執行に関する費用は，相続財産の負担となる。ただし，これによって遺留分を減ずることはできないとされている（民法1021）。遺留分は，遺言による財産処分があっても侵害されない権利であり，遺産に対する最低保障額であることから，遺言執行の費用を負担しても侵害されることはないということである。

9● 遺言執行者の解任・辞任

遺言執行者がその任務を怠ったときその他の正当な事由がある場合には，利害関係人は，その解任を家庭裁判所に請求できる（民法1019①）。

153

第4章／遺言と遺贈

特定の相続人や受遺者に有利になるような執行行為を行ったなどの事由により解任される例があるが，その解任をするには家庭裁判所の決定が必要である。

なお，遺言執行者は，正当な事由があるときは，家庭裁判所の許可を得て辞任することができる（民法1019②）。

税務の視点

1 遺言執行費用と債務控除

遺言執行に要する費用や遺言執行者の報酬は，遺言に定められている場合であっても，相続開始後に発生する費用である。したがって，相続開始時における被相続人の債務ではないため，相続税の課税上は債務控除の対象とはならない。

2 税理士が遺言執行者の場合の対応

遺言執行者は，未成年者や破産者でない限り，その資格等に制限はない。したがって，税理士が遺言執行者となっても差し支えない。

ただし，その職務は法務の手続であり，専門的知識を要するため，弁護士や司法書士と協力して遺言執行をすることが望ましい。

ところで，共同相続人及び包括受遺者の全員が相続財産を協議分割することに同意すれば，遺言の内容に従わない遺産分割も可能である。したがって，税理士が遺言執行者となった場合において，税務的に不都合な遺言であれば，遺言執行者を辞した上で必要な税務知識を提供し，共同相続人の分割協議に委ねるのが好ましいと考えられる。

なお，遺言の内容どおりに分割しない場合でも，それによって不利益となる相続人から利益を受ける相続人に対する贈与として，贈与税が課税されることはない。この点は，遺贈の放棄の場合と同様である。

質問

　私には子もなく，兄弟やおい・めいとも疎遠なので，わずかな遺産はお世話になった方々に少しずつ貰っていただきたいと考えています。遺言書を作ればそのようなことも可能ですか。
　また，遺言による財産の贈与には，どのような方法がありますか。

法務の視点

1 遺贈の意義

　遺言者は，包括又は特定の名義で，その財産の全部又は一部を処分することができる（民法964）。遺言による財産の処分を遺贈という。契約自由の原則のもと，生前において自由に財産を処分することができるが，死後における財産の処分も自由であり，そのことを法的に保障する制度が遺贈である。

2 遺贈の無効・取消し

　遺贈も遺言事項であり，その無効・取消しについては，前述した「遺言の一般的効力」とほぼ同様である。また，次の場合には遺贈の無効原因となる。
　①　遺言者の死亡以前に受遺者が死亡したとき（民法994①）
　②　停止条件付遺贈について，受遺者がその条件成就前に死亡したとき（民法994②）
　③　遺贈の目的たる権利が遺言者の死亡時に相続財産に属さなかったとき（民法996本文）
　なお，③について，遺贈財産が相続財産でなかったとしても，遺贈

第4章／遺言と遺贈

の目的とする意思表示を行っていると認められるときは，この限りではないとされており（民法996ただし書），その場合には，遺贈義務者は当該財産を取得して受遺者に移転する義務を負うこととなる。仮に，その遺産を取得することができないか又はその取得するために過分の費用を要する場合には，遺言者の別段の意思表示がない限り，その価額を弁償しなければならない（民法997）。

3 受遺者と遺贈義務者

遺贈の相手方（受遺者）は，自然人のほか法人や人格のない社団等でもよい。胎児も既に生まれたものとみなされるため，受遺者となり得るが，死産の場合には初めからいなかったものとされ，受遺者にはならない（民法965，886）。

また，相続欠格者は受遺者としても欠格者であり，遺贈により財産を取得することはできない。

なお，遺贈義務者（遺贈の履行をする義務を負う者）は，原則として相続人であるが，遺言執行者がある場合には，遺贈の履行は遺言執行者のみが行うことができる（民法1012②）。

4 特定遺贈の意義と効力

特定遺贈とは，文字どおり目的物を特定して遺贈することである。特定遺贈により財産を取得する者（特定受遺者）は，遺言で指定された財産を取得する権利があるが，相続債務については，遺言に指示・指定がない限り負担する義務はない。

5 包括遺贈の意義と効力

包括遺贈とは，相続財産の全部又は一定の割合を示して遺贈する方法である。

包括遺贈により財産を取得する者（包括受遺者）は，相続財産及び相続債務に対して遺言で指示された割合をもって取得する権利と義務があり，相続分という割合で権利義務がある相続人とほぼ同様の立場を有する。このため，民法は「包括受遺者は，相続人と同一の権利義

156

務を有する。」（民法990）と定めている。したがって，包括遺贈の割合に応じた相続財産のみならず，その割合に応じた相続債務も負担する義務がある。

　なお，包括受遺者が相続人と同一の権利義務を有するとしても，両者は次の点で異なる扱いになる。

●相続人と包括受遺者の異同点

> ①　遺言者の死亡以前に受遺者が死亡したときは，遺贈の効力は生じないため（民法994①），包括遺贈の代襲ということはない。なお，「包括受遺者が死亡した場合には，その子が受遺者になる。」という遺言をすることは可能であるが，この場合の子は，停止条件付遺贈の受遺者であり，代襲者ではないと解される。ちなみに，代襲相続は，被相続人の子が相続開始以前に死亡したとき，相続人の欠格事由に該当したとき又は推定相続人の廃除によって，その相続権を消失したときを原因としており（民法887②），包括受遺者は相続人ではないため，代襲相続は生じない。
>
> ②　一部の相続人が相続の放棄をした場合には，その放棄者は初めから相続人とならなかったものとみなされる（民法939）。このため，その放棄者の相続分は他の相続人に移転するが，相続人でない包括受遺者に相続分が移転することはあり得ず，包括遺贈の割合に変動はない。
>
> ③　不動産の相続登記について，相続を原因とする登記は，登記権利者（相続人）の単独申請が可能であるが（不動産登記法63②），遺贈による登記は（包括遺贈であるか特定遺贈であるかにかかわらず），登記権利者である受遺者と登記義務者である相続人又は遺言執行者との共同申請によらなければならない（昭33.4.28民甲779号民事局長通達）。
>
> ④　相続人が相続によって不動産を取得した場合には，法定相続分を超えない限り，登記がなくても第三者に対抗できるが，包括受遺者は，登記がない限り第三者に対抗することはできない。

第4章／遺言と遺贈

税務の視点

1 特定遺贈に係る相続税の課税

相続税の納税義務者は，相続又は遺贈によって財産を取得した個人である（相法1の3）。特定受遺者について，特定遺贈により取得した財産に相続税が課されることはいうまでもない。

その特定受遺者が相続人でない場合には，相続人に関する相続税の諸規定の適用はない。このため，生命保険金及び死亡退職金の非課税，債務控除，未成年者控除，障害者控除及び相次相続控除の各規定の適用はない。また，特定受遺者が被相続人の一親等の血族又は配偶者でない場合には，その納付すべき相続税について2割加算の規定が適用される。

2 包括遺贈に係る相続税の課税

包括受遺者は，前述のとおり相続人と同一の権利義務を有することとされており，相続人とほぼ同様に扱われている。

このため，相続税法55条の未分割遺産に対する課税規定は，相続人と包括受遺者について適用される。また，包括受遺者は，包括遺贈の割合で相続債務を負担する義務があるため，相続税法13条の債務控除の規定が適用される。

もっとも，包括受遺者は相続人ではないから，上記の特定遺贈に係る相続税課税と同様に，相続人について適用される諸規定の適用はない。また，通常の場合，包括受遺者は被相続人の一親等の血族又は配偶者ではないため，相続税の2割加算の規定が適用される。

・158

8／条件付遺贈と負担付遺贈

8 条件付遺贈と負担付遺贈
その効力の発生と相続税の課税方法

質問

　子供たちがまだ学生のため，誰が私の家業を継いでくれるか分かりません。もし継いでくれるなら，その子に商売に必要な店舗の土地家屋などを相続させてやろうと思います。このような場合には，遺言に条件を付けたりすることができるのでしょうか。

　また，遺言で財産を与える場合に，債務の返済や配偶者の老後の面倒をみるといった条件を付けることができますか。

法務の視点

1 条件付遺贈の意義と効果

　民法は，「遺言に停止条件を付した場合において，その条件が遺言者の死亡後に成就したときは，遺言は，条件が成就した時からその効力を生ずる。」（民法985②）と規定している。

　これは，停止条件付遺言の効力の発生時期を規定したものであり，遺言の効力は，遺言者の死亡の時に停止条件付で発生し，その条件が成就した時に条件のない遺言として効力が生じるという意味である。

　この場合の停止条件については特別の制約がないため，どのような条件を付すことも可能である。ただ，「母親の面倒をみてくれることを条件に子Aに財産を遺贈する」といった遺言の場合には，どの程度の行為であれば「面倒をみた」といえるか，その判断は容易ではない。

　したがって，停止条件付の遺贈をする場合には，明確な条件を付す必要がある。その条件が不明確な場合には，遺言の効力をめぐって相続人間での紛争が生じるおそれがあることに留意する必要がある。

159

第4章／遺言と遺贈

2 負担付遺贈の意義と効果

　負担付遺贈とは，受遺者に一定の義務を課して財産を遺贈すること
である。「受遺者Aに土地を遺贈するが，その代わりに遺言者の借入
金500万円を弁済しなければならない。」としたり，「受遺者Bに家屋
を遺贈する代わりに，BはCに500万円を与えなければならない。」
といった例である。

　負担付遺贈について民法は「負担付遺贈を受けた者は，遺贈の目的
の価額を超えない限度においてのみ，負担した義務を履行する責任を
負う。」（民法1002①）としている。

　遺贈が受遺者に財産的な利益を与えるものであるとしても，その負
担が利益を上回ることは適切ではない。このため，負担付遺贈を受け
た者には，遺贈の目的財産の価額を超えない限度で負担の義務を履行
させることとし，受遺者の責任を制限することとしたものである。こ
の場合，負担が利益よりも大きいときは，その遺贈が無効にはならず，
遺贈財産の価額を超える負担の部分が無効になると解されている。

　なお，負担付遺贈を受けた者がその負担した義務を履行しない場合
には，相続人は，相当の期間を定めてその履行を催告し，その期間内
に履行がないときは，遺言の取消しを家庭裁判所に請求することがで
きることとされている（民法1027）。

税務の視点

1 停止条件付遺贈による財産取得の時期と申告後の税務

　停止条件付遺贈が行われた場合には，その条件が成就した時に財産
を取得したものとされる（相基通1の3・1の4共-9）。

　また，停止条件付遺贈によって財産を取得した者は，その条件が成
就した日が「自己のために相続の開始を知った日」（相基通27-4(9)）
となり，その日の翌日から10か月以内に相続税の申告書を提出する
ことになる（相法27①）。

　ところで，相続税の申告後に停止条件付遺贈に係る条件が成就し，

160

8／条件付遺贈と負担付遺贈

受遺者が財産を取得することがある。この場合には，次のような事後的な税務手続が定められている（相法30 ①, 31 ①, 32 ①六, 相令 8 ②三）。

① 停止条件付遺贈に係る条件が成就し，その財産を取得した者について新たに申告義務が生じた場合……期限後申告書を提出することができる。

② 既に相続税の申告書を提出した者が，停止条件付遺贈に係る条件が成就したことによって，取得財産が増加した場合……修正申告書を提出することができる。

③ 既に相続税の申告書を提出した場合において，停止条件付遺贈に係る条件が成就したことにより，申告済の相続税額が過大になった場合……その条件が成就したことを知った日の翌日から 4 か月以内に更正の請求をすることができる。

▌2 ▏負担付遺贈と相続税課税

　相続税の課税価格の計算上，負担付遺贈により取得した財産の価額は，その財産の価額からその負担額を控除した価額によるが，控除できる負担額は，遺贈があった時において確実と認められるものに限られる（相基通11の2-7）。

　この取扱いからみれば，「母親の老後の面倒をみる」というのも負担ではあるが，その負担額を金銭的に見積もることは困難であり，かつ，確実な負担とはいえないことから，遺贈財産の価額から負担額を控除することはできないと考えられる。

　なお，負担付遺贈を受けた場合において，その負担の義務を履行しないときは，前述のとおり遺言の取消しが行われることがある。その取消しが相続税の申告後にあった場合には，事後的な修正を要することになり，修正申告の特則規定（相法31）及び更正の請求の特則規定（相法32）が適用できると考えられる。

161

第4章／遺言と遺贈

遺贈の放棄
その効果と相続税申告後の放棄の税務

質問

被相続人は、遺言によって相続権のない個人に土地建物を遺贈したため、その遺贈財産以外の遺産について、相続人間で分割を行い、相続税の申告も済ませました。

ところが、その後になって、受遺者から遺贈を辞退したい旨の申入れがありました。

こうしたケースで法務と税務の手続は、どのようにしたらよいでしょうか。

法務の視点

1 特定遺贈の放棄

遺贈は、受遺者に財産的利益を与えるものであるが、受遺者の意思にかかわらず強制することは適切とはいえない。このため、民法は「受遺者は、遺言者の死亡後、いつでも、遺贈の放棄をすることができる。」としている（民法986①）。

特定遺贈の放棄については、その期限や方式の定めはない。ただし、遺贈の承認・放棄についていつまでも意思表示がないと、相続人等の利害関係者は不安定な状態に置かれることになる。このため、相続人等が相当の期間を定めて、その期間内に遺贈の承認又は放棄をすべき旨を催告することができることとされ、その期間内に受遺者が意思表示をしないときは、遺贈を承認したものとみなすこととされている（民法987）。

なお、相続人に対する特定遺贈があり、その遺贈が受遺者に有利な内容であったにもかかわらず、これと異なる遺産分割協議を成立させ

た事案について，特段の事情がない限り，遺贈の全部又は一部を放棄
したものと認めるのが相当であるとした裁判例がある（東京地判平
6.11.10）。

2 包括遺贈の放棄

　上記の遺贈の放棄に関する民法の規定は，特定遺贈の場合であり，
包括遺贈には適用されない。包括受遺者は，相続人と同一の権利義務
を有することとされているため（民法990），包括遺贈の承認・放棄に
ついても相続人の承認・放棄に関する規定が適用される。

　したがって，包括受遺者が遺贈の放棄をするためには，相続の開始
があったことを知った時から3か月以内に，家庭裁判所に申述して行
う必要があり，何らの手続をせずにその期間を経過した場合には，そ
の包括遺贈を承認したものとみなされる（民法915①，921二）。

　なお，包括受遺者が遺産分割協議に加わり，相続財産を取得しない
という事実上の放棄をすることは可能である。

3 遺贈の放棄と遺産分割

　遺贈の放棄は，遺言者の死亡の時にさかのぼってその効力を生ずる
（民法986②）。遺贈の放棄があれば，その目的財産は相続財産に復帰
することになり，共同相続人間での遺産分割協議の対象になる。

　また，相続人又は相続人以外の者に対する特定遺贈が放棄された場
合や相続人以外の者に対する包括遺贈が放棄された場合には，それぞ
れの目的財産が相続財産となるため，上記と同様に遺産分割協議の対
象になる。

　ただし，相続人に対する包括遺贈については，それが包括遺贈であ
るか，相続分の指定と解するかという問題があるため，遺贈が放棄さ
れた場合には，相続人としての地位も放棄したと考えられなくもない。
後者であれば，相続財産を取得することはないが，明らかに遺贈の放
棄と認められれば，その目的財産は相続財産に復帰し，その放棄者を
含めて遺産分割協議を行うことになると考えられる。

第4章／遺言と遺贈

税務の視点

1 遺贈の放棄と更正の請求

　相続税の申告後に遺贈の放棄があった場合には，その放棄を行った日の翌日から4か月以内に限り，受遺者は更正の請求ができる（相法32①四）。

　また，遺贈の放棄があれば，その目的財産が相続財産となり，改めてその財産の取得者を決定することになるが，そのことによって既に申告した相続税額が過少となった者は修正申告を行うことができることとなり（相法31①），新たに申告義務が生じた者は期限後申告を行うことができる（相法30①）。

　もっとも，遺贈を放棄した者と他の相続人の間で税負担の調整をすることも可能であり，その場合には，事後的な税務手続は不要である。ただし，受遺者が一親等の血族又は配偶者以外の者であったため，相続税法18条の規定による2割加算の適用を受けている場合には，更正の請求又は修正申告をしないと，2割加算分の税額を取り戻すことはできない。

2 遺贈の放棄と贈与税の有無

　遺贈の放棄をすると，実質的には，受遺者が取得できる財産を相続人に与えることになるため，観念的には「贈与」に当たると解することもできる。

　しかしながら，遺産の分割は法定相続分どおりに行っているわけではない。また，法定相続分を下回る額の相続財産を取得した者が他の相続人にその下回る額に相当する利益を贈与したものとはされていない。したがって，遺贈の放棄がされたとしても，受遺者から他の相続人への贈与が認定されることはなく，贈与税の課税問題が生じることはない。

10／死因贈与

10 死因贈与
その意義と契約上の留意点

質問

　相続権のない弟に，相続発生後に財産を与えたいと思いますが，遺言書を作成するのは少し面倒です。遺言に代わる方法として，相続後に財産を贈与することも可能なようですが，どのようにしたらよいのでしょうか。

法務の視点

1 死因贈与の意義

　死因贈与とは，贈与者の死亡によって効力を生ずる贈与のことをいう。民法は，「贈与者の死亡によって効力を生ずる贈与については，その性質に反しない限り，遺贈に関する規定を準用する。」（民法554）と規定している。

　死因贈与も遺贈も死亡を基因として財産が移転するという点では同じであり，上記のように規定されているのであるが，遺贈が単独行為であるのに対し，死因贈与は契約であるという違いがある。したがって，受贈者の受諾がなければ死因贈与契約は成立しない。

2 遺贈に関する規定の準用とその範囲

　死因贈与について，遺贈に関する規定が準用されるとしても，遺言者の能力に関する規定は準用されない（民法961〜963）。また，遺贈の承認・放棄に関する規定も準用されないし（民法986〜989），遺言書の検認・開封に関する規定も準用する余地はない（民法1004,1005）。もちろん，遺言執行に関する規定も関係しない（民法1006〜1021）。

165

第4章／遺言と遺贈

3 死因贈与に関する実務上の留意点

死因贈与は，契約であり，当事者間の口頭で約すことも可能であるが，他の相続人など利害関係者に対して贈与契約の成立を主張するためには書面が必要である。

死因贈与契約に関する書面については，遺言と異なり，特別な方式は定められていないが，当事者の意思が明確でないと，関係者間で紛争が生じないとも限らない。したがって，可能であれば公正証書によることが望ましいが，少なくとも確定日付のある贈与契約書を作成するなどの対応が必要である。

税務の視点

1 死因贈与と相続税

民法において，死因贈与は遺贈に関する規定を準用するとされていることから，相続税法においても「相続又は遺贈（贈与をした者の死亡により効力を生ずる贈与を含む。以下同じ。）」とし，「贈与（贈与をした者の死亡により効力を生ずる贈与を除く。以下同じ。）」と規定している（相法1の3一，五）。

したがって，死因贈与により財産を取得した者は，死因贈与の効力が生じたことを知った日の翌日から10か月以内に，相続税の申告書を提出しなければならない（相法27①）。

2 死因贈与と不動産取得税

死因贈与といっても，贈与であることから，相続税法以外の法制においては遺贈と同様に扱われてはいない。例えば不動産取得税について，地方税法73条（用語の定義）においても，また，同法73条の7（形式的な所有権の移転）においても遺贈に死因贈与を含むという規定はされていない。

したがって，死因贈与による土地建物の取得は，「贈与」を原因とした財産取得として不動産取得税が課税されることになる。

166

10／死因贈与

　なお，不動産取得税の課税標準は不動産の価額（固定資産税評価額）
であり（地法73の13①），標準税率は4％であるが（地法73の15），
平成18年4月1日から令和3年3月31日までの住宅又は土地の取得
については3％とされている（地法附則11の2①）。また，土地の取得
について10万円，家屋の取得について12万円の免税点がある（地法
73の15の2）。

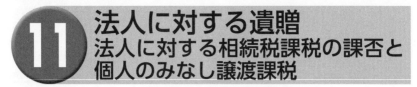

11 法人に対する遺贈
法人に対する相続税課税の課否と個人のみなし譲渡課税

質問

同族会社に対し，個人の所有する土地建物を事業用として提供しています。相続を機に，この土地建物を法人の所有にしたいと考えていますが，可能でしょうか。また，法人に財産を遺贈した場合の法人や個人の課税関係はどのようになるのでしょうか。

法務の視点

1 受遺者の範囲と法人への遺贈

遺贈は，遺言者の単独行為であり，受遺者は自由に選択できる。したがって，受遺者は自然人のほか，法人でもなり得る。法律的には，法人が財産の遺贈を受けることについての問題はない。

2 人格のない社団等への遺贈

人格のない社団等（人格のない社団及び人格のない財団）は，個人でもなく法人でもない自然人の集合体であるが，受遺能力は認められている。したがって，代表者又は管理者の定めのある人格のない社団等に対して財産を遺贈することも可能である。

税務の視点

1 人格のない社団等に対する相続税の課税

相続税の納税義務者は，原則として個人であり，法人が遺贈により財産を取得した場合には，相続税ではなく，受贈益に対して法人税が課税される。したがって，原則として法人が相続税の納税義務者にな

ることはないが，これについては，納税義務者の例外として「人格の
ない社団等」に対する課税規定と「持分の定めのない法人」又は「特
定一般社団法人」に対する課税規定がある。

まず，代表者又は管理者の定めのある人格のない社団等が遺贈又は
死因贈与によって財産を取得した場合には，その人格のない社団等は
個人とみなされて相続税の納税義務を負うこととされている（相法66
①）。

もっとも，その遺贈により取得した財産が公益事業の用に供するこ
とが確実であると認められるものは，相続税を非課税とする規定が適
用される（相法12①三）。その対象になるのは，宗教，慈善，学術，
社会福祉，更生保護，学校の事業とされている。ただし，その人格の
ない社団等の役員構成・選任方法等の運営の基礎となる事項が適正で
あり，かつ遺贈をした者の親族等の特別の関係がある者が事業に関し
特別の利益を受けることがないことが非課税の要件とされる（相令2）。

なお，遺贈により財産を取得した者が，その財産を取得してから2
年以内に公益を目的とする事業の用に供していない場合には，非課税
が取り消される（相法12②）。

2 持分の定めのない法人に対する相続税の課税

持分の定めのない法人とは，一般社団法人，一般財団法人，持分の
定めのない医療法人，学校法人，社会福祉法人，宗教法人などをいう。

これらは，人格のない社団等と異なり，純然たる法人であることか
ら，遺贈や死因贈与で財産を取得しても相続税の納税義務はないとい
うのが原則である。もっとも，持分の定めのない法人が遺贈等で財産
を取得すれば，一般の事業会社などと同様に法人税の課税対象になる。
ただし，いわゆる公益認定を受けた公益社団法人などの場合には，公
益事業以外のいわゆる収益事業から生じた所得だけが法人税の課税対
象とされているため，遺贈等で取得した財産を収益事業の用に供さな
い限り法人税の課税はない（法法4①ただし書，7）。

しかしながら，同族経営的な公益財団法人等は，その関係者がその
法人を私物化し，租税回避に利用する例がないとはいえない。例えば，

被相続人の有する土地等を公益社団法人等に遺贈し，公益事業の用に供したように偽装し，実際には遺贈者の親族がその土地を私的に利用するといったケースである。

　この場合に，法人税の課税がなく，また，法人であるからという理由で相続税も課税されないとすれば，その親族は不当に税を回避したことになる。そこで，このような事実がある場合には，その公益社団法人等を個人とみなして相続税を課税することとしている（相法66④）。

　なお，この課税規定は，遺贈をした者の親族その他特別の関係のある者の相続税が「不当に減少する結果となると認められるとき」に適用されるが，その判定等については，国税庁の通達に詳細な定めがある（昭39.6.9付直審（資）24・直資77）。

3 特定一般社団法人等に対する相続税の課税

　一般社団法人や一般財団法人については，上記のとおり租税回避の防止規定が設けられているのであるが，上記の規定は，財産を遺贈した者の親族等の相続税が不当に減少する結果となると認められる場合に適用することとされている。

　ところで，一般社団法人等については，持分がなく，登記だけで設立できるとともに，行政庁の監督がなく，また，役員の人数や親族の割合に関する規制がないという特徴がある。このため，個人の資産を一般社団法人等に移転させて相続税を回避することが可能になる。

　このようなケースで，親が一般社団法人等の理事（役員）になった場合に，その一般社団法人等に持分があれば，親の相続時にその持分に応じて相続税を課税することができる。しかし，持分の定めがないため，特別の規定がなければ相続税を課税する機会がないことになる。

　そこで，一般社団法人等の理事である者（一般社団法人等の理事で

なくなった日から5年を経過していない者を含む）が死亡した場合において，その一般社団法人等が「特定一般社団法人等」に該当するときは，その特定一般社団法人等を個人とみなして相続税を課税することとしている（相法66の2，相令34）。その概要は，次表のとおりである。

●特定一般社団法人等に対する相続税課税の概要

	制度の概要
特定一般社団法人等の意義	特定一般社団法人等とは，一般社団法人等のうち次の要件のいずれかを満たす法人をいう。 ①　被相続人（死亡した理事）の相続開始の直前におけるその被相続人に係る同族理事の数の理事の総数に占める割合が2分の1を超えること。 ②　被相続人の相続の開始前5年以内において，その被相続人に係る同族理事の数の理事の総数に占める割合が2分の1を超える期間の合計が3年以上であること。
同族理事の範囲	同族理事とは，一般社団法人等の理事のうち，被相続人又はその配偶者，三親等内の親族その他被相続人と特殊の関係にある者をいう。
課税対象額	特定一般社団法人等が，次の算式で計算される金額を被相続人から遺贈により取得したものとみなす。 $$\frac{相続開始時の特定一般社団法人等の純資産額}{特定一般社団法人等の理事の数+1}$$

4 法人に対する遺贈と個人のみなし譲渡課税

ところで，個人が法人に対して資産を遺贈した場合には，その資産をその時における価額（時価）により譲渡したものとみなして譲渡所得課税が行われる（所法59①一）。

この場合の譲渡所得は被相続人の所得であり，いわゆる準確定申告によるが，その所得税額は被相続人の未納の公租公課として相続税の債務控除の対象になる（相法13①）。なお，住民税の賦課期日は，翌年1月1日であり，既に死亡している被相続人に住民税の課税はない。

一方，国や地方公共団体に対し財産の遺贈があった場合には，所得

第4章／遺言と遺贈

税法 59 条 1 項 1 号の規定の適用については，その遺贈がなかったものとみなされ，また，公益法人等に対する財産の遺贈で，その財産の遺贈があった日から 2 年以内に公益事業の用に供され又は供される見込みであるときも，同様にみなし譲渡課税の適用はない（措法 40 ①）。

　ただし，不当な租税回避を防止するため，遺贈者の所得税や親族等の相続税を不当に減少させるものでないこと，公益法人等の運営組織の適正性や特別の利益供与がないといった要件がある。

　また，この非課税規定の適用上は，国税庁長官の承認を要することとされており，その承認申請は，遺贈のあった日から 4 か月以内に行う必要がある（措令 25 の 17 ①）。

第5章

相続財産

第5章／相続財産

相続財産の評価基準
法務と税務の基本的な相違

質問

相続財産は時価により評価されるそうですが，遺産分割を前提とした場合の時価の考え方と相続税の計算を前提にした場合の時価の考え方に違いがありますか。また，それぞれの評価時点については，どう扱われていますか。

法務の視点

1 遺産の評価の基準時

共同相続人間で遺産分割を行うに際しては，当然のことながら，それぞれの遺産の価額を把握することが前提になる。

遺産分割は，協議分割のほか，家庭裁判所における調停又は審判分割があるが，いずれの場合であっても，その分割時点の遺産の価額が基準になるというのが通説である。

実際に遺産分割を行うのは，相続開始から一定の期間が経過した後であり，共同相続人の関係によっては，相続開始から数年を経た後に遺産分割が行われることもある。このため，相続開始時の遺産の価額と遺産分割時の遺産の価額に開差があるのが通常である。

相続税の課税上の遺産の価額は，相続開始時の時価であるが，民法の手続としての遺産分割の場合には，分割時の時価が基準となるため，相続税評価額との間に差異があることに留意する必要がある。

2 遺産の評価基準

遺産分割を公平・的確に行うためには，全ての遺産を適正に評価しなければならないが，実務の観点からは，土地等の不動産の価額が問

題になりやすい。

不動産の時価を評価する方法としては，以下の3方式があり，これらのいずれか又はこれらを併用することが考えられる。

① 減価法……不動産の再調達原価について減価修正を行って価格を求める方法

② 比較法……多数の取引事例から事情補正及び時点修正をし，かつ，地域要因の比較や個別的要因の比較を行って価格を求める方法

③ 収益法……不動産が将来生み出すであろうと期待される純収益の原価の総和を算出し，一定の利回りで還元して価格を求める方法

家庭裁判所が不動産の評価を行う場合には，職権で行う証拠調べとして民事訴訟法による鑑定を実施し（民訴法212），不動産鑑定士の資格を有する者を鑑定人に選任し，評価を命ずることができる。ただし，裁判所は鑑定人の評価額に拘束されない。

税務の視点

1 財産評価の原則と評価基準による評価

相続財産は，相続開始の時の時価で評価することが原則であり（相法22），時価とは，相続開始の時において，それぞれの財産の現況に応じ，不特定多数の当事者間で自由な取引が行われる場合に通常成立すると認められる価額をいうこととされている（評基通1(2)）。

また，財産の評価に当たっては，その財産の価額に影響を及ぼすべき全ての事情を考慮することとされている（評基通1(3)）。

財産評価の基準としては，相続税法に定めがあるもの（法定評価）と国税庁の定める評価の取扱い（通達評価）がある。

財産の価額は時価により評価することが原則であるが，財産を取得した各相続人又は受遺者が個々の財産ごとに時価を求めることは，多くの労力と費用を要することになる。

そこで，実務では，個々の財産を容易に評価できるように，財産評

175・

第5章／相続財産

価基本通達が定められており，これにより評価した価額であれば，原則として申告是認となる。

　もっとも，「この通達の定めによって評価することが著しく不適当と認められる財産の価額は，国税庁長官の指示を受けて評価する。」（評基通6）とされている。この取扱いの射程範囲については多くの議論があるが，財産評価基本通達の個別の評価基準に基づく価額が無条件で認容されるとは限らないことに留意する必要がある。

▎2 鑑定評価等による時価の算定

　財産の「時価」とは，いわゆる客観的な交換価値をいうものと解されているが，財産評価基本通達により評価した財産の価額が全ての場合に時価を反映しているという保証はない。とりわけ土地等は個別性の強い財産であり，また，財産評価基本通達に基づく路線価格等の評価基準が1年間固定されているため，地価の変動時には，評価基準による価額が「時価」を上回るおそれがないとはいえない（こうした問題に対処するため，路線価格は地価公示価格の8割の水準とされているようである）。

　土地等の評価に当たり，その「時価」が財産評価基本通達による評価額を下回ることが明らかであれば，いわゆる時価申告が可能であり，また，申告後にそのことが判明した場合には，相続税について更正の請求を行うことも可能である。

　この場合の「時価」の立証方法として最も有力なのは，いわゆる鑑定評価である。ただし，その鑑定評価額は適正と認められるものでなければ，税務上容認されないことはいうまでもない。

　税務当局における鑑定評価額の適否の判断は，鑑定条件の確認，試算価格（取引事例比較法による「比準価格」と収益還元法による「収益価格」をいう）等の検討を中心として行い，算定根拠が適正と認められるものに限り申告等を容認し，そうでなければ，たとえ不動産鑑定士等による鑑定価格であっても否認される。例えば，次のような鑑定価格は，否認の対象となると考えられる。

① 価格時点（鑑定時点）が相続時と異なるもの

1／相続財産の評価基準

② 評価対象土地等の評価単位が財産評価基本通達に定める評価単位と異なる画地で鑑定しているもの

③ 鑑定評価額を収益価格だけで評価するなど，偏った鑑定方法によっているもの

④ 鑑定の際に採用している取引事例が付近の売買実例ではなく，遠隔地の低い価格の取引事例のみによっているもの

鑑定評価に基づく方法は，納税者からみれば有力な時価申告の手段であることは間違いないが，上記のように一定の条件ないし制約があることも十分に承知しておく必要がある。

なお，不動産業者のいわゆる査定価格は適正な時価とは認められない。また，相続した土地等をその後に売却した場合に，その売却価額を時価として申告等を行う方法もあるが，売却時点が課税時期の直後で，かつ，収用等の買取りなど，売却価額が適正と認められるものに限り，税務上も容認される。したがって，課税時期から売却時点までの期間が長期にわたるもので，その間の地価下落，あるいは売り急ぎによって路線価等を下回る価格のものは，適正な時価とは認められないことになる。

177

第5章／相続財産

❷ 借地権
その財産性と名義変更料の取扱い

質問

　被相続人は借地に居住していました。相続により借地権を相続人に名義変更する場合，地主の承諾や名義変更料等の支払が必要になるのでしょうか。

法務の視点

1 借地権の相続性

　借地権が遺産として相続人に承継されることには特に異論はない。また，いわゆる定期借地権も同様に相続の対象になる。

　借地権者の死亡により相続が開始すると，遺産分割が行われるまでの間は，借地権が共同相続人の準共有となり（民法264），地代は，可分債務として，共同相続人の各人が相続分に応じて支払義務を負う。

　なお，遺産分割により借地権を取得した相続人は，被相続人と地主との借地契約をそのまま引き継ぐことになる。したがって，保証金（権利金）返還請求権，土地利用権及び地代支払義務を従前のまま承継することとなる。

2 名義変更料の支払義務

　土地の賃貸借契約では，借地権の譲渡又は転貸については，賃貸人の承諾を要する旨の特約があるのが通常である。この場合には，第三者に対する譲渡又は転貸に際しては，承諾料の名目で賃貸人に対し一定の金銭の支払をするという慣行がある。

　ただし，相続による賃借人の変更に関しては，単に相続人に借地契約が承継されただけであり，名義変更料の支払義務はなく，また，地

・178

代の改定について応諾する義務もない。

3 地主の解除権

　借地人である被相続人に地代の滞納がある場合には，被相続人の債務であり，共同相続人の全員がその債務を承継することになる。

　したがって，賃貸人である地主が債務不履行を理由として契約の解除をする場合には，共同相続人の全員に対して催告し，解除の意思表示をしなければならない（民法544①）。

4 借地権の意義と範囲

　借地権の意義ないし範囲について，借地借家法2条1号は，「建物の所有を目的とする地上権又は土地の賃借権をいう。」と定めている。

　一方，税法上の借地権は，税目ごとに規定の内容が異なっており，その範囲は必ずしも明確ではない。例えば，法人税法上の借地権は，単に「地上権又は賃借権をいう。」（法令137）と定めており，「建物の所有を目的とする」かどうかは問われない。また，所得税法上は，「建物若しくは構築物の所有を目的とする地上権若しくは賃借権」（所令79）を借地権としており，建物のほか構築物の所有を目的としている点で借地借家法とは異なっている。

　相続税法は，地上権の評価規定において「地上権（借地借家法に規定する借地権を除く）」（相法23）とされているのみである。したがって，土地の賃借権のうち，どの範囲が借地権に当たるのかは法令上明らかではない。ただ，財産評価基本通達では，「土地の上に存する権利の評価上の区分」（評基通9）を定め，その区分に「借地権」を設けている。その意義について『財産評価基本通達逐条解説』（大蔵財務協会）では「借地権とは，建物の所有を目的とする地上権又は土地の賃借権をいう（借地借家法2一）。」と説明している。結局，相続税における借地権とは，借地借家法における借地権と同義であると解される。

　なお，地上権は物権であるのに対し，賃借権は債権であるという違いがある。実務上は，借地権のほとんどが賃借権である。

第 5 章／相続財産

税務の視点

1 借地権の財産評価

借地借家法に規定するいわゆる普通借地権については，存続期間が保証され，借地権者に契約更新請求権と建物の買取請求権が附与されている。このため，借地権の設定に際しては，権利金等の名目で一時金の授受が行われるのが通常である。また，建物の譲渡に伴ってその借地権も有償で譲渡されるのが通常であり，借地権は市場性のある財産である。

そこで，借地権の価額は，借地権の目的となっている宅地の自用地としての価額に，借地権割合がおおむね同一と認められる地域ごとに国税局長が定める割合を乗じて評価することとされている（評基通27）。

借地権の価額＝その宅地の自用地としての価額 × 借地権割合

この場合の借地権割合は，評価基準書（路線価図又は倍率表）に表示されている。

なお，借地上に貸家が存する場合には，「貸家建付借地権」として，その価額は，次により評価することとされている（評基通28）。

貸家建付借地権の価額＝借地権の価額×（1－借家権割合 × 賃貸割合）

2 評価しない借地権

借地人に借地権が帰属している場合であっても，借地権の設定に際しその設定の対価として通常権利金その他の一時金を支払うなど借地権の取引慣行があると認められる地域以外の地域にある借地権は，評価しないこととし，相続税の課税対象にはならない。

この場合の借地権の取引慣行がないと認められる地域とは，実務上は，借地権割合が30％未満の地域とされている。

ただし，借地権慣行のない地域にある貸宅地の価額を評価する場合

•180

には，借地権割合を20％としてその価額を評価することとされている（評基通27ただし書）。これは，借地権の価額は評価しないとしても，地主からみればその宅地上に借地人の建物が存するため，宅地の使用収益に制約があることを考慮した取扱いである。

なお以上は，いわゆる普通借地権の取扱いであり，確定期限付の定期借地権の価額の評価については，別に定められている（評基通27-2，27-3）。また，相当の地代を支払っている場合の借地権等についても別の定めがある（昭60.6.5課資2-58ほか通達）。

3 地上権の財産評価

地上権の価額は，その土地の自用地としての価額に残存期間に応じた一定の割合を乗じて評価する旨が定められている（相法23）。ただし，借地権としての地上権の場合には，この評価方法は適用されず，上記**1**によって評価することになる。

4 事業用又は居住用の借地権に係る小規模宅地等の特例

被相続人等の居住の用又は事業の用に供されていた宅地等で建物又は構築物の敷地の用に供されていたものがある場合には，限度面積要件を満たす部分について，その宅地等の評価額から80％又は50％減額した価額を相続税の課税価格算入額とする小規模宅地等の特例が措置されている（措法69の4）。

●借地権に適用できる小規模宅地等の特例

小規模宅地等の種類	限度面積	減額割合
特定事業用宅地等	400 ㎡	80％
特定同族会社事業用宅地等	400 ㎡	80％
特定居住用宅地等	330 ㎡	80％
貸付事業用宅地等	200 ㎡	50％

この特例は，「土地又は土地の上の存する権利」を対象としており，借地権についても，上記の各宅地等の要件を満たせば，その価額から一定の減額をすることができる。

第 5 章／相続財産

③ 使用貸借に係る土地
その財産性と価額の評価

質問

　私は，兄から 30 年前に土地を無償で借り受け，建物を建てて居住してきました。建物は私の所有ですが，兄に相続があっても引き続き居住できるように，この土地を遺贈してもらいたいと考えています。

　兄が死亡した場合，この土地についてどのような扱いになりますか。

法務の視点

1 使用貸借の意義

　民法は，「使用貸借は，当事者の一方がある物を引き渡すことを約し，相手方がその受け取った物について無償で使用及び収益をして契約が終了したときに返還することを約することによって，その効力を生ずる。」（民法593）と規定している。

　使用貸借は，贈与と同じく「無償」である点において，賃料など使用の対価を授受する賃貸借と異なっている。使用貸借に関する民法の規定を列挙すると，以下のとおりである。

1 借主による使用及び収益

　借主は，契約又はその目的物の性質によって定まった用法に従ってその物の使用及び収益をしなければならない。また，借主は，貸主の承諾を得なければ，第三者にその借用物の使用及び収益をさせることができず，これに違反したときは，貸主は，契約の解除をすることができる（民法594）。

・182

2● 借用物の費用の負担

借主は，借用物の通常の必要費を負担する（民法 595 ①）。この場合の「通常の必要費」とは，借用物である建物の保存に必要な通常の修繕費のほか，土地建物に係る固定資産税が含まれる。

3● 使用貸借の終了

当事者が使用貸借の期間を定めたときは，その期間の満了をもって使用貸借は終了する。また，その期間を定めなかった場合において，使用及び収益の目的を定めたときは，借主がその目的に従い使用及び収益を終えることによって使用貸借も終了する。

また，使用貸借は，借主が死亡した場合にも終了する（民法 597 ③）。

4● 使用貸借の解除

貸主は，目的物の使用及び収益の目的を定めた場合において，その目的に従い借主が使用及び収益をするのに足りる期間を経過したときは，契約の解除をすることができる。また，当事者が使用貸借の期間及び使用収益の目的を定めなかったときは，貸主はいつでも契約の解除をすることができる。

一方，借主は，いつでも契約の解除をすることができる（民法598）。

▌2▏ 使用貸借と借地借家法の適用関係等

使用貸借は，有償契約が一般的である通常の経済取引からみて，特殊な契約であり，目的物の借主側には法的保護がほとんど与えられていない。このため，利害の対立する第三者間の契約で採用されることはなく，ほとんどが親族など特殊関係者間かごく親しい知人等の間で行われている。

事例として多いのは，親族等の間での借地契約であり，親の土地を子が借り受けて使用収益する場合に，ほとんどが地代の授受のない使用貸借契約となる。この場合には，借地借家法の適用はないため，借

第5章／相続財産

地人である子に法的保護はない。

　使用貸借における借主が死亡した場合には，その時点で契約は終了するから（民法597③），借主の土地の利用権（使用借権）に相続性はない。もっとも，貸主が死亡した場合には，その土地が相続財産になることはいうまでもない。

　なお，使用貸借における目的物の通常の必要費は，借主が負担することとされているため（民法595①），土地に係る固定資産税を借主が負担していても，無償による貸借であり，使用貸借契約の範囲であると解されている。

税務の視点

1 土地の使用貸借の開始時の取扱い

　親子，夫婦等の親族間における土地の使用貸借については，その特殊性に鑑み，特別な取扱いが定められている（昭48.11.1直資2-189「使用貸借に係る土地についての相続税及び贈与税の取扱いについて」国税庁長官通達）。

　まず，建物等の所有を目的として土地の借受けがあった場合において，借地権の設定に際し，その対価として権利金等の一時金を支払う慣行のある地域においても，その土地の使用貸借に係る使用権の価額はゼロとして取り扱われる（上記の使用貸借通達の1）。

　土地の使用権の価額がゼロとされていることから，無償による借受けであっても借地人に対する贈与税の課税はない。

2 使用貸借の当事者に相続が開始した場合の取扱い

　上記の取扱いにより，土地の使用貸借に係る使用権の価額がゼロとされているため，使用貸借により貸し付けられている土地を相続，遺贈又は贈与により取得した場合における相続税又は贈与税の課税価格に算入すべき価額は，その土地が自用のものであるとした場合の価額になる。

　一方，使用貸借に係る土地の上に存する建物等の所有者が死亡した

・184

場合又はその建物等が贈与された場合におけるその建物等について，相続税又は贈与税の課税価格に算入すべき価額は，その建物等の自用又は貸付けの区分に応じ，その建物等の自用又は貸付けのものであるとした場合の価額となる（使用貸借通達の3及び4）。

3 使用貸借に係る土地の上に貸家がある場合の取扱い

使用貸借に係る土地の上に建物が存し，その建物が貸家となっている場合であっても，上記と同様に，その土地は自用地として評価される（使用貸借通達の3）。したがって，その敷地を貸家建付地として評価することはできない。これは，その建物の賃借人の敷地利用権は，建物所有者（使用貸借による土地の借受者）の敷地利用権から独立したものではなく，建物所有者の敷地利用権の範囲内に従属したものと解されていることによる。

ただし，貸家とその敷地を所有する者が，建物のみを贈与し，その建物の敷地を無償で貸し付けており，その後に，その建物の敷地である土地を贈与した場合には，その敷地である土地の価額は，建物の贈与後においても，贈与前と同様に貸家建付地として評価することができる。これは，建物の贈与以前に有していた建物賃借人の敷地利用権の権能には変動がなく，依然として土地所有者の権能に属する使用権を有していると考えられるからである（最判昭41.5.19）。

したがって，例えば，子が親から土地を無償で借り受けて貸家を所有している場合で，その土地の相続又は贈与を受けるに際し，次の①の場合は土地を自用地として評価しなければならないが，②の場合には，貸家建付地として評価できることになる。

① 使用貸借に係る土地の上に存する貸家の贈与を受けた場合において，受贈者が従前からの建物賃借人との間の賃貸借契約を解除し，新たな建物賃借人と賃貸借契約を締結した場合

② 使用貸借に係る土地の上に存する貸家の贈与を受けた場合において，建物の賃借人が贈与前から変わっていない場合

第5章／相続財産

売買契約中の土地の評価
財産の種類判定とその評価

質問

被相続人は，その所有する土地の売買契約を締結しましたが，買主に引き渡す前に死亡してしまいました。この場合の被相続人の遺産は土地になるのでしょうか。それとも売買契約上の権利になるのでしょうか。

法務の視点

1 売買契約の履行途中の法律関係

土地等の不動産の売買では，通常の場合，売買契約の締結と同時に手付金の授受を行い，売買残代金の授受のときに所有権が移転し，同時に所有権移転の登記が行われる。

このような売買契約の履行の途中で売主又は買主に相続が開始した場合には，売買契約上の地位が相続財産になる。

この場合の売主側の地位は，具体的には売買残代金の請求権と所有権移転義務であり，買主側の地位は，売買物件の引渡請求権と売買残代金の支払義務ということになる。

2 売買契約上の地位の相続と遺産分割

上記のような法的関係の下で，売主側の相続人が複数の場合には，その全員がその地位を承継することになり，遺産分割手続において，その承継者を決定することになる。その際に，2人以上の相続人がその地位を承継することも，もちろん可能であり，その場合には，相続開始後に買主から受領した手付金及び売買残代金を遺産分割の内容に応じて分配することになる。

4／売買契約中の土地の評価

　また，買主側に相続が開始した場合にも，その地位が相続の対象に
なるため，相続人が複数である場合には，共同相続人間で協議の上，
その承継者を決定する必要がある。

税務の視点

1 相続財産の種類と最高裁の判例

　土地の売買契約の履行の途中で相続が開始した場合には，次の点が
問題になる。

　①　相続財産は，土地か土地以外の資産か

　②　相続財産をどのように評価すべきか

　これらの点について，最高裁は次のように判示している（最判昭
61.12.5）。

●売買契約の履行の途中で相続開始があった土地に関する税務判例

売主死亡の場合	買主死亡の場合
原審（控訴審）の適法に確定した事実関係のもとにおいては，たとえ本件土地の所有権が売主に残っているとしても，もはやその実質は売買代金債権を確保するための機能を有するにすぎないものであり，Ｘら（相続人）の相続した本件土地の所有権は，独立して相続税の課税財産を構成しないというべきであって，本件において相続税の課税財産となるのは，売買残代金債権 2,939 万 7,000 円（手付金，中間金として受領済みの代金が現金預金等の相続財産に混入していることは，原審の確定するところである）であると解するのが相当である。　したがって，Ｘらの課税価格の算定に当たり，本件土地の価格をその売買残代金債権と同額である	原審（控訴審）の適法に確定した事実関係のもとにおいては，本件相続税の課税財産は，本件農地の売買契約に基づき買主たる被相続人が売主に対して取得した当該農地の所有権移転請求権等の債権的権利と解すべきであり，その価格はその売買契約による当該農地の取得価格に相当する 1,965 万1,470 円と評価すべきであるとした原審の判断は，正当として是認することができ，原判決に所論の違法はない。　所論違憲の主張のうち，農地の譲渡に係る譲渡所得課税等における取扱いとの不均衡を前提とする主張は，同取扱いは専ら所得税等の課税時期に関するものであって相続税の課税対象となる財産いかんの問題とは全くその性質を異に

187

第5章／相続財産

とした原審の判断は，結論において正当として是認することができる。	するから，その前提において失当というべきであり，また財産評価基本通達の定める評価方法による農地の評価との不均衡を前提とする主張は，本件相続税の課税財産は具体的な売買契約によりその時価が顕在化しているとみられる前記債権的権利であって，これを所論の通達の定める評価方法により評価するものとされている農地自体と同様に取り扱うことはできないから，やはりその前提において失当というほかない。

2 課税実務の取扱い

　上記の最高裁の事案は，農地の売買に係るものであるが，その考え方は農地以外の土地においても同様になると考えられる。したがって，売買契約の履行途中の土地等については，次のように整理することができる。

　①　売主が死亡した場合……土地の所有権が売主に残っているとしても，その実質は売買代金債権を確保するための機能を有するにすぎず，相続財産は土地ではなく売買残代金請求権となる。

　②　買主が死亡した場合……相続財産は，売買契約に基づき買主たる被相続人が売主に対して取得した土地の所有権移転請求権となる。

　以上を基に，相続税の実務上の取扱いをまとめると，次表のようになる。

●売買契約の途中に相続開始があった土地に関する税務の取扱い

	課税財産	課税財産の評価額
売主に相続が開始した場合	● 売買契約に基づく残代金請求権	● 売買契約に基づく土地等の対価のうち相続開始時の未収入金相当額

188

買主に相続が開始した場合	● 原則として，売買契約に係る土地等の引渡請求権（売買代金のうち未払金は債務） （注）ただし，土地等を相続財産として申告した場合は，それが認められる。	● 売買契約に基づく土地等の対価相当額 （注1）売買契約の締結の日から相続開始の日までの間が長期間で，契約の対価が相続開始時の引渡請求権の価格として適当でない場合には別途に個別評価する。 （注2）土地等として申告した場合にその土地等が「小規模宅地等の特例」（措法69の4）の要件に該当すれば，この特例を適用できる。

　上記の取扱いを具体例で示せば，次のとおりである。

設例

● 土地売買代金……………………5億円

● この土地の相続税評価額……4億円

● 相続開始時までに売主・買主間で授受した金銭の額…1億円

① 売主に相続が開始した場合

　　＜課税財産＞ 現金（受領済の金銭） 1億円

　　　　　　　　未収入金（残代金） 4億円

　　　　　　　　　合　計　　　　　 5億円

② 買主に相続が開始した場合

　　＜課税財産＞ 土地引渡請求権 5億円

　　＜債務控除＞ 未払金（残代金） 4億円

　　　　　　　　　差　引　　　　　 1億円

　なお，買主について，土地を課税財産とし，その評価額を4億円として申告することもできるが，その場合の未払金は相続開始時に現に存する確実な債務ではないため債務控除の対象にはならない。このため，土地について小規模宅地等の特例（措法69の4）が適用できればともかく，そうでない場合には結果的に納税者に不利になることが多い。

第5章／相続財産

建物賃借権
居住建物の同居賃借人の権利承継の可否

質問

被相続人は，相続開始の10年ほど前から，内縁関係にある者と同居していましたが，その家屋は第三者から賃借していたものです。

この場合に，借家権が相続人に帰属するとすれば，内縁関係にある者は事実上，その家屋に居住できないことになります。このような場合に，法務・税務ではどのように扱われているのでしょうか。

法務の視点

1 建物賃借権の相続性と同居者の居住権

被相続人が借家をして，内縁関係にある者と同居していたという場合の建物賃借権（借家権）については，相続に際していくつかの問題が含まれている。建物賃借権そのものは財産的な権利であり，相続の対象となると解されているが，その借家に居住していた者が内縁関係にある者や事実上の養子など，相続権のない者の居住権をどのように保護するかということである。

この点について，判例は，賃借権の相続を認めた上で，家主からの明渡請求に対しては，相続人の賃借権を援用して明渡しを拒むことができることとし，同居していた者の居住権の保護を図っている（最判昭42.2.21）。

この考え方によれば，内縁関係にある者や事実上の養子は，継続して居住することができるが，建物賃借権は相続財産として，被相続人の相続人に帰属することになる。このように，居住の利益は相続人ではない者に帰属し，賃貸借に伴う他の権利義務は相続人に帰属するという構成がとられているため，同居者が支出した費用の償還請求権及

び造作買取請求権の帰属や賃料支払債務の帰属等について解釈上いくつかの未解決の問題が残されている。

なお，建物賃借権が共同相続された場合において，賃貸人からの解約の申入れ，契約解除の意思表示又は明渡請求をするには，共同相続人の全員に対してしなければならない（民法544①）。

2 相続人が不存在の場合の賃借権の承継

被相続人に相続が開始した場合において，相続人が存在しない場合には，その相続開始当時に同居していた内縁関係にある者又は事実上の養子は，賃借人であった被相続人の権利義務を承継することとされている。ただし，これらの者が，被相続人に相続人がいないで死亡したことを知った後1か月以内に賃貸人に反対の意思表示をしたときは，その権利義務の承継をしないことができる（借地借家法36①）。これは，民法958条の3に規定する特別縁故者への財産分与の趣旨を拡大し，同居者の居住権を保障したものである。

税務の視点

1 相続税における借家権の取扱い

相続税の課税対象になる財産には，有形無形を問わず，また法的根拠の有無にかかわりなく，金銭に見積もることができる経済的価値があれば全て含まれる（相基通11の2-1）。

建物賃借人の有する借家権は，前述のとおり相続性があることから，原則として課税対象財産となる。借家権の価額は，次の算式によって評価することとされている（評基通94）。

$$借家権の価額＝借家権の目的となっている家屋の価額×借家権割合×賃借割合$$

（注）　この算式における「賃借割合」は，共同住宅について賃借していない部分がある場合に，その部分を除くという趣旨であり，次の算式により計算した割合をいう。

第5章／相続財産

$$\frac{\text{Aのうち賃借している各独立部分の床面積の合計}}{\text{当該家屋の各独立部分の床面積の合計（A）}}$$

　なお，借家権割合は，国税局長が定めることとされ，その割合は財産評価基準書に示されているが，全ての地域において30%である。

　借家権の価額の評価方法は，上記のように定められているが，借家権そのものが独立した財産として取引される例はきわめて稀である。このため，借家権が権利金等の名称をもって取引される慣行のある地域を除き，課税しないことに取り扱われている（評基通94ただし書）。

　なお，借家権が課税財産とされない場合であっても，借家権の目的となっている家屋（貸家）の評価に際しては，自用家屋としての価額から借家権の価額を控除することに取り扱われている（評基通93）。

▌2▌ 借家人の有する宅地等に対する権利の取扱い

　借家人は，その家屋に対してのみならず，その敷地部分にも一定の権利を有していると考えられており，その権利も相続税の課税財産とみることができる。

　このため，財産評価基本通達は，次の算式で評価した金額を借家人の有する宅地等に対する権利の価額とする旨を定めている（評基通31）。

$$\text{借家人の有する宅地等に対する権利の価額} = \text{その借家の敷地である宅地に係る借地権の価額} \times \text{借家権割合} \times \text{賃借割合}$$

　もっとも，この場合でも，その権利が権利金等の名称をもって取引される慣行のない地域では評価しないこととされている（同通達ただし書）。現行の実務では，課税対象となる例はほとんどないといってよい。

6 配偶者居住権
その法的性質・成立要件と税務の取扱い

質問

　私の所有財産は，私とＡ（私の配偶者）が居住の用に供している土地建物と預貯金が主なものです。私に相続があった場合の相続人は，配偶者Ａ，子Ｂ，子Ｃのほか，先妻との間の子Ｄの４人です。

　配偶者Ａには相続後も引き続き上記の土地建物に居住してもらいたいと思っていますが，相続人の関係は必ずしも良好とはいえません。

　また，私の相続だけではなく，配偶者Ａの相続時の相続税のことも気になっています。

　相続に関して，法律が改正され，土地建物に配偶者が居住する権利を与えることができるようになったと聞きました。私の場合，その制度が使えそうな気もしますが，いかがでしょうか。

法務の視点

1 配偶者居住権制度の創設の背景

　わが国では急速に高齢化が進展しており，配偶者が相続後に長期にわたって生活を継続する例が少なくない。こうした状況の下で，配偶者としては，相続後も住み慣れた居住環境を維持した上で，相続後の生活資金として一定程度の相続財産も確保したいという希望を有する場合が多い。

　しかし，近年では，高齢者の再婚が増加するなど，社会状況が変化し，配偶者と子など他の相続人との関係が必ずしも良好とはいえないケースがある。このため，共同相続人間での遺産の協議分割において，必ずしも配偶者の満足が得られる遺産の取得ができない場合もあり得る。

第5章／相続財産

旧民法の下で，相続後の配偶者の居住権を確保するためには，次のいずれかの方法によらざるを得なかった。
① 配偶者が居住していた建物の所有権を取得する。
② 居住建物を取得した配偶者以外の相続人等との間で，その建物について賃貸借契約を締結する。

このうち①について，建物の評価額が高額になる場合には，配偶者が他の財産を取得することができなくなるため，相続後の生活資金が確保できず，相続後の生活に支障が生ずるおそれがある。また，②の場合には，建物を取得した者との間で賃貸借契約が成立しないと配偶者の居住権が確保されないという問題が生じることになる。

こうした問題に対処するための方策として，平成30年7月6日に成立した改正民法は，土地建物の所有権より評価額の低い「配偶者居住権」を配偶者に付与し，同時に生活資金を相続させて配偶者を保護することとした。

2 配偶者居住権制度の目的と利用例

相続後の配偶者の居住権と生活資金の確保という問題は，相続人が配偶者と子で，共同相続人間に対立がなく，かつ，子が相続後の親（配偶者）の生活を支援するという通常の相続においてはほとんど生じないと考えられる。

問題になりやすいのは，共同相続人が互いに自己の相続分を主張し合うような場合であると考えられる。次のようなケースである。

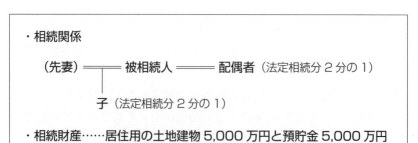

このケースで，配偶者が居住用の土地建物の全部を取得すれば，そ

の居住権は確保できるが,その取得額のみで法定相続分を満たすため,預貯金は取得できないことになる。

この場合に,配偶者居住権を設定し,土地建物について,次のような価額になるとすれば,配偶者の法定相続分に満たない遺産額として3,000万円の預貯金を取得することができる。その結果,配偶者は,居住権と生活資金の双方が確保できることになる。

土地建物(5,000万円) { 配偶者居住権の価額　　2,000万円
　　　　　　　　　　　権利付の所有権の価額　3,000万円

配偶者居住権の制度がどのような場面で利用されるかは,今後の実務の中で検討されると思われる。この点について,民法改正に先立って,法制審議会の民法(相続関係)部会は,平成28年6月12日に「民法(相続関係)等の改正に関する中間試案」を公表していた。その「補足説明」において,次のような高齢者同士の再婚の例が紹介されている。

○　自宅建物を所有する被相続人は,遺言によって配偶者に配偶者居住権を取得させてその居住権を確保し,その建物の所有権を自分の子Aに取得させることができる。

(注)　このケースで,被相続人が遺言によって自宅の所有権を配偶者に取得させた場合には,配偶者が死亡すると,その自宅は子Bが相続することになるが,被相続人が遺言によって配偶者に配偶者居住権を,子Aにその所有権を取得させることとすれば,子Aは,配偶者の死亡後に,何ら制限のない完全な所有権を取得することになる。

3　配偶者居住権制度の概要

配偶者居住権の制度について,民法の規定をまとめると,次表のようになる。なお,同制度は,令和2年4月1日から施行することとさ

第5章／相続財産

れている。

●配偶者居住権制度の概要

	制度の概要
配偶者居住権の内容・成立要件等	①　配偶者居住権の内容等 　　配偶者は，被相続人の有していた建物に相続開始の時に居住していた場合において，次のいずれかに掲げるときは，被相続人が相続開始の時にその居住建物を配偶者以外の者と共有していた場合を除き，その居住建物の全部について無償で使用及び収益をする権利（配偶者居住権）を取得する（民法1028①）。 　イ　遺産の分割によって配偶者居住権を取得するものとされたとき 　ロ　配偶者居住権が遺贈の目的とされたとき ②　審判による配偶者居住権の取得 　　遺産分割の請求を受けた家庭裁判所は，次に掲げる場合に限り，配偶者が配偶者居住権を取得する旨を定めることができる（同法1029）。 　イ　共同相続人間に配偶者が配偶者居住権を取得することについて合意が成立しているとき 　ロ　配偶者が家庭裁判所に対して配偶者居住権の取得を希望する旨を申し出た場合において，居住建物の所有者の受ける不利益の程度を考慮してもなお配偶者の生活を維持するために特に必要があると認めるとき ③　配偶者居住権の存続期間 　　配偶者居住権の存続期間は，配偶者の終身の間とする。ただし，遺産の分割の協議もしくは遺言に別段の定めがあるとき，又は家庭裁判所が遺産の分割の審判において別段の定めをしたときは，その定めるところによる（同法1030）。
配偶者居住権の効力等	①　配偶者居住権の登記等 　イ　登記請求権……居住建物の所有者は，配偶者に対し，配偶者居住権の設定の登記を備えさせる義務を負う（同法1031①）。 　ロ　第三者対抗要件……配偶者居住権を登記したときは，居住建物について物権を取得した者その他第三者に対抗することができる（同法1031②）。 ②　配偶者による使用及び収益 　イ　配偶者は，従前の用法に従い，善良な管理者の注意をもって，居住建物の使用及び収益をしなければなら

・196

ない。ただし，従前居住の用に供されていなかった部分について，これを居住の用に供することを妨げない（同法1032①）。

ロ　配偶者居住権は，譲渡することができない（同法1032②）。

ハ　配偶者は，居住建物の所有者の承諾を得ずして，居住建物の改築もしくは増築をし，又は第三者に居住建物の使用もしくは収益をさせることができない（同法1032③）。

③　居住建物の修繕等

イ　配偶者は，居住建物の使用及び収益に必要な修繕をすることができる（同法1033①）。

ロ　居住建物の修繕が必要である場合において，配偶者が相当の期間内に必要な修繕をしないときは，居住建物の所有者は，その修繕をすることができる（同法1033②）。

ハ　居住建物の修繕を要するとき（イの規定により配偶者が自らその修繕をするときを除く），又は居住建物について権利を主張する者があるときは，配偶者は，居住建物の所有者に対し，遅滞なくその旨を通知しなければならない。ただし，居住建物の所有者が既にこれを知っているときは，この限りでない（同法1033③）。

④　居住建物の費用の負担

イ　配偶者は，居住建物の通常の必要費を負担する（同法1034①）。

ロ　配偶者が居住建物について通常の必要費以外の費用を支出したときは，居住建物の所有者は，民法196条（占有者による費用の償還請求）の規定に従い，その償還をしなければならない。ただし，有益費については，裁判所は，居住建物の所有者の請求により，その償還について相当の期限を許与することができる（同法1034②）。

配偶者居住権の消滅及び居住建物の返還	①　配偶者居住権の消滅 イ　配偶者居住権は，その存続期間の満了前であっても，配偶者が死亡したときは，消滅する（同法1030）。 ロ　配偶者が上記〔配偶者居住権の効力等〕の「配偶者による使用及び収益」におけるイ又はハの規定に違反した場合において，居住建物の所有者が相当の期間を定めてその是正の勧告をし，その期間内に是正されないときは，居住建物の所有者は，当該配偶者に対する意思表示によって配偶者居住権を消滅させることができる（同法1032④）。

197

第5章／相続財産

② 居住建物の返還等
　イ　配偶者は，配偶者居住権が消滅したときは，居住建物の返還をしなければならない。ただし，配偶者が居住建物について共有持分を有する場合は，居住建物の所有者は，配偶者居住権が消滅したことを理由として居住建物の返還を求めることができない（同法1035①）。
　ロ　配偶者は，イの規定により居住建物を返還するときは，次の義務を負う（同法1035②）。
　　(a)　相続開始の後に居住建物に生じた損傷（通常の使用及び収益によって生じた経年変化を除く）の現状回復
　　(b)　相続開始の後に居住建物に附属させた物の収去

4 配偶者居住権の成立要件

　配偶者居住権の制度について，若干の補足をしておくと，まず，その成立要件は，上記のとおり，①配偶者が相続開始の時に被相続人所有の建物に居住していたこと，②その建物について配偶者に配偶者居住権を取得させる旨の遺産分割又は遺贈（死因贈与を含む）がされたことである（民法1028①，554）。

　また，この場合の「遺産分割」には，審判による遺産分割も含まれるから，他の相続人が反対しているときであっても，審判によって配偶者に配偶者居住権を取得させることは可能である。

　ただし，被相続人がその居住建物を配偶者以外の者と共有していた場合には，配偶者居住権を設定することはできないこととされている（民法1028①ただし書）。配偶者居住権は，配偶者が建物を無償で使用収益できる権利であるが，被相続人が建物を配偶者以外の者と共有していた場合には，その共有持分権者は，共有持分に応じてその建物を使用収益できる権利を有しているため，配偶者居住権の成立を認めると，その共有持分権者の利益が不当に害されるおそれがあるからである。したがって，例えば，その居住建物を被相続人と子が共有しているような場合には，配偶者居住権を設定することはできないことになる。

198

なお，居住建物を被相続人と配偶者が共有していた場合には，その居住建物に配偶者居住権を設定することは可能である。

5 配偶居住権が設定された居住建物の固定資産税等の負担

配偶者居住権が設定されている場合には，居住建物の通常の必要費は，配偶者が負担することとされている（民法 1034 ①）。

したがって，居住建物に係る固定資産税は，配偶者が負担することになる。もっとも，固定資産税の納税義務者は，固定資産の所有者とされているため，配偶者居住権が設定されている場合でも居住建物の所有者が納税義務者となる。このため，居住建物の所有者が固定資産税を納付した場合には，配偶者に求償することができることになる。

6 配偶者居住権の登記と第三者対抗要件

配偶者が，配偶者居住権を第三者に対抗するためには，配偶者居住権の設定の登記をしなければならない（民法 1031 ②，605）。

その登記について，配偶者が遺産分割に関する審判又は調停によって配偶者居住権を取得した場合には，その審判書又は調停調書に基づき，単独でその設定の登記を申請することができる（不動産登記法 63 ①）。ただし，配偶者居住権に関する審判書又は調停調書がない場合の配偶者居住権の設定の登記は，配偶者と居住建物の所有者が共同して申請しなければならない（不動産登記法 60）。

なお，居住建物の所有者が登記の申請に協力しない場合には，配偶者は，その所有者に対して登記義務の履行を求める訴えを提起することができる（民法 1031 ①）。その訴えを求める判決が確定すれば，配偶者は，その判決に基づき単独で登記の申請ができる（不動産登記法 63 ①）。

7 配偶者居住権の譲渡の可否

民法は，配偶者居住権を譲渡することはできないこととしている（民法 1032 ③）。前述の「中間試案」では，居住建物の所有者の承諾があれば，その譲渡が可能とされていたが，成立した改正法では，明文の

第5章／相続財産

規定をもって譲渡を不可能とした。

　この点について，法制審議会の資料では，「配偶者居住権は，配偶者自身の居住環境の継続性を保護するためのものであるから，第三者に対する配偶者居住権の譲渡を認めることは，制度趣旨との関係で必ずしも整合的であるとはいえず，法制的にも問題があるものと考えられる。」（民法（相続関係）部会・資料26-2）としている。

　配偶者居住権が譲渡不可とされたことに関して，配偶者がその価値を回収する方法が問題となるが，立法担当者の解説として，「配偶者居住権の価値を回収する手段としては，配偶者居住権を放棄することを条件として，これによって利益を受ける居住建物の所有者から金銭の支払いを受けることが考えられ，居住建物の所有者との間で合意が成立すれば，配偶者は，配偶者居住権を事実上換価することができることになる。」（堂薗幹一郎ほか『一問一答・新しい相続法』（商事法務））という見解がある。

　なお，配偶者は，居住建物の所有者の承諾があれば，居住建物を第三者に賃貸することによって，賃料収入を得ることも可能である（民法1032③）。

税務の視点

1 配偶者居住権の財産評価

　配偶者居住権の価額を評価することに関して，「配偶者が配偶者居住権を取得した場合には，その財産的価値に相当する価額を相続したものと扱う。」（民法（相続関係）等の改正に関する要綱案（法制審議会第180回会議配布資料・民1））としており，民法は，配偶者居住権について財産評価を行うことを前提にしている。

　その具体的な評価方法について，法制審議会においても検討しているが，実務上は，平成31年度の税制改正において相続税法に定められた評価方法を利用する例が多くなると考えられる。

　配偶者居住権を設定した場合の土地と建物は，通常の場合，次のような関係になり，相続税法は，建物と土地に区分し，それぞれについ

・200

て、その所有権者が取得する財産価額と配偶者が取得する財産価額を評価することとした。

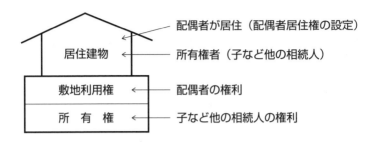

配偶者居住権が設定された土地建物の評価方法について、相続税法は、以下のように定めている（相法23の2、相令5の8、相規12の2〜12の4）。

【建物の評価方法】

① 配偶者居住権付建物の価額（所有権者の取得財産価額）

建物の固定資産税評価額 × $\dfrac{（耐用年数－築後経過年数）－存続年数}{耐用年数－築後経過年数}$

× 存続年数に応じた民法の法定利率（年3％）による複利現価率

② 配偶者居住権の価額（配偶者の取得財産価額）

建物の固定資産税評価額－配偶者居住権付建物の価額

上記の算式における「耐用年数」は、減価償却資産の耐用年数等に関する省令に定められている耐用年数（住宅用）に1.5を乗じた年数とする（6か月以上の端数は1年とし、6か月未満の端数は切り捨てる）。また、「存続年数」は、次に掲げる場合の区分に応じ、それぞれ次に定める年数をいう（6か月以上の端数は1年とし、6か月未満の端数は切り捨てる）。

　イ　配偶者居住権の存続期間が配偶者の終身の間である場合……配偶者の平均余命年数

　ロ　イ以外の場合……遺産分割協議等により定められた配偶者居住

第5章／相続財産

権の存続期間の年数（配偶者の平均余命年数を上限とする）

この場合の配偶者の「平均余命年数」は，厚生労働省の作成に係る「完全生命表」で定められたものによる。その一部を示すと，次のとおりである。

		年　齢					
		65歳	70歳	75歳	80歳	85歳	90歳
平均余命年数	男	19年	16年	12年	9年	6年	4年
	女	24年	20年	16年	12年	8年	6年

また，民法の法定利率である年3％の複利現価率の一部を示すと，次のとおりである。

存続年数	複利現価率	存続年数	複利現価率	存続年数	複利現価率
1年	0.971	9年	0.766	17年	0.605
2年	0.943	10年	0.744	18年	0.587
3年	0.915	11年	0.722	19年	0.570
4年	0.888	12年	0.701	20年	0.554
5年	0.863	13年	0.681	21年	0.538
6年	0.837	14年	0.661	22年	0.522
7年	0.813	15年	0.642	23年	0.507
8年	0.789	16年	0.623	24年	0.492

【土地の評価方法】

① **配偶者居住権付敷地の価額（所有権者の取得財産価額）**

土地の相続税評価額 × 存続年数に応じた民法の法定利率（年3％）による複利現価率

② **配偶者居住権に基づく敷地利用権の価額（配偶者の取得財産価額）**

土地の相続税評価額 － 配偶者居住権付敷地の価額

上記の評価方法について，具体的に数値をあてはめると，次のよう

6／配偶者居住権

になる。

設例

　配偶者（相続開始時の年齢70歳）が居住していた被相続人の所有する建物に配偶者居住権を設定した。建物と土地の価額等は，次のとおりである。

　　＜建　物＞
　　・固定資産税評価額　500万円
　　・法定耐用年数　22年(配偶者居住権の評価上の耐用年数　22年
　　　　　　　　　　　　×1.5＝33年)
　　・建物の築後経過年数　10年
　　＜土　地＞
　　・相続税評価額　3,000万円

＜建物の評価額＞

①　配偶者居住権付建物の価額（所有権者の取得財産価額）

$$500万円 \times \frac{(33年-10年)-20年}{33年-10年} \times 0.554 = 361,304円$$

②　配偶者居住権の価額（配偶者の取得財産価額）
　　500万円－361,304円＝4,638,696円

＜土地の評価額＞

①　配偶者居住権付敷地の価額（所有権者の取得財産価額）
　　3,000万円×0.554＝1,662万円

②　配偶者居住権に基づく敷地利用権の価額（配偶者の取得財産価額）
　　3,000万円－1,662万円＝1,338万円

　この例では，4,638,696円（建物部分）＋1,338万円（敷地利用権）＝18,018,696円を配偶者が取得する。完全所有権の価額は，500万円（建物）＋3,000万円（土地）＝3,500万円であるため，配偶者は，その価額の約51％（＝18,018,696円÷3,500万円）を取得することになる。

　なお，上記のとおり，配偶者居住権の価額等は，原則として配偶者の平均余命年数を配偶居住権の存続年数として算定することとしてい

203・

第5章／相続財産

るが，配偶者が平均余命年数より短期間のうちに死亡する場合もあれ
ば，それより長く生存する場合もある。この場合には，配偶者の死亡
時までの期間と平均余命年数との間に差異が生じるため，当初の評価
額の修正の要否が問題となる。

　ただし，配偶者が短期間で死亡し又は長期間生存したとしても，そ
れをもって租税回避的な問題が生じたとはいえない。したがって，配
偶者の平均余命年数と実際の生存年数に差異が生じたとしても，当初
の配偶者居住権の価額を修正する必要はない。

2 配偶者居住権の評価に関する法定評価と通達評価の関係

　相続財産は，相続開始時における時価で評価するのが原則である（相
法22）。この場合の「時価」とは，客観的交換価値をいう，とするの
が判例・学説の多数意見であり，財産評価基本通達においても，「時
価とは，課税時期において，それぞれの財産の現況に応じ，不特定多
数の当事者間で自由な取引が行われる場合に通常成立すると認められ
る価額をいい，その価額は，この通達の定めによって評価した価額に
よる。」（評基通1(2)）としている。

　配偶者居住権の価額の評価方法についても財産評価基本通達にその
定めを置くことも可能ではあったが，実際には，相続税法の本法に評
価規定が設けられた。これは，相続税法22条に規定する「時価」の
意義との関係から，通達評価とすることに疑義が生じたためではない
かと推測される。

　民法の規律では，配偶者居住権は譲渡できないとされており（民法
1032②），その限りでは，相続税法22条にいう客観的交換価値はなく，
財産評価基本通達にいう「不特定多数の当事者間で自由な取引が行わ
れる場合に通常成立すると認められる価額」もないことになる。財産
評価基本通達は，相続税法22条の法令解釈通達という位置付けにあ
るが，客観的交換価値のない財産の評価方法を通達によって定めると，
その内容が相続税法22条に抵触する可能性がある。

　このため，配偶者居住権の価額は法定評価とされているのであるが，
法律で規定すれば，その規定が相続税法22条に対する一種の別段の

定めとして機能するため，上記の疑義が相当程度に解消することになると考えられる。

なお，配偶者居住権が譲渡できないことから，相続税の課税上はゼロ評価とするという考え方もあり得るが，税務においてゼロ評価にすると，「配偶者が配偶者居住権を取得した場合には，その財産的価値に相当する価額を相続したものと扱う。」とする民法の考え方との間で齟齬が生じ，実務が混乱しかねない。また，配偶者居住権が設定された土地建物について，その所有者の取得財産価額に一定の斟酌を行うと，その土地建物の価額の一部が課税から脱落することになる。これらの問題を勘案して，税務上も配偶者居住権の価額を評価することとしたものと考えられる。

3 配偶者居住権の時価評価の可否

配偶者居住権の価額について，法定評価とされていることからみて，その評価方法に基づく価額と異なる価額で申告することが認められるかどうかという問題がある。

相続財産の評価に関する原則規定は，相続税法22条であり，その財産の価額は，「時価」によることとし，時価に関する解釈指針が財産評価基本通達である。ただし，配偶者居住権が通達評価ではなく，法定評価とされたことから，同法22条の「時価」の解釈問題ではないこととなった。このため，相続税の計算においては，その法定評価によることが強制されることになり，いわゆる鑑定評価等に基づく時価申告は認められないことになる。

なお，遺産分割等を行うに際し，共同相続人間で配偶者居住権の価額について争いがある場合には，鑑定評価等を利用することになると考えられるが，当事者間の合意があれば，その合意した価額を基として遺産分割等を行うことに問題はない。ただし，その価額が税務上容認されるかどうかは別の問題である。

4 配偶者居住権に対する小規模宅地等の特例の適用

被相続人等の居住用宅地等が「特定居住用宅地等」の要件を満たせ

205

第5章／相続財産

ば，小規模宅地等の特例が適用され，330㎡を限度として，その価額から80%減額した金額が相続税の課税価格に算入される（措法69の4①，②二）。この場合において，配偶者が被相続人等の居住用宅地等を取得したときは，無条件で特定居住用宅地等に該当することとされている（措法69の4③二）。

また，同特例の適用対象になる宅地等とは，「土地又は土地の上に存する権利」とされている（措法69の4①かっこ書）。配偶者居住権は，建物に対する権利であるが，その敷地利用権は，「土地の上に存する権利」であることは間違いない。したがって，配偶者が取得した配偶者居住権のうち，建物の敷地利用権に対しては，同特例が適用されることになる。

なお，配偶者居住権が設定された土地建物の所有権者が子など配偶者以外の親族で，その親族がその建物に居住するなど，特定居住用宅地等の要件を満たす場合には，その土地の所有権部分についても同特例が適用される。ただし，配偶者と土地の所有権者の双方に特例が適用される場合であっても，特例の限度面積は330㎡である。この場合には，次の算式により，敷地の所有権部分の価額と敷地の利用権分の価額の比によりあん分して，限度面積要件を判定することとされている（措令40の2⑥）。

特例対象宅地等の面積＝

$$敷地面積 \times \frac{特例を選択適用する分母のいずれかの部分の価額}{敷地の所有権部分の価額＋敷地の利用権部分の価額}$$

┃5┃ 配偶者居住権の設定の登記と登録免許税

配偶者居住権の設定の登記は，建物に対して行う。その場合の登録免許税は，建物の価額（固定資産税評価額）に対し，1,000分の2の税率になる（登免法別表第一（三の二））。

なお，配偶者居住権の設定の仮登記に係る登録免許税の税率は，1,000分の1である（登免法別表第一（十二））。

6／配偶者居住権

6 配偶者の死亡により配偶者居住権が消滅した場合の相続税課税の有無

　配偶者居住権を設定した後，配偶者が死亡すると，その時点で配偶者居住権は消滅することとされている（民法1030）。配偶者居住権が消滅すれば，その目的とされた土地建物は，何らの制限のない完全所有権となる。

　ただし，配偶者居住権は，配偶者の一身専属的な権利であり，相続性はない。また，配偶者の死亡により配偶者居住権が消滅しても，配偶者からその土地建物の所有者に財産的価値が移転したことにはならない。

　したがって，配偶者が死亡したことにより配偶者居住権が消滅したとしても，その時点で相続税の課税関係は生じないことになる。

　この点は，配偶者居住権の存続期間が終身ではなく，例えば10年といった有期で設定された後，その存続期間が満了して配偶者居住権が消滅した場合も同様に贈与税等の課税関係は生じない。

7 配偶者の生存中に配偶者居住権の合意解除等があった場合の贈与税課税の有無

　配偶者居住権について，民法は譲渡できないこととされているが，その存続期間の中途で配偶者がその権利を放棄することや所有者との間で合意解除することは可能であると解されている。また，配偶者が民法1032条1項の用法遵守義務に違反した場合には，居住建物の所有者は，配偶者居住権を消滅させることができることとされている。

　このように配偶者居住権の存続期間の満了前に当事者間の合意解除等により配偶者居住権が消滅することがあるが，そのことによって居住建物の所有者は，その居住建物の使用収益ができることになる。この場合には，配偶者から居住建物の所有者に財産的価値（使用収益する権利）が移転したとみることができる。したがって，居住建物の所有者から配偶者に配偶者居住権の価額に相当する金銭の支払がない場合には，相続税法9条の規定により，配偶者から居住建物の所有者に贈与があったものとみなされてその所有者に贈与税が課税されることになると考えられる（相基通9-13の2）。

207

第5章／相続財産

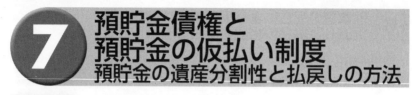

7 預貯金債権と預貯金の仮払い制度
預貯金の遺産分割性と払戻しの方法

質問

相続財産である預貯金は，遺産分割が成立するまで払戻しができないと聞きました。その払戻しをするにはどうしたらよいのでしょうか。
預貯金に対する法務と税務はどのようになっていますか。

法務の視点

1 預貯金の遺産分割性と平成 28 年 12 月の最高裁決定

金融機関に対する預貯金債権は，代表的な金銭債権であるが，金銭債権は，いわゆる可分債権であり，相続開始と同時に相続人が相続分に従って当然に取得するものとして遺産分割の対象にならないこととされていた（最判昭 29.4.8）。

この考え方によれば，相続人は，金融機関に対し，自己の相続分に応ずる預貯金の額の払戻し請求ができることになるが，金融機関は，共同相続人間の相続をめぐる紛争に巻き込まれることをおそれ，共同相続人の全員の合意がないと払戻し請求に応じていなかったというのが実状であった。

なお，相続の実務では，預貯金等の金銭債権を共同相続人の協議により分割を行う例が多かったが，これは，金銭債権を遺産分割の対象とすることについて，共同相続人の全員が合意した場合の例外的な方法と位置付けられていた。

この問題について，平成28年12月19日に最高裁大法廷は，従前の判例を変更し，次のとおり判示した。
① 預貯金債権は，共同相続人間において遺産分割協議の対象になる財産に該当する。

208

② 　共同相続人間で遺産分割協議が成立するまでは，相続人による
　 預貯金債権の行使はできないものとする。

　この結果，被相続人の遺産である預貯金については，遺産分割協議
が成立しない限り，相続人は，自己の相続分に応じる額であっても，
その払戻し請求をすることができないこととなった。

2 預貯金の仮払い制度

　相続財産としての預貯金について，上記のようになったため，相続
開始後，遺産分割が成立するまでの間が長期にわたる場合には，相続
人は生活その他に必要な資金が調達できないという現実的な問題が生
じるおそれがある。

　そこで，平成30年7月に成立した改正民法は，預貯金の仮払い制
度を創設した。その方法としては，家事事件手続法に基づいて家庭裁
判所の判断で払戻しができる方策と家庭裁判所の判断を経ないで払戻
しができる方策がある。

1● 家事事件手続法による仮払い制度

　遺産分割の審判又は調停の申立てがされている場合には，家庭裁判
所は，相続財産に属する債務の弁済，相続人の生活費の支弁その他の
事情により，遺産である預貯金の払戻しの必要があるときは，相続人
の申立てにより，その全部又は一部を仮に取得させることができるこ
ととされた（家事事件手続法200③）。

　注意したいのは，この方法は，遺産分割の審判又は調停の申立てが
されていることが前提であり，その申立てがされていない場合には，
預貯金の払戻しの申立てもできないことである。

　なお，この方策により払戻しを受けた預貯金は，遺産分割の対象に
なるとされている。

2● 家庭裁判所の判断を経ないで預貯金の払戻しができる場合

　共同相続人は，遺産分割が成立しない場合であっても，次の算式で
計算した金額の範囲内で，金融機関に対し，預貯金の払戻しを受ける

第5章／相続財産

ことができることとされた（民法 909 の 2）。

$$相続開始時の預貯金の額×\frac{1}{3}×その相続人の法定相続分$$

ただし，この場合は，預貯金の債務者（金融機関）ごとに 150 万円が払戻し請求の限度額となる（平 30 法務省令 29）。

したがって，小口の資金需要の場合には，この方法によることができるが，それ以上の資金を要する場合には，前記の家庭裁判所の判断による仮払い制度を利用することになると考えられる。

3 金融機関に対する払戻し請求の場合の限度額

上記のとおり，各共同相続人が金融機関に対して単独で払戻し請求ができる金額は，相続開始時の債権額の 3 分の 1 に，その払戻し請求をする共同相続人の法定相続分を乗じた額である。また，同一の金融機関から払戻しを受けることができる額は 150 万円が限度となる。

この場合の権利行使をすることができる預貯金債権の割合及びその額は，個々の預貯金債権ごとに判定することとされている。

【設例】

・払戻し請求をする相続人の法定相続分……2 分の 1
・相続開始時の預貯金の額
　A 銀行……普通預金 720 万円
　B 銀行……普通預金 600 万円，定期預金 1,200 万円

---

① A銀行から払戻しができる額
　$720 万円×\frac{1}{3}×\frac{1}{2}＝120 万円＜150 万円$
　したがって，120 万円が払戻し請求できる限度額になる。
② B銀行から払戻しができる額
　$(600 万円＋1,200 万円)×\frac{1}{3}×\frac{1}{2}＝300 万円＞150 万円$
　したがって，150 万円が払戻し請求できる限度額になる。
　（注）　B銀行の払戻し請求について，150 万円の範囲内であれば，どの口座から払戻しを受けるかは，その請求をする相続人の判断による。したがって，次のいずれでもよい（ただし，定期預金は満期が到来していることが

7／預貯金債権と預貯金の仮払い制度

前提になる）。

　・普通預金から80万円，定期預金から70万円の合計150万円
　・普通預金から60万円，定期預金から90万円の合計150万円
　　ただし，普通預金から150万円の払戻しを受けることはできない
　（150万円＞600万円×1/3×1/2＝100万円）。

4 金融機関からの預貯金の払戻しと遺産分割との関係

　共同相続人の権利行使により金融機関から払戻しを受けた預貯金債権については，その権利行使をした共同相続人が遺産の一部分割によりその預貯金を取得したものとみなされる（民法909の2後段）。

　もっとも，共同相続人の一部の者について，その払戻しを受けた額がその者の具体的相続分を超える場合には，その共同相続人はその超過部分を清算する義務を負うことになる。

設例
● 相 続 人……………………AとBの2人（法定相続分は各2分の1）
● 相続財産……………………………………1,000万円（預金のみ）
● Aに対する生前贈与（特別受益）…1,000万円
● Aが預金から払戻しを受けた額…… 100万円

① 遺産分割の対象となる財産の価額

（払戻し後の預金残額）　（Aが払戻しを受けた額＝一部分割により取得したとみなされる財産の額）
　　900万円　＋　　　　100万円　　　　＝1,000万円

② 各相続人の具体的相続分

A……$(1{,}000万円＋1{,}000万円) \times \frac{1}{2} － \underset{（特別受益）}{1{,}000万円} ＝ゼロ$

B……$(1{,}000万円＋1{,}000万円) \times \frac{1}{2} ＝1{,}000万円$

　この設例の場合には，遺産分割時に実在する相続財産は900万円しかないため，Bは，預金の残額900万円とAに対する代償金請求権100万円を取得することになる。したがって，Aは，Bに対し100万円の支払義務がある。

211

第5章／相続財産

5 家事事件手続法の規定により払い戻された預貯金と遺産分割との関係

　家事事件手続法200条3項の規定により，家庭裁判所の判断によって申立人に預貯金債権の一部を仮に取得させたとしても，遺産分割においては，その事実は考慮されない。

　したがって，仮分割された預貯金債権を含めて遺産分割の調停又は審判が行われることになる。

税務の視点

1 遺産分割前の預貯金の払戻しと相続税の課税

　遺産分割の前に共同相続人が金融機関に払戻し請求をした預貯金は，前述のとおり，その相続人が遺産の一部分割により取得したものとみなされる。したがって，当然のことながら，その預貯金の額はその相続人の相続税の課税価格に算入される。

　一方，家事事件手続法の規定により家庭裁判所の判断を経て払戻しを受けた預貯金は，前述のとおり遺産分割の対象になる。したがって，家庭裁判所における調停又は審判による遺産分割によって実際に取得した預貯金の額がそれぞれの相続人の相続税の課税価格に算入される。

　なお，共同相続人の全員の合意の下に，預貯金債権を遺産分割の対象とした場合には，その協議分割により取得した預貯金の額がそれぞれの者の相続税の課税価格に算入されることはいうまでもない。

2 預貯金の価額の評価

　相続税の課税価格に算入される預貯金の価額は，預入額に既経過利子の額を加算して評価することとされている。ただし，定期預金，定期郵便貯金等以外の預貯金については，課税時期の預入額が評価額になる（評基通203）。

① 定期預金，定額預金などの定期性預貯金等

預貯金の評価額＝

$$\substack{課税時期 \\ の預入額} + \left(\substack{課税時期に解約するとし \\ た場合の既経過利子の額} - \substack{既経過利子の額について源泉 \\ 徴収されるべき所得税等の額} \right)$$

② ①以外の預貯金で既経過利子の額が少額なもの

預貯金の評価額＝課税時期の預入額

上記①に関して，中間利息が支払われるものは，預入日から課税時期の前日までの期間について期限前解約利率によって計算した既経過利子の額から中間利息を差し引いた金額が，評価上の既経過利子の額になる。

なお，障害者等の元本350万円以下の少額預金等の利子については，所得税法において非課税とされている（所法10①）。この場合には，既経過利子の額から控除される源泉徴収税額はないが，その適用の有無は，相続人に適用される方法によることになる。

第 5 章／相続財産

8 預貯金以外の金銭債権
債権の分割の可否と実務の取扱い

質問

　被相続人の遺産として貸付金があります。預貯金以外の金銭債権は
遺産分割の対象にならないという説があるようですが，相続の実務で
は，相続人間で分割することも行われています。

　法務と税務の考え方は，どのようになっているのですか。また，遺
産分割に際しては，どのような点に留意すべきですか。

法務の視点

1 金銭債権の共同相続関係

　相続財産である金銭債権のうち預貯金債権については，前項で説明
したとおりであるが，預貯金債権以外にもさまざまな金銭債権がある。
例えば，貸付金債権，損害賠償請求権，不動産の賃料債権，被相続人
が事業者であった場合の売掛金債権などである。

　これらの金銭債権については，預貯金債権と異なり，可分債権とし
て，相続開始とともに当然に分割され，共同相続人間で遺産分割を行
うまでもなく，各相続人がその相続分に応じて承継することとされて
いる（最判昭 29.4.8）。

　この考え方は，従来から変わっておらず，前項で触れた平成 28 年
12 月 19 日の最高裁の決定後も同じである。

　なお，金銭債権が遺産分割の対象にならない理由としては，主とし
て次の点にあると考えられている。

①　債務者の資力喪失によるリスク……金銭債権は，債務者の資力
　によって経済的価値が変動することが多い。その危険を相続人が
　平等に負担すべきである。

• 214

② 債権額が不確定の場合の遺産分割の長期化……不法行為による損害賠償請求権などは，当事者間でその存否や金額について争いになることが多い。その債権が遺産分割の対象になるとすれば，その金額等が確定しない限り遺産分割ができないこととなり，相続手続が長期化するおそれがある。

なお，相続発生後に処分された不動産の売買代金に関して，最高裁は，「共同相続人が全員の合意により遺産分割前に遺産を構成する特定不動産を第三者に売却したときは，その不動産は遺産分割の対象から逸出し，各相続人は第三者に対し持分に応じた代金債権を取得し，これを個々に請求することができる」と判示している（最判昭52.9.19）。これも金銭債権が遺産分割の対象にならないという考え方が背景にあるものと解される。

2 共同相続人の合意による遺産分割

金銭債権に対する考え方は，上記のとおりであるが，前項の「預貯金債権」で述べたとおり，共同相続人の全員が合意した場合には，遺産分割の対象とすることができる。

したがって，その合意の下で，金銭債権を特定の相続人に承継させることは可能であり，実務においてもそのように取り扱っている例が多い。

税務の視点

1 貸付金債権の財産評価

貸付金，売掛金，未収入金，預け金（預貯金を除く），仮払金，その他これらに類するものの価額は，次の算式により計算した金額によって評価する（評基通204）。

貸付金債権等の価額＝元本の価額[注1]**＋利息の価額**[注2]

（注1） 元本の価額とは，返済されるべき金額をいう。

（注2） 利息の価額とは，課税時期現在の既経過利息として支払を受けるべき金額をいう。

第5章／相続財産

　なお，課税時期において，その債権の全部又は一部が一定の理由により債権回収が不可能又は著しく困難であると見込まれる場合においては，それらの金額は元本の金額に算入しないこととされている（評基通205）。

　この場合の一定の理由とは，例えば債務者について手形交換所の取引停止処分を受けていること，会社更生手続の開始の決定があったことなどをいう。

　また，債務者が業績不振のため又はその営む事業について重大な損失を受けたため，その事業を廃止し又は6か月以上休業しているときも，その元本を回収不能として取り扱うことができる。中小の同族会社では，その経営者が会社に対する貸付金を有している例が多いが，その貸付金についての相続税の可否は，この取扱いに基づいて判断することになる。

2 受取手形等の評価

　受取手形又はこれらに類するものの価額は，次の区分に応じ，それぞれ次により評価する（評基通206）。

①　課税時期に支払期日が到来している受取手形又は課税時期から6か月を経過するまでの間に支払期限が到来する受取手形等……券面額

②　上記以外の受取手形等……課税時期において銀行等の金融機関において割引を行った場合に回収し得ると認められる金額

　このうち②は，支払期日までの間が長期の受取手形については，課税時期時点で割引をした場合の割引料相当額を券面額から控除できるということである。

3 同族会社に対する金銭債権の放棄と同族会社の行為計算の否認規定との関係

　相続の開始前において，同族会社の経営者が会社に対する貸付金等の金銭債権を放棄した場合には，その貸付金債権等は相続税の課税財産から除外することができる。ただし，その債権放棄によって，相続税の負担が不当に減少したと認定されると，相続税法64条1項に規

216

定する同族会社の行為計算の否認規定が適用されるおそれがある。

この問題について，裁判例は「同族会社の行為とは，その文理上，自己あるいは第三者に対する関係において法律行為を伴うところのその同族会社が行う行為を指すものと解される。そうだとすると，同族会社以外の者が行う単独行為は，その第三者が同族会社と行う契約や合同行為とは異なり，同族会社の法律行為が介在する余地のないものである。」とし，個人の行う債権放棄は「単独行為」であり，「同族会社の行為」ではないから，相続税法64条1項の規定の適用はないとしたものがある（浦和地判昭56.2.25）。

この裁判例からみると，同族会社の経営者が行う生前の債権放棄に対しては，同族会社の行為計算否認規定の適用はないと考えられるが，債権放棄をするに至った経緯や事実関係は明確にしておく必要がある。

なお，経営者等からの債権放棄があれば，同族会社において債務免除益が計上されるため，法人税の課税関係について留意する必要がある。また，法人が債務免除を受けることによって純資産価額が増加し，その同族会社の株式の価額が上昇することになるが，その株価の変動分について，同族株主間のみなし贈与の問題が生じるおそれがあることにも注意する必要がある（相法9，相基通9-2）。

217

第5章／相続財産

家族名義の預金等
相続財産性と税務の取扱い

質問

被相続人は，相続開始の10年ほど前から相続人（子）と相続人以外の者（孫）の名義で，毎年100万円ずつの預金をしていました。預金の証書は，子名義のものは子本人に渡していましたが，孫名義のものは被相続人本人が保管していました。

遺産分割に当たり，孫名義のものは被相続人の財産として遺産分割の対象になるのではないかという疑問が生じました。どのように取り扱うべきでしょうか。

法務の視点

1 名義預金等の相続性

被相続人の遺産に属する財産かどうかは実質で判断すべきであり，たとえ被相続人以外の名義になっている財産であっても，その管理者が被相続人であり，かつ，その財産の取得資金が被相続人によって支出されている場合には，被相続人の財産であると判断することができる。この場合には，その財産の名義にかかわらず，相続財産として共同相続人間での遺産分割の対象になると考えられる。

もっとも，被相続人名義の財産であっても，他の者の借用名義と認められる場合には，遺産に属する財産ではない。

いずれにしても，被相続人の遺産に属するものであるかどうかは，その実態に応じて判定する必要がある。

2 名義預金等の遺産分割における取扱い

その財産の形成過程からみて，被相続人以外の名義であっても被相

9／家族名義の預金等

続人の遺産であると判断されるものは，共同相続人において遺産分割協議を行ってその取得者を決定することになる。この場合には，下記のように，被相続人の名義でない旨を遺産分割協議書に記載することが望ましい。

遺産分割協議書

1. ....
2. ....
3. 次の預金は，山田一郎（被相続人の孫）名義であるが，被相続人の遺産であることを確認し，相続人甲山花子が取得することとする。
   ○○銀行○○支店　定期預金（口座番号 123456）2,000 万円

なお，この場合には遺産分割の確定後，速やかにその預貯金や有価証券等を解約又は換金して，相続による取得者の名義に変更しておくべきである。

税務の視点

1 家族名義の預金等に対する相続税の課税の可否

被相続人以外の者の名義となっている財産について，相続税の課税対象になるか否かは，上記と同様に事実認定の問題であるが，実務では，その財産が被相続人から名義人に対して贈与されたものであるかどうかが問題になる。贈与事実が証明できれば，相続財産から除外できるが，そうでなければ相続税の課税財産に含まれる。次のような事実を勘案して判断することになる。

① 被相続人と財産の名義人との間で贈与契約書が作成されているかどうか（確定日付があるものは贈与事実の疎明資料として有効になる）。

219

第5章／相続財産

 ② 財産の名義人の年齢からみて，贈与契約が成立するかどうか。

 ③ 被相続人や財産の名義人の記録（預金通帳など）から，財産移転の事実が確認できるかどうか。

 ④ その預金等の金融機関への住所の届出は，どのように行われているか。

 ⑤ その預金等に使用されている印鑑は誰のものか。

 ⑥ その印鑑や預金通帳等は誰が管理していたか。

 ⑦ 贈与税の基礎控除額を超える額の財産移転があった年分について，贈与税の申告が行われているかどうか。

 このうち⑦について，贈与税の基礎控除額である110万円（平成12年分以前は60万円）以下の場合には，贈与税の申告義務はない。この場合には，①から⑥までの事実関係がより重要な判断材料になる。

 もっとも，こうした判断の結果，贈与の事実が明らかとなり，被相続人の遺産から除外されたとしても，その贈与が相続開始前3年以内で，かつ，その受贈者が相続又は遺贈により財産を取得した場合には，その贈与財産の価額が受贈者の相続税の課税価格に加算されることになる（相法19①）。

 また，被相続人からの受贈財産であっても，その贈与について受贈者が相続時精算課税の適用を受けた場合には，それ以後のその被相続人からの受贈財産は全て同制度が適用され，その受贈財産の贈与時の価額が受贈者の相続税の課税価格に算入される（相法21の15①，21の16①）。

2 ┃ 名義預金等の申告除外と重加算税

 国税の課税標準等の計算の基礎となるべき事実について，いわゆる仮装・隠蔽があった場合には，重加算税が賦課される（通則法68）。

 相続税における重加算税の課税要件である仮装・隠蔽の意義については，次のような国税庁の指針がある（平12.7.3付課資2-263ほか「相続税及び贈与税の重加算税の取扱いについて（事務運営指針）」の第1の1の⑤）。

 「相続人等が，その取得した財産について，例えば，被相続人の名

• 220

義以外の名義，架空名義，無記名であったこと若しくは遠隔地にあったこと又は架空の債務がつくられてあったこと等を認識し，その状態を利用して，これを課税財産として申告していないこと又は債務として申告していること。」

　これによれば，「被相続人以外の名義」の財産が被相続人の財産であることを認識した上で申告除外とした場合には，重加算税の対象になる。その財産の価額にもよるが，名義預金等については，重加算税の取扱いにも留意する必要がある。

第5章／相続財産

10 中小会社の名義株
名義株の確認と整理の方法

質問

　会社設立から40年が経った中小同族会社の経営者ですが，当社の株主名簿には，名義だけ株主となっている者が数人います。実質は私の株式ですが，どのように整理したらよいでしょうか。

法務の視点

1 名義株の発生原因

　平成2年の商法改正前は，株式会社の設立に際して発起人が7人以上必要であり，発起人は1株以上の株式を引き受けることとされていた。このため，同族会社の経営者の家族や知人等が発起人となり，実際には資本の払込みがないにもかかわらず，その会社の株主として記録され，結果として名義株のまま放置されている例が少なくない。

　このような名義株の存在は，経営者の相続等の際に真実の株主をめぐるトラブルが生じるおそれがある。したがって，名義株と思われるものについては，名義株となった経緯や事実関係を確認し，早期に真正な株主名簿を整えておく必要がある。

2 名義株かどうかの確認方法

　名義株と思われるものがある場合には，まず，それが実際に名義株であることを確認する必要がある。その確認・判定の方法について画一的なものはないが，次のような事実関係を総合して判定することになると考えられる。

　①　株券が発行されているかどうか。

　②　会社の設立時に株式の払込みの記録はあるか。

222

③　会社の設立後に増資等が行われている場合に，増資分の払込みの記録はあるか。

④　過去に配当が行われている場合の配当金の支払はどのように行われていたか（配当金の振込先，支払調書の住所・氏名など）。

⑤　過去の株主総会等における議決権の行使及び議事録の記載はどのようになっているか。

⑥　その名義人が株主であることを認識しているかどうか。

実際問題とすると，これらのうち⑥が重要な判断要素になると考えられる。可能であれば，名義人と思われる本人に事実関係を聴取し，名義株であることが確認された場合には，取締役会等で決議の上，株主名簿の変更・整備を行うことが望ましい。

税務の視点

1 名義株がある場合の同族会社等の判定

株主の判定は，実質に基づいて行うことは当然のことである。この点について，相続税に関する法令通達等には規定や取扱いはないが，法人税の取扱いでは，同族会社の判定に関して，「株主等」とは，株主名簿又は定款に記載又は記録されている株主等によるのであるが，その株主等が単なる名義人であって，当該株主等以外の者が実際の権利者である場合には，その実際の株主等とすることとされている（法基通1-3-2）。

2 名義株がある場合の相続税の扱い

名義株の取扱いについて，相続税法やその通達等には具体的な規定等はないが，実際の株主を基に税務が行われることは当然である。前述した名義株の確認・整理をし，その結果に基づいて申告等を行う必要がある。

223

第5章／相続財産

 遺産分割前に相続人が処分した遺産
相続開始後に処分された財産
についての遺産分割の可否

質問

　父に相続が開始しました。相続人は，長男，二男と私（長女）の3人です。遺産分割の協議をしようとしましたが，相続開始後に長男が父であると仮装して，遺産である預金から3,000万円を引き出したようです。
　この場合に，二男と私はどのように対応したらよいですか。

法務の視点

1　従前の取扱いと問題点

　遺産分割の対象になる財産は，次の①かつ②に掲げるものであるとするのが従前の相続実務であった。
　①　相続開始時に存在するものであること
　②　遺産分割時に存在するものであること
　この考え方によれば，共同相続人の1人が遺産分割前に遺産の一部を処分した場合には，その処分された財産を除いた遺産について，分割を行うことになるが，その結果，その処分をした共同相続人が得た利益は考慮しないこととなり，他の共同相続人との間で不公平が生じていた。次のような例である。

【設例】
- 相続人………AとBの2人（法定相続分は各2分の1）
- 遺　産………預金1,000万円とその他の財産500万円（合計1,500万円）
- 特別受益……Aに対する生前贈与1,000万円
- 遺産の処分…Aは，相続開始後に密かに預金から500万円を引き出した。

11／遺産分割前に相続人が処分した遺産

① Aの預金の引出しがなかったとした場合の相続分の計算

　Aの具体的相続分…$(1,500万円＋1,000万円)×\dfrac{1}{2}－1,000万円$
　　　　　　　　　　$＝250万円$

　Bの具体的相続分…$(1,500万円＋1,000万円)×\dfrac{1}{2}＝1,250万円$

　この場合，Aは遺産分割において250万円を取得し（生前贈与を含めると1,250万円を取得），Bは1,250万円を取得することになり，相続人間で不公平は生じない。

② Aの預金の引出しがあった場合の従前の考え方

　遺産分割の前に共同相続人が遺産に属する財産を処分した場合の処理方法について，民法には明文の規定はなかったが，次のように処理されていた。

　上例の場合，各相続人の具体的相続分の計算は①と同じである（A＝250万円，B＝1,250万円）。ただし，遺産分割時に実在する財産は，1,500万円－500万円（Aの預金からの引出額）＝1,000万円であり，これを具体的相続分の比率であん分する（1万円未満は四捨五入）。

　A……$1,000万円×\dfrac{250万円}{250万円＋1,250万円}＝167万円$

　B……$1,000万円×\dfrac{1,250万円}{250万円＋1,250万円}＝833万円$

　この結果，最終的な取得額は，次のようになり，両者の間で不公平になる。

　A……1,000万円(生前贈与)＋500万円(預金引出額)＋167万円(遺産分割)＝1,667万円

　B……833万円(遺産分割)

　ところで，上例の場合，Aの500万円の預金の引出額は，1,000万円の預金に対する法定相続分に相当する額の払戻しであるが，遺産分割の対象になる財産について，その相続人の法定相続分以内の処分であっても，その処分のうち他の共同相続人の法定相続分の額に相当する額については，不当利得が成立することとされている（最判平26.9.25）。

　上例において，Bは，Aに対して法定相続分に従った250万円（＝500万円×1/2）の損害賠償請求又は不当利得返還請求をすることができる。ただし，Bが損害賠償請求権又は不当利得返還請求権を行使したとしても，法定相続分の範囲内の金額（上例の場合は250万円）となるため，

225

第5章／相続財産

最終的な取得額は，次のようになり，依然として不当な払戻しをしたAの方が多額の利益を得ることになる。

A……1,667万円－250万円＝1,417万円

B…… 833万円＋250万円＝1,083万円

2 改正民法による相続人間の公平を維持するための規律

上記のような問題に対する方策として，平成30年7月に成立した改正民法は，次のような規律を設け，共同相続人間の公平を図ることとした（民法902の2）。

① 遺産の分割前に遺産に属する財産が処分された場合であっても，共同相続人は，その全員の同意により，その処分された財産が遺産の分割時に存在するとみなすことができる。

② ①にかかわらず，共同相続人の1人又は数人により①の財産が処分されたときは，他の共同相続人については，その処分した相続人の同意を得ることなく，その処分された財産を遺産分割の対象とすることができる。

この結果，上記1の例の場合には，上記の「①Aの預金の引出しがなかったとした場合の相続分の計算」のように処理することできることとなり，相続人間で公平な財産の取得ができることとなった。

3 遺産分割前の財産処分について争いがある場合の対応

上記の改正は，遺産分割の前に財産を処分した者（上例のA）が明らかな場合であり，Aの合意を得ることなく遺産分割の対象とすることができるとする規律である。

問題は，遺産分割前に遺産に属する財産が処分された場合において，その処分をした者が誰であるかについての争いがあるときである。この場合には，その処分された財産が遺産に含まれることの確認を求める民事訴訟を提起する以外に方法はない。

設例

●相続人…………AとBの2人

●遺産の処分……遺産分割前に預金の一部が引き出される。

11／遺産分割前に相続人が処分した遺産

- Aの主張………Bが預金を引き出したものであり，その額は遺産とみなすべきである。
- Bの主張………預金は自分が引き出したものではない。

この場合のAは，次のような対応をすることになると考えられる。

① Aは，次の点を主張して，その処分された（預金から引き出された）財産は，遺産に含まれることの確認を求める訴えを地方裁判所に提起する。

イ その処分された財産が相続の開始時に被相続人の遺産に属していたこと

ロ その処分された財産を処分したのはBであること

ハ Aは，その処分された財産を遺産分割の対象とすることに同意していること

② その民事訴訟において，上記イからハまでの事実がいずれも存在するものと認定され，その判決が確定した場合には，家庭裁判所にその事実を前提に遺産分割の審判を求める旨を申し出る。

税務の視点

1 遺産分割前の財産処分と相続税の申告

相続税は，相続開始時の被相続人の財産に対して課税することとされているため，相続の開始後，遺産分割を行う前に処分された財産があったとしても，当然のことながら，その財産は相続税の課税対象になる。

この場合，相続税の申告を行う前に，上記の民法の規定によってその処分された財産を含めて共同相続人間で遺産分割が確定したときは，その分割内容に従って相続税の申告を行うことが可能になる。

ただ，相続税の申告を行う時までに，その処分された財産について上記の処理ができなかった場合には，その財産は未分割遺産として相続税の申告をせざるを得ないと考えられる。その後に遺産分割が確定したときは，事後的に更正の請求，修正申告及び期限後申告を行うこ

227

第5章／相続財産

とになる。

2 遺産分割前の財産処分者が不明の場合の相続税の申告

遺産分割前に処分された財産について，その処分した者に関して争いとなっている場合には，上記で説明した民事訴訟となる可能性が高い。

こうした問題が生じた場合には，その争いが決着するまで相当の時間を要すると考えられるから，相続税の申告期限までに共同相続人間で遺産分割を確定させることは，実際問題として困難である。この場合には，その処分された財産は，未分割遺産として共同相続人がその相続分に従って取得したものとして課税価格を計算し，相続税の申告を行わざるを得ない。その上で申告後にその争いが決着したときは，事後的な税務処理によって清算することになる。

228

12／持分会社の出資持分

12 持分会社の出資持分
出資持分の相続性と評価

質問

　合名会社の出資持分や合資会社の出資持分は，相続することができる場合とできない場合があるようですが，どのように取り扱われているのでしょうか。また，持分の評価について，非上場株式との違いはあるのでしょうか。

法務の視点

1 持分会社における無限責任と有限責任

　合名会社，合資会社及び合同会社を「持分会社」と総称しており（会社法575①），その定款には，社員が無限責任社員であるか，有限責任社員であるかの別を記載することとされている（会社法576①）。

　このうち無限責任社員とは，会社債権者に対して直接かつ無限に連帯して会社の債務を弁済する社員をいい，有限責任社員とは，出資の価額を限度として会社の債務を弁済する責任を負う社員をいう。

　なお，合資会社は，無限責任社員と有限責任社員とからなるが，合名会社と合同会社は，全ての社員が有限責任社員である。

2 持分会社の持分の相続性

　持分会社は，その社員が死亡した場合に，その持分をその社員に承継する旨を定款で定めることができる（会社法608①）。

　一方，社員の死亡は退社の原因となる（会社法607①）。いわゆる法定退社であるが，この場合には，出資持分が死亡した者の相続人に承継された場合を除き，その払戻しを受けることができることとされている（会社法611①）。

229

第5章／相続財産

税務の視点

1 持分会社の持分の相続税評価

　持分会社の定款において持分の相続が認められる場合には，その相続人が持分を承継し，その会社の社員となる。この場合には，その持分が死亡した社員の相続財産となり，相続税の課税対象になる。

　その出資持分の価額について，財産評価基本通達は，取引相場のない株式の評価方法に準じて計算した価額によって評価すると定めているのみである（評基通194）。したがって，その持分会社の規模（大会社・中会社・小会社）の区分に応じ，類似業種比準方式，純資産価額方式又は配当還元価額方式により評価することになる。

2 持分の払戻しを受ける場合の評価

　持分会社の社員が死亡したことにより退社し，相続人が持分の払戻しを受ける場合には，「持分払戻請求権」を取得したことになり，その債権に対して相続税が課税される。

　この点に関連して会社法は，「退社した社員と持分会社との間の計算は，退社の時における持分会社の財産の状況に従ってしなければならない。」（会社法611②）と定めている。この規定を前提とすると，持分払戻請求権の価額は，いわゆる純資産価額方式によって評価することになると考えられる。

3 持分会社が債務超過である場合の債務控除

　持分会社（合資会社）の社員が無限責任社員であり，評価会社であるその合資会社が債務超過である場合のその超過部分は，無限責任社員の連帯債務となる（会社法580，586，612）。

　したがって，相続人がその債務を負うこととなる。このため，相続税の課税価格の計算上，債務を負担した相続人について債務控除の規定を適用することができる（相法13①）。

230

13／ゴルフ会員権

13 ゴルフ会員権
会員権の形態による相続性の差異と評価

質問

　被相続人は，預託会員制と社団法人制のゴルフクラブの会員権を所有していました。そのいずれについても相続が可能でしょうか。また，相続税の申告に際しての評価は，どのように行うのでしょうか。

法務の視点

1 ゴルフ会員権の種類と法的性格

　ゴルフ会員権には，預託金形態，株主形態，社団法人形態の３種類があるといわれるが，その大部分は預託金形態である。

　預託金形態のゴルフ会員権は，会員となる者がゴルフ場会社に入会保証金を預託するとともに，ゴルフ場会社との間で入会契約を締結することによって生ずる契約上の地位である。

　その法的性格は，ゴルフ場施設優先的利用権（プレー権），入会金（預託金）返還請求権，年会費支払義務が一体となった債権債務関係であると考えられている。

2 ゴルフ会員権の相続性

　ゴルフ会員権の相続性について，ゴルフクラブの会則等の内部規約に会員が死亡したときは会員資格を失う旨の定めがある場合について，ゴルフクラブの会員たる地位は一身専属的なものであって相続の対象となり得ないとして，その相続性を否定する判例がある（最判昭53.6.16）。

　ゴルフ場会社が相続を認めない規約を設けているのは，ゴルフクラブの会員資格は，会員の人格，信用力，年齢等が重視されること，ま

231

第5章／相続財産

た，遺産分割が成立するまでの間は，会員権の帰属が不明確となることを防ぐことを考慮したものであり，相互の親睦を目的とするゴルフクラブの性格からみて不合理ではないといわれている。相続が認められない場合には，預託金返還請求権や年会費支払義務が通常の金銭債権又は金銭債務として相続されることになる。

これに対し，預託金制のゴルフクラブにおいて，会員の相続に関する規約等の定めがない場合に関して，一定の条件のもとに，その地位の相続を認める判例がある（最判平9.3.25）。この事案は，会員の相続に関する規約等がない場合であっても，規約の中にゴルフクラブの理事会の承認を受けて会員としての地位の譲渡を認める規定があることを踏まえ，その規約に準じて会員としての地位の相続を認めたものである。

このように裁判例は分かれているが，預託金形態のゴルフ会員権については，多くの場合，その相続性が認められている。

ゴルフ会員権が相続財産となり，複数の相続人がいる場合には，遺産分割によって特定の相続人がその会員権を承継することになる。ゴルフ会員権の法的性格は，前述したとおり，ゴルフ場施設優先的利用権，預託金返還請求権，年会費支払義務が一体となった債権債務であり，これらの権利等を分離して複数の相続人が取得することはあり得ない。

なお，社団法人形態のゴルフ会員権は，社団法人の社員権であることから，原則として一身専属的であり相続の対象とはならない。ただし，株主形態のゴルフ会員権は，株式が自由に譲渡できることから，原則として相続の対象になるものと解される。

税務の視点

1 ゴルフ会員権の財産評価

相続が可能なゴルフ会員権に対して相続税が課税されることはいうまでもない。財産評価基本通達では，ゴルフ会員権の価額は，次表のように評価することとしている（評基通211）。

13／ゴルフ会員権

●ゴルフ会員権の財産評価方法

区　分		評価方法
取引相場あり	（原則）	通常の取引価格の70％相当額
	（例外）取引価格に含まれない預託金等がある場合	〔通常の取引価格の70％相当額〕＋〔返還時期に応じた預託金等の評価額〕（注）
取引相場なし	株式制の会員権	株式として評価した金額
	株式制であり，預託金等の預託が必要な会員権	〔株式として評価した金額〕＋〔返還時期に応じた預託金等の評価額〕（注）
	預託金制の会員権	返還時期に応じた預託金等の評価額（注）
プレー権のみ		評価しない

（注）　返還時期に応じた預託金等の評価額は，次の①と②の金額の合計額になる。
　　　①　課税時期において直ちに返還を受けることができる預託金等……ゴルフクラブの規約等に基づいて課税時期において返還を受けることができる金額
　　　②　課税時期から一定の期間を経過した後に返還を受けることができる預託金等……ゴルフクラブの規約等に基づいて返還を受けることができる金額の課税時期から返還を受けることができる日までの期間に応ずる基準年利率による複利現価の額

2 金銭債権として評価するゴルフ会員権

　ゴルフ会員権は，施設利用権（プレー権）と預託金返還請求権が一体となったものであるが，プレーが不可能になれば，預託金返還請求権のみとなる。この場合には，預託金の返還を求める金銭債権になると考えられるため，前述した預貯金以外の金銭債権と同様になる。したがって，債権の回収が不可能又は著しく困難であると認められるときは，相続税の課税財産から除外することができる。

　この考え方は，ゴルフ場会社が倒産した場合のほか，会員であった被相続人が会員権を返還（ゴルフ場を脱退）した後，預託金の返還を受ける前に相続が開始した場合も同様である。

第5章／相続財産

3 名義変更料の債務控除の可否

　相続が可能なゴルフ会員権の場合には，相続に伴って相続人名義に変更する際に，手数料の支払を要するのが一般的である。ただし，その名義変更手数料は被相続人の債務ではない。したがって，相続税の債務控除はできないことになる。

4 名義変更料の譲渡所得課税における取得費性

　譲渡所得の金額の計算において，相続，遺贈又は贈与により取得した資産については，限定承認相続によるものを除き，取得費や取得時期は，被相続人又は贈与者のものを引き継ぐこととされている（所法60①）。

　この場合において，その相続等に係る相続人等が譲渡した資産を取得するために通常必要と認められる費用を支出しているときは，その費用のうち各種所得の金額の計算上必要経費に算入されたものを除き，譲渡所得の金額の計算では取得費に算入できることとされている（所基通60-2）。

　ゴルフ会員権を相続等により取得した場合に支出した名義変更料は，「資産を取得するために通常必要と認められる費用」に該当する。したがって，相続等により取得したゴルフ会員権をその後に譲渡した場合には，その名義変更料を取得費に算入して譲渡所得の金額を計算することができる。

14 生命保険金
保険金請求権の法的性質と相続税の非課税

質問

被相続人の死亡を保険事故とする生命保険契約がありますが、受取人は、相続人のうち長男だけで、他の相続人に保険金収入はありません。この結果、保険金を除外して遺産分割を行うと相続人間で取得額にアンバランスが生じますが、どのように考えるべきでしょうか。

また、死亡保険金に対する相続税の扱いは、どのようになりますか。

法務の視点

1 生命保険金の法的性格と遺産分割性

被相続人の死亡を保険事故として、相続人その他の者が取得する生命保険金は、保険者（保険会社）から受取人に直接支払われるものであり、相続という法的効果によって被相続人から承継するものではない。したがって、生命保険金は保険金受取人の固有財産であり、遺産分割の対象にはならない。

この点について、判例は、「被保険者死亡の場合の保険金受取人が単に『被保険者死亡の場合はその相続人』と指定された時は、特段の事情のない限り、右契約は、被保険者死亡の時における相続人たるべき者を受取人として特に指定したいわゆる『他人のための保険契約』と解するのが相当である」とした上で、「当該保険金請求権は、保険契約の効力発生と同時に、右相続人たるべき者の固有財産となり、被保険者の遺産より離脱しているものと解すべきである」としている（最判昭40.2.2）。

生命保険金が受取人の固有財産とされていることから、その受取人が相続の放棄をしても、当然に保険金を取得することになる。また、

第5章／相続財産

受取人が相続について限定承認をした場合でも，その保険金をもって相続債務の弁済に充てる必要はない。

　なお，保険金の受取人が「被相続人」とされている場合には，その保険金請求権がいったん被相続人に帰属することになるため，その保険金は遺産分割の対象になると考えられる。

　以上をまとめると，おおむね次のようになる。

●生命保険の契約形態と遺産分割の要否

保険契約の内容			相続手続上の取扱い	
保険契約者 （保険料負担者）	被保険者	保険金受取人	保険金の性格	遺産分割の可否等
被相続人	被相続人	相続人等	受取人の固有財産	● 遺産分割の対象にならない。 ● 受取人の固有財産であるため，受取人が相続放棄をしても保険金を取得する。 ● 受取人が限定承認した場合でも，その保険金をもって相続債務の弁済をする義務はない。
被相続人	被相続人	被相続人	被相続人の遺産	● 遺産分割の対象になる。

▌2 生命保険金の受取人の意義

　生命保険契約における「受取人」が死亡した場合には，本来は，契約者が改めて受取人を指定することになる。ただ，その受取人の変更・指定がないまま保険事故が発生した場合には，受取人と保険金の受取割合が問題となる。

　この点については，判例は「生命保険金の指定受取人の法定相続人とその順次の法定相続人とが保険金受取人として確定した場合には，

各保険金受取人の権利の割合は，民法 427 条の規定により，平等の割合によるべきものと解すべきである。」とし，その保険金は各共同相続人に均等に帰属するとしている（最判平 5.9.7）。

　一方，生命保険金の受取人が「相続人」とされている場合の保険金は，各共同相続人に相続分の割合に応じて帰属することになる。この点についての判例の要旨は，次のとおりである（最判平 6.7.18）。

　「保険契約において，保険契約者が死亡保険金の受取人を『相続人』と指定した場合には，特段の事情がない限り，右指定には，相続人が受け取るべき権利の割合を相続分の割合とする旨の指定も含まれていると解するのが相当である。けだし，保険金受取人を単に『相続人』と指定する趣旨は，保険事故発生までに被保険者の相続人となるべき者に変動が生ずる場合にも，保険金受取人の変更手続をすることなく，保険事故発生時において相続人である者を保険金受取人と定めることにあるとともに，右指定には相続人に対してその相続分の割合により保険金を取得させる趣旨も含まれていると解するのが保険契約者の通常の意思に合致し，かつ，合理的と考えられるからである。したがって，保険契約者が死亡保険金の受取人を被保険者の『相続人』とした場合に，数人の相続人がいるときは，特段の事情がない限り，民法 427 条にいう『別段の表示』である相続分の割合によって権利を有するという指定があったものと解すべきであるから，各受取人の有する権利の割合は，相続分の割合になるものというべきである。」

▎3 ▏生命保険金の特別受益の該当性

　生命保険金を民法 903 条の特別受益として，いわゆる持戻しの対象になるかどうかについては，第 2 章の「3　特別受益者の相続分」の項（65 ページ）で最高裁の判断を引用して説明したとおりである。

　すなわち，死亡保険金請求権は，遺贈・贈与に係る特別受益には該当しないが，その金額について，保険金受取人とその他の共同相続人との間に生ずる不公平が民法 903 条の趣旨に照らして是認できないほど著しいと評価される場合には，同条の類推適用により，当該保険金請求権を特別受益に準じて持戻しの対象になるということである。

237

第5章／相続財産

税務の視点

1 生命保険金とみなし相続財産

被相続人の死亡により相続人その他の者が生命保険契約の保険金又は損害保険契約の保険金（偶然な事故に基因する死亡に伴い支払われるものに限る）を取得した場合には，その保険金受取人は，その取得した金額のうち，次の算式により計算した金額を被相続人から相続又は遺贈により取得したものとみなされる（相法3①一）。

$$保険金の額 \times \frac{分母のうち被相続人が負担した保険料の金額}{その契約に係る保険料で被相続人の死亡の時までに払い込まれたものの全額}$$

生命保険金は，被相続人の本来の相続財産ではないが，その経済的実質が相続による財産の取得と同様であるため，相続税の課税対象としている。

なお，保険金の受取人が相続人である場合には，その保険金を相続によって取得したものとみなされ，その受取人が相続人以外の者である場合には，遺贈によって取得したものとみなされる。

ところで，保険金を受け取る場合において，その保険契約に基づいて保険金とともに剰余金（社員配当金又は契約者配当金）や前納保険料の支払を受けることがある。これらは，本来の相続財産ではなく，みなし相続財産に含まれるものである（相基通3-8）。したがって，相続人に係る生命保険金の非課税金額は，受取保険金の額とこれら剰余金等の額の合計額を基に計算することになる。

2 相続人の取得した保険金に対する非課税

生命保険金は，上記により相続税の課税対象になるのであるが，その保険金を取得した者が相続人である場合には，相続により取得したとみなされる保険金のうち一定の金額が非課税として控除される。非課税となる金額は，次の算式によって計算する（相法12①五，相基通12-9）。

① （相続人の全員が取得した保険金の合計額）≦（保険金の非課税

238

14／生命保険金

限度額）の場合……取得した保険金の全額

② （相続人の全員が取得した保険金の合計額）＞（保険金の非課税限度額）の場合……次の算式による金額

$$保険金の非課税限度額^{(注)} \times \frac{その相続人が取得した保険金の額}{全ての相続人が取得した保険金の合計額}$$

（注） 保険金の非課税限度額＝500万円×法定相続人の数

　保険金の非課税規定の適用対象者は，相続人に限られ，相続人以外の者が取得した保険金には適用されない。この場合の相続人とは，第1章の「1　相続人」の項（4ページ）で説明したとおり，相続の放棄をした者及び相続権を失った者を含まないという意味の相続人のことである（相法3①本文かっこ書）。したがって，相続の放棄をした者やもともと相続権のなかった者が取得した保険金については，その全額が相続税の課税対象となる。

　また，上記の非課税限度額の計算における「法定相続人」についても既に説明したとおり，相続の放棄があった場合は，その放棄がなかったものとした場合の相続人をいう（相法15②）。この場合に，養子の人数制限規定が適用される場合には，非課税限度額の計算に影響することも第1章で述べたとおりである。

3 生命保険金の受取人以外の者が取得した場合の贈与税課税

　生命保険金は，保険契約において指定された受取人の固有財産であり，原則として共同相続人間での遺産分割の対象にならない。このような保険金の法的性格からみると，その指定された受取人以外の者が保険を取得した場合には，受け取るべき者に対して相続税が課税されるとともに，その受け取るべき者から実際に取得した者にその保険金相当額の贈与があったことになり，贈与税の課税問題が生じることになる。

第5章／相続財産

15 生命保険契約に関する権利
その権利の相続性と税務の取扱い

質問

　被相続人が契約者で保険料を払い込んでいた生命保険契約があります
が，被保険者は被相続人の配偶者です。被相続人が死亡しても保険
金の支払はありませんが，法務・税務はどのように扱われますか。

法務の視点

1 被相続人の遺産となる生命保険契約に関する権利

　相続開始の時に次のような生命保険契約があったとしても，保険事
故（被保険者の死亡）が発生していないため，保険金の支払はない。

- 保険契約者…………被相続人
- 保険料の負担者……被相続人
- 被保険者……………被相続人の配偶者
- 保険金受取人………被相続人の子

　この保険契約が中途で解約をしても返戻金があるものであれば，被
相続人が積立をしていた場合と同様である。したがって，相続開始時
において，その保険契約を解約したと仮定した場合の解約返戻金相当
額が被相続人の遺産となる。

　このような保険契約の場合には，契約者が死亡したため，相続人が
その契約を引き継ぐことになるが，遺産分割協議等において，その引
き継ぐ者を決定した場合には，その者が生命保険契約に関する権利を
取得したものとされる。

　なお，その生命保険契約に係る保険料がいわゆる掛捨てのものであ
る場合には，財産的価値はなく，相続財産にはならない。

• 240

15／生命保険契約に関する権利

2 被相続人の遺産にならない生命保険契約に関する権利

相続開始の時に次のような生命保険契約があった場合には，上記と同様に保険事故（被保険者の死亡）が発生していないため，保険金の支払はない。

- 保険契約者…………被相続人の配偶者
- 保険料の負担者……被相続人
- 被保険者……………被相続人の配偶者
- 保険金受取人………被相続人の子

この生命保険契約の場合，その解約をする権利は，契約者である配偶者にあるが，中途解約の場合に返戻金がある契約であれば，その配偶者は，被相続人が払い込んだ保険料に対応する解約返戻金を受けることができる。したがって，保険契約そのものは財産的価値を有している。

ただし，保険契約者である配偶者が生存しているため，被相続人の遺産は構成しない（相続税法上のみなし相続財産になる）ことから，遺産分割の対象にはならない。この場合の生命保険契約に関する権利の課税対象者は，保険契約者である。

以上の**1**及び**2**をまとめると，次のようになる。

●生命保険の相続財産性の判断

保険契約者	保険料の負担者	相続財産性
被相続人	被相続人	被相続人の遺産になる（遺産分割の対象になる）。
被相続人以外の者	被相続人	相続人（保険契約者）の固有財産であり，相続税法上のみなし相続財産になる（遺産分割の対象にならない）。

税務の視点

1 生命保険契約に関する権利の財産評価

生命保険契約に関する権利は，文字どおり権利であり，相続開始時

241

第5章／相続財産

に金銭的収入はない。このため，その権利の価額を評価する必要がある。

　生命保険契約に関する権利の価額は，相続開始の時においてその契約を解約するとした場合に支払われることとなる解約返戻金の額によって評価することとされている。この場合に，解約返戻金のほかに支払われることとなる前納保険料の金額，剰余金の分配額等があるときは，これらの金額を加算し，解約返戻金の額につき源泉徴収されるべき所得税の額に相当する金額がある場合には，その金額を減算した金額によって評価することになる（評基通214）。

　実務とすれば，保険者（保険会社）に解約返戻金の額の算定を依頼することになる。

2 損害保険契約に関する権利の財産評価

　ところで，相続税法には，みなし相続財産となる生命保険契約に関する権利の規定はあるが（相法3①三），損害保険契約に関する権利について特別の定めはない。

　ただし，解約返戻金のある損害保険契約の場合には，生命保険契約に関する権利と同様に相続税の課税対象になると考えられる。このため，貸家等を共済目的とする建物更生共済契約もその権利の価額を評価する必要がある。

　その価額は，生命保険契約に関する権利と同様に相続開始時における解約返戻金の額になると考えられる。実務的には，被共済者（農業協同組合等）にその価額の算定を依頼したほうがよい。

16／死亡退職金

16 死亡退職金
その法的性質と税務の取扱い

質問

死亡退職金が相続人の固有財産となる場合と，相続財産となる場合とがあるようですが，その区分はどう考えるべきですか。また，死亡退職金の税務上の取扱いは，どのようになっていますか。

法務の視点

1 死亡退職金の法的性質

死亡退職金とは，一般企業の従業員や公務員が在職中に死亡した場合に，その者に支給されるべきであった退職金が相続後に遺族に支給されるものである。

その受給権者について，その範囲や順位は労働協約，就業規則又は退職金規程等により定められるのが一般的であり，公務員の場合には法律又は条令で定められている。

死亡退職金の法的性質について，就労者の生前に支払われるべき賃金の一部が積み立てられ，退職時にまとめて支払われるものとする賃金後払説によれば，被相続人の遺産に属する財産であるという考え方ができる。

ただし，判例は，法律又は規約等により受給権者の範囲や順位が定められていることからみて，相続財産に属するものではなく，それを受給する遺族の固有の財産であるとしている（最判昭 55.11.27）。

したがって，死亡退職金は遺産分割の対象になるものではないと考えられる。もっとも，死亡退職金の受給者を定める規程等がない場合は，相続財産として遺産分割の対象にせざるを得ない。

なお，死亡退職ではなく，生前退職による退職金を相続後に相続人

243

第5章／相続財産

等が支給を受けるものは，被相続人に帰属していた受給権であり，遺産を構成することになると考えられる。

2 死亡退職金の特別受益の該当性

死亡退職金が民法903条の特別受益に該当するどうかについて，明確な判断基準はない。死亡退職金が有する受給権者の生活保障的機能と共同相続人間の実質的公平とを勘案して事案ごとに判断せざるを得ないと考えられる。

税務の視点

1 退職手当金等とみなし相続財産

被相続人の死亡により相続人その他の者がその被相続人に支給されるべきであった退職手当金，功労金その他これらに準ずる給与で，被相続人の死亡後3年以内に支給が確定したものの支給を受けた場合には，その退職手当金等の支給を受けた者について，その退職手当金等を被相続人から相続又は遺贈により取得したものとみなされる（相法3①二）。

退職手当金等は，生命保険金と同様に，被相続人の本来の相続財産ではないが，その経済的実質からみて相続による財産取得と同視できるため，相続財産とみなして相続税の課税対象とされている。

相続税が課税される者，すなわち退職手当金等の支給を受けた者とは，次に掲げる者をいう（相基通3-25）。

① 退職給与規程等の定めにより，その支給を受ける者が具体的に定められている場合……その退職給与規程等により支給を受けることとなる者

② 退職給与規程等により支給を受ける者が具体的に定められていない場合又はその被相続人が退職給与規程等の適用を受けない者である場合……次による。

　イ 相続税の申告書を提出する時又は国税通則法による更正もしくは決定の時までにその被相続人に係る退職手当金等を現実に

16／死亡退職金

取得した者があるとき……その取得した者
ロ　相続人全員の協議によりその相続人に係る退職手当金等の支
給を受ける者を定めたとき……その定められた者
ハ　イ及びロ以外のとき……その被相続人に係る相続人の全員
（この場合には，各相続人は，その被相続人に係る退職手当金
等を各人均等に取得したものとして取り扱う）

相続税の課税対象になるのは，被相続人の死亡後3年以内に支給が
確定したものであり，3年を経過した後に支給額が確定するものは，
その支給を受けた者に対し，一時所得として所得税が課税される。もっ
とも，被相続人が退職給与規程等の適用を受ける者である場合には，
死亡（退職）と同時にその規定等に基づいて支給額が確定する。した
がって，相続開始後3年以内に支給額が確定するかどうかというのは，
退職金について株主総会等の決議を要する法人の役員の場合である。

なお，被相続人が受けるべきであった賞与の額が被相続人の死亡後
に確定したものは，退職手当金等には該当せず，本来の相続財産とな
る（相基通3-32）。また，相続開始の時において支給期の到来してい
ない給料等も同様に，みなし相続財産ではなく，本来の相続財産とな
る（相基通3-33）。

2 ┃ 弔慰金等の取扱い

ところで，相続税の課税対象になる退職手当金等とは，支給の名義
には関係ない。実務では，死亡退職金，功労金，弔慰金等と称して金
銭の支給が行われることがあるが，その実質が退職金であれば，みな
し相続財産として相続税の課税対象になる（相基通3-18）。

しかしながら，弔慰金等の名義で支給されるものは，遺族に対して
文字どおり弔意を表すためのものであり，直ちに退職金として課税す
ることは適切とはいえない。ただ，その弔慰金等のうち実質な退職金
部分を判定することは，実際問題として困難である。

そこで，相続税の取扱いでは，次のような形式的な基準で非課税と
なる弔慰金等と課税対象になる退職手当金等に区分することとしてい
る（相基通3-20）。

245

第5章／相続財産

① 被相続人の死亡が業務上の死亡である場合……弔慰金等のうち，被相続人の死亡時の普通給与の3年分を弔慰金等として非課税とし，それを超える部分を退職手当金等として課税対象とする。

② 被相続人の死亡が業務上の死亡でない場合……弔慰金等のうち，被相続人の死亡時の普通給与の半年分を弔慰金等とみて非課税とし，それを超える部分を退職手当金等として課税対象とする。

なお，この場合の「業務上の死亡」とは，直接業務に起因する死亡又は業務と相当の因果関係があると認められる死亡をいうものとされている（相基通3-22）。その具体的な判定に当たっては，労働者災害補償保険法における労働基準局の行政先例（いわゆる労災認定）に準ずることになると考えられる。

したがって，次のような場合は業務上の死亡に該当することになる。

① 自己の業務遂行中に発生した事故により死亡した場合

② 自己の担当外の業務であっても，雇用主の営む業務の遂行中の事故により死亡した場合

③ 出張中又は赴任途上において発生した事故により死亡した場合

④ 自己の従事する業務により職業病を誘発して死亡した場合

⑤ 作業の中断中の事故であっても，業務行為に附随する行為中の事故によって死亡した場合

⑥ 通勤途上における事故によって死亡した場合

3 退職手当金等に対する非課税

上記1及び2により，相続税の課税対象となる退職手当金等のうち相続人が取得したものについては，一定の金額が非課税として課税対象となる金額から控除される（相法12①六）。

その適用対象者と非課税金額の計算方法は，前述の生命保険金と同様であり，次のとおりである。

① 非課税規定は，相続人についてのみ適用され，相続の放棄をした者や，もともと相続権のなかった者が取得した退職手当金等には適用されない。

② 500万円に法定相続人の数を乗じた金額が非課税限度額とな

16／死亡退職金

り，相続人の全員に対する非課税金額になる。この場合に，相続人の全員が取得した退職手当金等の合計額が非課税限度額を超えるときは，その合計額に対する各相続人の取得金額の割合で非課税限度額をあん分する。

退職手当金等に対する非課税金額の計算方法を算式で示すと，次のとおりである。

　ア　［相続人の全員が取得した退職手当金等の合計額］≦［退職手当金等の非課税限度額］の場合……取得した退職手当金等の全額

　イ　［相続人の全員が取得した退職手当金等の合計額］＞［退職手当金等の非課税限度額］の場合……次の算式による金額

$$
退職手当金等の非課税限度額^{(注)} \times \frac{その相続人が取得した退職手当金等の合計額}{全ての相続人が取得した退職手当金等の合計額}
$$

　（注）　退職手当金等の非課税限度額＝500万円×法定相続人の数

4 退職手当金等の確定時期と課税関係

ところで，みなし相続財産として相続税の課税対象となり，また，上記の非課税規定が適用されるのは，原則として被相続人の「死亡退職」に基づく退職手当金等に限られる。

したがって，「生前退職」の場合で，相続開始前に退職手当金等の支給額が確定したものを相続開始後に支給を受けるものは，みなし相続財産ではなく，相続税の非課税規定の適用もない。

　（注）　生前退職で相続開始前に支給額が確定するものは，支給の時期にかかわらず，退職所得として所得税課税の対象になる。したがって，相続開始後に支給されるものは，所得税及び住民税の額を控除した額が相続財産を構成することになる。

注意したいのは，生前退職であっても，支給額が相続開始後に確定する退職金は，「みなし相続財産」として取り扱うこととされていることである（相基通3-31）。この場合に，みなし相続財産として取り扱うという意味は，その退職手当金等の取得者が相続人であれば，上

247

記**3**の非課税規定が適用されるということである。

これらの関係を図示すると，次のようになるが，退職手当金等の確定の時期と非課税規定の適用関係に留意する必要がある。

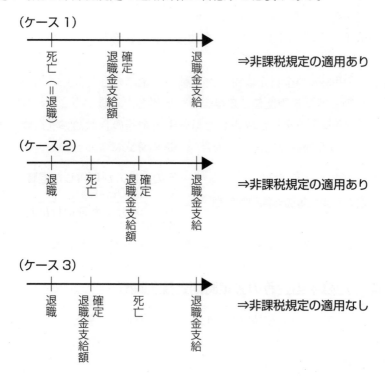

なお，(ケース2) のようになるのは，退職給与規程等が適用されず，退職金について株主総会等の決議を要する法人の役員の場合が多いことは前述したとおりである。

17／特別寄与料

特別寄与料
民法における制度の趣旨と税務の取扱い

質問

私は，被相続人の長男の妻ですが，被相続人の生存中に献身的に療養看護をしてきました。私に相続権はありませんが，財産をもらえる制度ができたと聞きました。

どのようにすれば財産がもらえるのですか。また，仮に財産をもらった場合の税務はどうなりますか。

法務の視点

1 特別寄与料制度の趣旨

被相続人の財産の維持又は増加について，特別の寄与をした者が相続人である場合には，第2章で説明した「寄与分」の制度が措置されている（民法904の2）。

ただし，寄与分は相続人について認められることはあるが，被相続人の相続人以外の者（例えば，被相続人の長男の配偶者）が献身的に被相続人の療養看護に努め，被相続人の財産の維持・増加に寄与していたとしても，相続権がないため，被相続人に相続が開始したとしても，遺贈がない限り財産を取得することはできない。

こうした問題に対処するため，平成30年7月に成立した改正民法は，相続人以外の者の貢献を考慮するための方策として，特別寄与者が相続人に対して金銭（特別寄与料）の請求ができる制度を創設した。

その概要をまとめると，次表のとおりである。なお，この制度自体は有意義なものであるが，相続をめぐる紛争が複雑化，長期化するおそれがある。このため，特別寄与料を請求できる要件や権利行使期間などについて，かなり限定されたものとなっている。

249

第5章／相続財産

●特別寄与料制度の概要

	制度の概要
特別寄与料制度の内容	● 被相続人に対して無償で療養看護その他の労務を提供したことにより被相続人の財産の維持又は増加について特別の寄与をした被相続人の親族（相続人，相続の放棄をした者，相続人の欠格事由に該当する者及び廃除された者を除く）は，相続の開始後，相続人に対し，特別寄与者の寄与に応じた額の金銭（特別寄与料）の支払を請求することができる（民法1050①）。
特別寄与料に関する協議・請求の期限等	● 特別寄与料の支払について，当事者間に協議が調わないとき，又は協議することができないときは，特別寄与者は，家庭裁判所に対して協議に代わる処分を請求することができる。　ただし，特別寄与者が相続の開始及び相続人を知ったときから6か月を経過したとき，又は相続開始の時から1年を経過したときは，この限りでない（同法1050②）。 ● 上記の本文の場合には，家庭裁判所は，寄与の時期，方法及び程度，相続財産の額その他一切の事情を考慮して，特別寄与料の額を定める（同法1050③）。
特別寄与料の額の限度	● 特別寄与料の額は，被相続人が相続開始の時に有した財産の価額から遺贈の価額を控除した残額を超えることができない（同法1050④）。
各相続人の負担額	● 相続人が数人ある場合には，各相続人は，特別寄与料の額に当該相続人の法定相続分（相続分の指定がある場合は指定相続分）を乗じた額を負担する（同法1050⑤）。 （注）特別寄与者は，一部の相続人に対し，特別寄与料（全額）のうちその相続人の法定相続分又は指定相続分に応じた額を請求することもできる。

2 特別寄与料の請求者の範囲

　上記の民法の規定を補足すると，まず，特別寄与料を請求できる者は，被相続人の親族に限られる（民法1050①）。この場合の親族とは，①六親等内の血族，②配偶者，③三親等内の姻族をいう（民法725）。したがって，内縁関係にある者などは特別寄与料の請求はできない。

　なお，特別の寄与をした者が「被相続人の親族」に該当するかどうかは，相続開始時を基準として判定する。

250

17／特別寄与料

3 特別の寄与における「無償性」の判断

特別の寄与の制度においては，被相続人に対する労務の提供が「無償」であることが要件となる（民法 1050 ①）。労務の提供が無償であったかどうかは，当事者の認識や労務提供の時間・量などを総合的に勘案する必要がある。被相続人が労務の提供をした者の生活費を負担していた場合であっても，無償性が否定されないこともあり得る。

また，労務の提供をした者について，被相続人が要介護状態になる前から被相続人と同居しており，被相続人がその者の生活費を負担していた場合，又は被相続人からごくわずかな金銭を受け取っていたにすぎないような場合であっても，無償の範囲内であると認定できると考えられる。

4 特別寄与料の算定方法

特別寄与料の額について，一義的には相続人との協議により決定されるが，その協議が調わない場合には，家庭裁判所の判断に委ねられる。

家庭裁判所は，寄与の時期，方法及び程度，相続財産の額その他一切の事情を考慮して定めることとなる（民法 1050 ②③）。その際には，相続債務の額，被相続人の遺言の内容，各相続人の遺留分，特別寄与者が受けた生前の利益等を勘案することになる。

いわゆる療養看護型の寄与の場合には，第三者が被相続人の療養看護を行った場合の日当の額に療養看護の日数を乗じた上で，一定の裁量割合（療養看護が専門家ではなく，被相続人の親族であること等を考慮して，0.5〜0.7 程度の割合）を乗じて算定されると考えられる。

5 特別寄与料の額の上限

特別寄与料の額は，被相続人が相続開始の時に有していた財産の価額から遺贈の額を控除した残額を超えることができないこととされている（民法 1050 ④）。要するに，特別寄与料の額が相続人の取得した財産の額を超えることはないということである。

なお，この場合の「遺贈」は，特定遺贈のことであり，包括遺贈（相

251

第5章／相続財産

続財産に対して一定の割合を示してする遺贈）は含まれない。包括遺贈を受けた者（包括受遺者）は，相続人と同一の権利義務を有するものとされており（民法990），包括受遺者は，特別寄与料の請求の対象者となるからである。このため，特別寄与料の額を算定するに当たって，包括遺贈の価額を控除することは適当ではないことになる。

　もっとも，特定の相続人が被相続人から多額の生前贈与を受けていたような場合には，その相続人が遺産分割により取得する財産の額よりも特別寄与料の支払額が多くなることもあり得る。

┃ 設例

● 被相続人の相続開始時の財産……2,000万円
● 相 続 人……子A，子B，子Cの3人（法定相続分は各3分の1）
● 生前贈与……子Aに対して3,000万円
● 特別寄与料の額……600万円

---

① 各相続人の特別寄与料の負担額……A，B及びCともにそれぞれ200万円
② 遺産分割における取得財産価額
　A及びB……それぞれ1,000万円
　C……………ゼロ（多額の特別受益があるため）

　この例の場合，Cは，相続による取得財産の価額を上回る特別寄与料の額を負担することになるが，Cは特別受益として3,000万円の財産を取得しており，これを含めれば，支払うべき特別寄与料の額（200万円）が実質的な取得財産価額を超えることはない。

　なお，債務超過の相続の場合にも，相続人が取得する財産の額よりも特別寄与料の支払額が多くなるが，この場合には，相続人が相続放棄をすることで特別寄与料の負担を免れることができる。

┃6┃ 特別寄与料の請求の相手方の選択

　相続人が複数の場合には，特別寄与者は，その選択に従い相続人の1人又は数人に対して特別寄与料の支払を請求することができる。

　例えば，次の図は特別寄与料の額が600万円と確定した場合である

252

が，特別寄与者は本人の配偶者である相続人Aに対して支払請求をすることは抵抗があると考えられる。この場合には，他の相続人であるBとCに対し，それぞれの負担額である200万円を請求することができるということである。

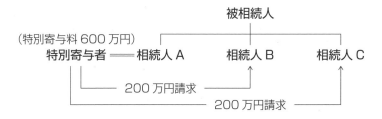

もっとも，特別寄与料の全額（600万円）の支払を求める場合には，相続人の全員を相手方として支払請求を行う必要がある。

7 特別寄与料の請求可能期間

特別寄与者が家庭裁判所に対して協議に代わる処分の請求をすることができる期間は，「特別寄与者が相続の開始及び相続人を知った時から6か月以内」及び「相続開始の時から1年以内」に制限されている（民法1050②ただし書）。

特別寄与料の請求手続は，遺産分割とは別個のものとされているため，相続人は，自らが特別寄与料の支払義務を負うのかどうか，支払義務を負う場合にはどの程度の金額になるかを把握した上で遺産分割協議に臨む必要がある。また，遺産分割を含めた相続手続を早期に解決するためには，特別寄与者が権利行使をするか否かを早期に確定する必要がある。これらの要請から，特別寄与料の請求期間は比較的短期間とされている。

税務の視点

1 特別寄与料に対する課税方法

特別寄与者が支払を受けるべき特別寄与料の額が確定した場合には，その特別寄与者が，その特別寄与料の額に相当する金額を被相続

人から遺贈により取得したものとみなされて，相続税を課税すること
とされている（相法4②）。

　特別寄与料は，被相続人から取得するものではなく，相続人から支
払を受けるものであるが，その経済的実質は，遺産の取得に近いもの
とみることができる。このため，特別寄与料を相続税の課税に取り込
むこととしたものである。

　この場合，特別寄与者は，相続人ではないことから，その相続税に
ついては，2割加算の規定が適用される（相法18①）。

　相続税の申告について，特別寄与料の額が，相続開始を知った日の
翌日から10か月以内に確定した場合には，通常の期限内申告による
が，その後に確定した場合には，その確定したことを知った日の翌日
から10か月以内に申告することになる（相法29①）。

　なお，期限内申告書の提出期限までに特別寄与料以外の財産を被相
続人から遺贈より取得したため，既に相続税の申告を行っている場合
において，その後に特別寄与料の額が確定したときは，その確定した
ことを知った日の翌日から10か月以内に修正申告書することになる
（相法31②）。

▌2▏特別寄与料の支払者に対する相続税の課税関係

　特別寄与料を支払う相続人については，その支払を相続財産の中か
ら行う場合と，その相続人の固有財産から支払う場合が考えられるが，
いずれにせよ，その支払は担税力の減殺要因になる。

　このため，特別寄与料について特別寄与者に相続税が課税される場
合には，その相続人が支払うべき特別寄与料の額は，その相続人に係
る相続税の課税価格の計算上，相続又は遺贈により取得した財産の価
額から控除することとされている（相法13④，21の15②）。

　なお，相続税の申告後に支払うべき特別寄与料の額が確定した場合
には，相続税における更正の請求の特則事由に該当することとし，そ
の確定したことを知った日の翌日から4か月以内に更正の請求ができ
ることとされている（相法32①七）。

18／年金受給権

18 年金受給権
相続財産性と課税の課否

質問

被相続人が死亡した後，その配偶者に遺族年金（厚生年金）が支払われることになりました。この受給権は，民法上の相続財産となるのでしょうか。また，相続税や所得税は，どのように扱われるのでしょうか。

法務の視点

1 遺族年金の財産性

被相続人が保険料又は掛金を負担した後に被相続人が死亡し，相続後にその遺族が年金の支払を受けることがあるが，それが公的年金であっても，私的年金であっても，その受給権は遺族が原始的に取得するものである。

したがって，民法上は被相続人の遺産ではなく，共同相続人間で遺産分割の対象になるものではない。また，被相続人が支給を受けていた退職年金について，相続後に継続して遺族が支給を受ける場合も同様である。

2 遺族年金の特別受益の該当性

相続人が年金の受給権を取得した場合のその受給権の取得が民法903条の特別受益に該当するかどうかという問題がある。

この点については，その受給権を特別受益として持戻しの対象とするという審判例があるが，その該当性を否定する審判例もある。いずれによるかの議論はあるが，実務的には特別受益として認識しない例が多いと考えられる。

255・

第5章／相続財産

税務の視点

1 年金受給権に対する相続税の課税の可否

　上記の年金受給権は，被相続人の相続人その他の者が取得するものであり，本来的には「みなし相続財産」として相続税の課税対象になるべきものである。

　ただし，次の年金については，それぞれの法律に非課税とする規定があるため，相続税は課税されず，また，所得税も非課税となる。

　① 厚生年金保険法に規定による遺族年金（同法41②）

　② 国民年金法の規定による遺族年金（同法25）

　③ 国家公務員共済組合法の規定による遺族年金（同法49）

　④ 地方公務員等共済組合法の規定による遺族年金（同法52）

　⑤ 船員保険法の規定による遺族年金（同法52）

　ところで，国民年金や厚生年金の受給者が死亡した場合において，その受給者に支給されるべきであった年金で，まだ支給されていないものがあるときは，その遺族が未支給分を請求できることとされているが（国民年金法19①，厚生年金法37①），その年金請求権は，受給者である遺族の固有の権利である。したがって，その未支給分に相続税の課税はなく，実際に支給を受けた者の一時所得に該当することになる（所法34①，所基通34-2）。

2 退職年金受給権の課税関係

　みなし相続財産として相続税が課税される年金受給権について，やや分かりにくいのは，退職年金の取扱いである。

　被相続人が死亡したため，その被相続人に支給されるべきであった退職手当金等をその相続人が取得した場合には，前述した相続税法3条1項2号の退職手当金等（死亡退職金）としてみなし相続財産になるのであるが，その退職手当金等を年金（定期金）として支給される場合も同様である。

　このような退職年金の受給権について，いわゆる保証期間付の場合

・256

には，その受給権者である相続人等に再び相続があると，その相続人等の相続人に継続して退職年金が支給される。この場合の継続受取人は，相続税法3条1項2号の退職手当金等ではなく，同条同項6号の「契約に基づかない定期金に関する権利」を取得したものとして相続税が課税される（相基通3-29，3-46）。

　注意したいのは，相続税法3条1項2号に該当する場合には，同法12条1項6号の非課税規定が適用されるのに対し，同法3条1項6号に該当する場合には，非課税規定が適用されないことである。

①	退職手当金等（死亡退職金）を定期金の方法で支給されるもの（相法3①二）	⇨ 非課税規定の適用あり
②	①の受給権者の死亡により取得する継続受取人の定期金受給権（相法3①六）	⇨ 非課税規定の適用なし

（注）　①の退職手当金等について，非課税規定が適用される場合には，その退職手当金等を定期金受給権として相続税法24条により評価した後の金額から非課税額が控除される。

　年金受給権の価額は，定期金に関する評価の規定によって評価するが，一般的には，有期定期金に該当する例が多い。その評価方法の概要は，次のとおりであり，いずれか多い金額が評価額になる（相法24①一）。

　①　定期金給付契約に関する権利を取得した時においてその契約を解約するとした場合に支払を受けることができる解約返戻金の額

　②　定期金に代えて一時金の給付を受けることができる契約については，定期金給付契約に関する権利を取得した時において給付を受けることができる一時金の額

　③　定期金給付契約に関する権利を取得した時におけるその契約に基づいて給付を受けるべき残りの期間に応じ，次により計算した金額

その給付を受ける金額の1年当たりの平均額 × その契約に係る予定利率による複利年金現価率

第5章／相続財産

19 損害賠償請求権
逸失利益と慰謝料の相続性と相続税の課否

質問

　被相続人は，交通事故により死亡しました。現在，加害者に損害賠償請求を行っているところですが，相手方から賠償金を受領した場合，相続の実務ではどのように処理したらよいのでしょうか。遺産分割や相続税でどのように扱うべきかが，よく分かりません。

法務の視点

1 損害賠償請求権の区分

　次の設例により損害賠償請求権の性格を説明する。

設例

　被相続人甲は，交通事故により重傷を負い，意識不明のまま3日後に死亡した。甲の相続人は，加害者に損害賠償請求を行い，その6か月後に甲の逸失利益として8,000万円，遺族に対する慰謝料として2,000万円の支払を受けた。

　一般に，生命侵害による被害者の損害は，財産的損害と非財産的損害に分けて考えられている。このうち前者は，医療費，葬式費用，墓碑建設費等の積極的損害と，その者が生存していれば得られたであろう収入（逸失利益）が含まれている。

　また，後者の非財産的損害とは，精神的損害であり，その賠償請求権は慰謝料請求権とよばれている。

2 財産的損害賠償請求権の相続性

　損害賠償請求権のうち逸失利益となる部分については，いったん被

258

害者である被相続人が取得し，それを相続によって遺族が承継するという考え方があるが，一方で，遺族が損害を被ること（扶養を受ける利益の侵害等）によって固有の損害賠償請求権を取得するという考え方がある。判例は，相続による承継を前提として前者の考え方を採用している。

これは，交通事故等による即死の場合であっても，致死傷と死亡との間に観念上は時間的間隔があり，その傷害を受けた時に被害者に損害賠償請求権が発生し，被害者の死亡によってそれが相続されるとの考え方をとっている（大判昭 16.12.27）。

3 慰謝料請求権の相続性

慰謝料請求権について，かつては一身専属権として，その相続性を否定した裁判例があったが，その後，次のような判例があり，慰謝料請求権も相続の対象になるものとされている（最判昭 42.11.1）。

「財産上の損害を被った場合と同様，損害の発生と同時にその賠償を請求する権利，すなわち慰謝料請求権を取得し，右請求権を放棄したものと解しうる特別な事情がない限り，これを行使することができ，その損害の賠償を請求する意思を表明するなど格別の行為をすることを必要とするものではない。そして，当該被害者が死亡したときは，その相続人は当然に慰謝料請求権を相続するものと解するのが相当である。けだし，損害賠償請求権発生の時点について，民法は，損害が財産上のものであるか，財産以外のものであるかによって，別異の取扱いをしていないし，慰謝料請求権が発生する場合における被害法益は当該被害者の一身に専属するものであるけれども，これを侵害したことによって生ずる慰謝料請求権そのものは，財産上の損害賠償請求権と同様，単純な金銭債権であり，相続の対象となりえないものと解すべき法的根拠はない。」

なお，損害賠償請求権や慰謝料請求権は，金銭債権であり，共同相続人がその相続分に応じて当然に取得することになるが，共同相続人の全員の合意があれば，遺産分割の対象とすることができる。

第5章／相続財産

税務の視点

1 慰謝料請求権の課否

　被相続人の死亡に起因して加害者から受ける損害賠償金が相続税の課税対象となるか否かについて，相続税法に規定はない。

　上記「法務の視点」の設例について，まず，慰謝料に関して民法は，「他人の生命を侵害した者は，被害者の父母，配偶者及び子に対しては，その財産権が侵害されなかった場合においても，損害の賠償をしなければならない。」（民法711）と規定している。

　したがって，設例における2,000万円の慰謝料は，相続人が原始的に取得したものと考えられるため，もともと相続財産ではない。

　その課税の可否について，所得税法では慰謝料を非課税所得としているため（所法9十七，所令30三），課税はない。

　もっとも，上記最高裁判決における相続性に関連し，2,000万円の慰謝料は被害者である被相続人に帰属し，それを遺族が相続したと考えれば，相続財産とみられなくもない。ただ，被相続人の死亡の経緯からみて，積極的に被相続人本人に対する慰謝料であるとは考えにくいし，金額面の算定を含めて，課税当局もそれを立証することは困難であると考えられる。いずれにしても慰謝料については，相続税・所得税とも非課税である。

2 財産的損害賠償請求権の課否

　問題は，逸失利益（財産的損害）としての8,000万円の取扱いである。前述したとおり，財産的損害に対する請求権は，死亡者に発生し，相続の対象になるというのが従来からの考え方である。これを前提とすれば，被相続人から承継した財産権として，相続税の課税対象になると考えられる。

　もちろん，これについて相続税法に非課税の定めがあれば，納税者としては問題ないが，現行法上は損害賠償金に係る非課税規定はなく，通達等の取扱いでも手当てされていない。

・260

したがって，この限りでは設例の8,000万円は相続税の課税対象ということになるが，次のような見解がある。

「損害賠償請求権という一種の財産権として相続人が取得するわけですから，理論上は，相続財産を構成し，相続税の課税対象になるものといわざるをえないものと思います。しかし，実際にこれを相続税の課税価格に算入するためには，その価額を評価しなければなりませんが，相続開始時において，その金額が確定していない場合には，一般的にいって，その評価額を決めることがなかなかむずかしいのではないかと思われます。もし，その評価額を決めることができなければ，実際には，相続税の課税価格に算入することはできないことになり，事実上相続税の課税対象にならないということになります。（中略）相続税の実務でも生命侵害があり，その遺族が支払いを受ける損害賠償金については，相続税の課税価格に含めないということで歩調がそろっているようです。」（佐藤清勝他『税務解釈事典』（ぎょうせい））。

この見解で気になるのは，相続開始時点で賠償金額が確定していないことを理由として非課税としていることである。そうであれば，当然のこととして，相続開始時点で金額が確定していれば課税対象になるのか，という疑問が生ずるし，死亡退職金の場合は，相続開始時に金額が未確定であっても，3年以内に確定すれば課税するという規定とも平仄が合わない。

一方，国税庁ホームページの「タックスアンサー（No.4111）」では，「被相続人が損害賠償金を受け取ることに生存中決まっていたが，受け取らないうちに死亡してしまった場合」に相続税の課税対象になるとしている。この限りでは，前記の設例における逸失利益部分は，相続開始時にはその金額が確定していないため非課税になる。

以上のとおり，損害賠償金の取扱いについて統一した見解は明らかではないが，現在のところ実務上の取扱いとして積極的には，相続税の課税対象とはしていないようである。

第5章／相続財産

20 祭祀財産
その範囲と承継者

質問

　墓地や仏具等は，他の一般の相続財産と異なるものと解されますが，誰が相続すべきものでしょうか。被相続人が遺言で承継者を指定することは可能でしょうか。

　また，相続税では，どのように取り扱われますか。

法務の視点

1 祭祀財産の範囲

　民法は，祭祀財産とは，系譜，祭具及び墳墓等の所有権をいうと定めている（民法897①）。

　このうち系譜とは，歴代の家長を中心に，祖先以来の家系を表示するものをいう。また，祭具とは，位碑，仏壇，霊位やそれらの従物であり，祖先の祭祀，礼拝の用に供されるものをいい，墳墓とは，遺体や遺骨を葬っている設備（墓石，墓碑等）であり，その設置されている相当範囲の土地も含まれる。

2 祭祀財産の承継者

　民法は，祭祀財産について，相続財産とは別個の財産として祖先の祭祀を主宰すべき者が承継することとしている（民法897①）。したがって，祭祀財産は，相続分や遺留分の規定の適用上は，その算定の基礎となる財産には算入されない。

　相続の放棄をしても祭祀財産を承継することはできる。また，限定承認をした相続人が祭祀財産を承継したとしても，相続債務の弁済のために祭祀財産を換価処分する必要はない。

262

20／祭祀財産

なお，祭祀財産の承継者は「祭祀を主宰すべき者」である。この場合に，被相続人の指定があるときは，その者が祭祀を主宰すべき者となり，指定がないときは，その地方の慣習に従ってその主宰者を定める（民法897①）。また，被相続人の指定がなく，その地方の慣習も明らかでないときは，家庭裁判所の審判によって定めることになる（民法897②，家事事件手続法190，同別表2十一）。

税務の視点

1 祭祀財産に対する相続税の非課税

相続税法は，墓所，霊びょう及び祭具並びにこれらに準ずるものを相続税の非課税財産と定めている（相法12①二）。このうち，「墓所，霊びょう」には，墓地，墓石及び御霊屋（おたまや）のようなもののほか，これらのものの尊厳の維持に要する土地その他の物件を含むこととし（相基通12-1），上記の「これらに準ずるもの」とは，庭内神し，神だな，神体，神具，仏壇，位はい，仏像，仏具，古墳等で日常礼拝の用に供しているものをいうとしている（相基通12-2）。

ただし，商品，骨とう品又は投資の対象として所有するものは，非課税となる祭具等には含まれない。したがって，これらのものについては，他の相続財産と同様に時価で評価し，相続税の課税価格に算入することになる。

2 祭具等の取得のための債務の取扱い

被相続人の相続開始の時に存する債務は，相続又は遺贈により取得した財産の価額から控除されるが（相法13①），相続税の非課税財産の取得，維持又は管理のために生じた債務の金額は，債務控除の適用はない（相法13③）。

したがって，被相続人の生存中に墓碑を買い入れ，その代金が未払であるような場合には，その未払代金は債務として控除することはできない（相基通13-6）。

263

第5章／相続財産

21 金銭債務
遺産分割の可否と債務控除

質問

　個人事業者であった被相続人には，銀行からの事業用資金の借入れがあります。事業の後継者がいないため，この借入金債務は，法定相続分に応じて分割し，各相続人が負担したいと考えています。このような債務の分割は，債権者の了承がなくても可能でしょうか。

　なお，借入金債務は，相続税で控除できると思いますが，税務上，控除できない債務もあるのでしょうか。

法務の視点

1　共同相続の場合の可分債務の承継

　被相続人が借入金等の金銭債務を負っていた場合に，共同相続人がその債務をどのように承継するかについては，前述した預貯金以外の金銭債権の共同相続の場合と同様の問題がある。

　この点について，判例は，一貫して金銭債務のような可分債務については，遺産分割を待たずに，相続開始と同時に各相続人の相続分に応じて当然に分割承継されるとしている（最判昭34.6.19）。

　したがって，金銭債務は共同相続人間で遺産分割の対象にはならず，各自の相続分に応じた債務を当然に負担することになり，一方で，相続債権者は，各相続人に対し相続分に応じた額について，債権を行使できることになる。

2　相続分の指定がある場合の改正民法の規律

　平成30年7月に成立した改正民法は，「相続分の指定がある場合の債権者の権利の行使」の規定を設け，被相続人が相続開始の時におい

・264

て有した債務の債権者は，相続分の指定がされた場合であっても，各共同相続人に対し，法定相続分に応じてその権利を行使することができる旨を明文化した（民法902の2本文）。

　これは，遺言による相続分の指定は，相続債権者の関与のないところで行われるものであるため，相続債権者を保護する観点から，相続分の指定があったとしても，共同相続人は法定相続分に従った債務の額を負担するという，従来からの判例の考え方を明文化したものである。

　もっとも，改正民法902条の2ただし書は，「その債権者が共同相続人の1人に対してその指定された相続分に応じた債務の承継を承認したときは，この限りでない。」としており，相続債権者が被相続人の相続分の指定を承認した場合には，各相続人は，その指定相続分に従った債務を負担することになる。

　なお，民法902条の2は，共同相続人と相続債権者との関係について規律したものであり，共同相続人の内部では指定相続分に従うことになる。このため，相続債権者が各相続人に対し法定相続分に応じて請求をし，各相続人がその請求に応じたとしても，各相続人間では指定相続分に応じた額の求償を行うことができる。例えば，次のような例である。

設例
- 被相続人の債務……1,000万円
- 相続分……AとB（法定相続分各2分の1）
- 相続分の指定……A：4分の3，B：4分の1
- 債権者がBに対して1,000万円の2分の1（500万円）を請求
- Bは，請求に応じて500万円を弁済

　この場合，Bの指定相続分に応じた債務の額は，250万円（1,000万円の4分の1相当額）であるため，BはAに対し，250万円（弁済した500万円から指定相続分に対応する250万円を控除した額）を求償できることになる。

第5章／相続財産

3 金銭債務と遺産分割

　金銭債務について，相続開始と同時に共同相続人間で相続分に応じて当然に分割承継されるという考え方によれば，金銭債務は遺産分割の対象とはならないことになる。

　もっとも，実務においては，共同相続人間の遺産分割協議等において，相続債務について，法定相続分と異なる債務の分割が合意されることが多い。これは，相続人間では相続分を超える債務についての債務引受契約として有効であるが，債権者の同意がない限りその免責的効果を債権者に対抗することはできない。

　したがって，遺産分割協議において，特定の相続人が債務を承継することに合意しても，それだけでは債権者に対抗できない。債権者との関係においても協議の内容を実効性のあるものとするためには，債務者の変更について，債権者の承認を得る必要がある。

税務の視点

1 被相続人の債務の承継と債務控除

　相続税法は，被相続人の債務で相続開始の際，現に存するもののうち，確実と認められるものは，債務控除の対象になることとしている（相法13①，14①）。この場合において，債務の金額が確定していなくても，その債務の存在が確実と認められるものについては，相続開始当時の現況によって確実と認められる範囲の金額を控除することができる（相基通14-1）。

　ただし，非課税財産に対応する債務が債務控除の対象にならないことは前述のとおりである（相法13③）。

2 相続財産に関する費用の取扱い

　民法885条は，相続財産に関する費用——相続開始以後に生じた相続財産の維持又は管理のための費用——は相続財産の中から支弁すると定めている。

266

21／金銭債務

ただし，その費用は，相続開始時に被相続人の債務として確定したものでないことから，債務控除の適用はないこととされている（相基通13-2）。

なお，相続紛争の解決のための弁護士報酬や相続税の申告のための税理士報酬も相続財産に関する費用と考えられるため，いずれも債務控除の対象にはならないこととされている。

3 金銭債務の分割と債務控除

金銭債務の分割性については，前述したところであり，共同相続人間で任意に分割して承継するという性質のものではない。ただ，相続の実務では，遺産分割の対象とし，その負担者を決定し，債務控除の規定を適用しているところである。特定の相続人が法定相続分と異なる割合で債務を承継すると，理論的には相続人間で債務引受が行われたことになるが，これについて贈与税等の課税問題が生じることはない。

ところで，国税通則法は，被相続人に未納の国税があった場合には，その納税の義務は相続人が承継するものとし（通則法5①），相続人が2人以上あるときは，民法の相続分に従ってあん分するとしている（通則法5②）。したがって，被相続人の未納の国税について，遺産分割協議を行って特定の相続人が承継することとしても，債権者（国）は，相続分に応じた額を各相続人から徴収できることになる。

ただ，実際には未納の公租公課も相続人間で負担者と負担額を自由に決定しており，相続税においてもその合意に基づいた負担額で債務控除を行っている。この点も前述した金銭債務の問題と同様に考えるべきである。相続人間の合意は債務引受とみて，事実上の債務の分割は認められる（相続税の債務控除も申告どおり認められる）が，債権者（国）が各相続人に対して，相続分に応じた国税の請求をした場合には，相続人間の合意をもってその徴収を拒否することはできないということである。もっとも，遺産分割によって債務の負担をした者が納税を行えば，何らの問題も生じないことになる。

267

第5章／相続財産

22 保証債務と連帯債務
その相続性と相続人間の関係

質問

　被相続人は，個人事業者である知人の借入金の保証人になっていました。また，被相続人は，弟と共同事業を行っており，事業資金の借入れについて，いわゆる連帯債務者となっていました。

　これらの債務は，相続においてどのようになるのでしょうか。

法務の視点

1 保証債務の意義と相続性

　被相続人が他の者の債務を保証していた場合には，その保証債務は相続人に承継される。この場合に，主たる債務が借入金などの金銭債務であるときの保証債務は，前述の金銭債務と同様に，遺産分割の対象にはならず，相続開始と同時に各共同相続人の相続分に応じて当然に承継することになる。

　ただし，特定の相続人が保証債務を承継するという実務が行われている。この点も前述の金銭債務の相続と同じで，債権者の承認を得れば，特定の相続人が保証人になることができると考えられる。

　この場合の保証債務とは，通常は連帯保証のことであり，主たる債務者と連帯して債務を負うものをいう。

　なお，保証債務であっても，いわゆる身元保証は，被保証人との信頼関係に基づいて成立するものであり，一身専属的なものである。したがって，原則として身元保証人の地位は相続の対象にはならない。これに対し，借家の賃借人のための保証人の債務は，未払賃料，原状回復費用など法律や契約によりその発生が予測可能であり，保証人の責任範囲が予期に反して広汎になるおそれがない。したがって，賃借

• 268

人のための保証人の債務は，相続性が認められると解されている。

2 連帯債務の意義と相続性

　連帯債務とは，同一の債務について，複数の債務者がそれぞれ独立してその全部を弁済する義務を負い，そのうちの1人が債務を履行すれば債務が消滅するものをいう。各債務者の債務は独立しており，主従の関係がないことが保証債務と異なる。

　もっとも，連帯債務者の1人が債務の全部を弁済したときは，他の連帯債務者に対してその負担部分に応じた額の償還を求めることができる。この場合の各債務者の負担部分は，連帯債務者間で特約（合意）があればそれに従うが，特約がないときは均等になる。

　連帯債務者の1人に相続が開始した場合には，連帯債務の全額負担の原則と債務の分割の可否が問題となる。ただ，この点は既に述べた金銭債務や保証債務と同様である。被相続人が負っていた連帯債務は，相続の開始と同時に各相続人の相続分に応じて承継され，各相続人は，他の連帯債務者とともに連帯責任を負うことになる。ただし，相続人の相互間に連帯関係は生じない。

　したがって，連帯債務者が甲と乙の2人（負担割合は各2分の1）で，甲に相続が開始した場合，甲の相続人がA（相続分2分の1），B（同4分の1）及びC（同4分の1）の3人とすれば，Aは甲の2分の1に対する相続分2分の1相当（4分の1）の債務を承継し，BとCは同様に2分の1に対する相続分4分の1相当（8分の1）の連帯債務者となる（相続人A，B及びCの間に連帯関係は生じない）。

第5章／相続財産

連帯債務についての民法の考え方は以上のとおりであるが，相続人間で事実上の分割が可能であり，特定の相続人が連帯債務を承継できることも金銭債務や保証債務と同様である。もちろん，債権者と他の連帯債務者の同意を得ることが前提になる。

税務の視点

1 相続税の債務控除における保証債務の取扱い

保証債務とは，主たる債務者がその債務を履行しなかった場合には，その主たる債務者に代わって保証人が債務の履行をする義務が生じるものをいう（民法446①）。したがって，主たる債務者が債務を履行している間は何ら履行の義務を負わないため，相続開始の時においては，確実な債務とはいえない。このため，保証債務は原則として債務控除の対象にはならない。

しかし，相続開始の際に主たる債務者が弁済不能の状態に陥っているため，保証債務者がその債務を履行しなければならない場合がある。保証債務者が主たる債務者の債務を代わって弁済した場合には，主たる債務者に対し求償権が生じるが，主たる債務者に求償しても返還を受ける見込みがない場合であれば，その保証債務者の債務として債務控除を適用できることとされている（相基通14-3(1)）。

なお，身元保証債務については，原則として相続性が否定されているため，その債務は，債務控除の対象にはならない。

2 保証債務の履行と譲渡所得課税の特例

ところで，所得税法では，保証債務の履行のために資産を譲渡した場合において，一定の要件を満たせば，譲渡所得課税がないものとする特例が措置されている（所法64②）。被相続人の保証債務を相続人が承継した後に，その相続人がその保証債務の履行のために資産を譲渡したときには，特例措置の適用を検討する必要がある。

もっとも，保証債務についての相続税の債務控除の適用と譲渡所得課税の特例との間に直接的な関係はない。保証債務について相続税で

270

債務控除が適用されたか否かにかかわらず，資産の譲渡時に特例の適用の要件を判断することになる。

また，被相続人が生前に借入金で保証債務を履行した場合において，その借入金を承継した相続人が，相続開始後にその借入金を弁済するために資産を譲渡したときも要件を満たせば譲渡所得課税の特例が適用される（所基通64-5）。

なお，この場合の借入金の承継については，当然に相続税の債務控除が適用される。

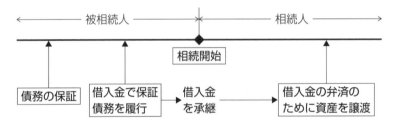

3 相続税の債務控除における連帯債務の取扱い

連帯債務は，保証債務と異なり，明らかに債務として確定しているものである。このため，相続税では次により債務控除を適用することとされている（相基通14-3(2)）。

① 連帯債務者のうちで債務控除を受けようとする者の負担すべき金額が明らかとなっている場合には，その負担額を控除する。
② 連帯債務者のうちに弁済不能の状態にある者があり，かつ，その弁済不能者に求償しても弁済が受けられる見込みがなく，その弁済不能者の負担部分をも負担しなければならないと認められる場合には，その負担しなければならないと認められる部分の金額も控除する。

第5章／相続財産

23 葬式費用
その法的性質と税務の取扱い

質問

　被相続人に係る葬式費用は，相続開始時の債務ではなく，遺産分割協議の対象にならないと思いますが，その負担者について，法的取扱いは定められているのですか。

　また，相続税において葬式費用はどのように扱われていますか。

法務の視点

1 葬式費用の範囲

　葬式費用とは，一般的には葬儀，告別式，埋葬等に要する費用をいうが，法律上は，その意義・範囲について具体的に定められていない。

　葬式費用の内容や範囲が問題となる事件に応じて，裁判所が相当な葬式費用かどうかを判断せざるを得ないといわれている。

2 葬式費用の負担者

　被相続人に係る葬式費用は，相続開始後に発生するものであり，相続債務ではない。したがって，葬式費用について相続債務の規律は関係しない。

　葬式費用の負担者については，喪主が負担すべきとする考え方，相続人の共同負担とすべきとする考え方，遺産から支出すべき費用であるという考え方がある。葬式費用は民法885条にいう「相続財産に関する費用」に含め，また葬式費用に先取特権が認められていることから（民法306, 309），遺産から支出すべきであるとの考え方が有力である。

・272

23／葬式費用

税務の視点

1 葬式費用と債務控除

　被相続人に係る葬式費用が相続税の債務控除の対象になることは周知のとおりであるが，葬式費用は相続開始後に遺族が負担すべき費用であり，相続開始時における被相続人の債務ではない。

　したがって，葬式費用は，民法の相続制度とは関係のないものということができる。しかし，その費用は相続に伴う必然的なものであることから，相続税法では債務控除の対象としている（相法13①）。

2 葬式費用の控除対象者

　ところで，債務控除の規定が適用されるのは相続人と包括受遺者とされており（相法13①），これら以外の者が相続税の納税義務者となっても債務控除は適用されない。

　この場合の相続人とは，「相続の放棄をした者及び相続権を失った者を含まない」ところの民法上の相続人のことをいう（相法3①本文かっこ書）。したがって，相続の放棄をした者やもともと相続権のない者は相続人ではなく，債務控除の規定は適用されない。もっとも，相続の放棄は，財産と債務の一切を承継しないということであり，また，相続権のない者が債務を承継することもあり得ないから，これらの者に債務控除を適用しないこととしたのは当然のことである。

　ただし，葬式費用についてはやや異なった取扱いになる。葬式費用は，被相続人の債務ではないから，たとえ相続の放棄をしても，葬式費用の負担まで放棄したことにはならない。

　このため，相続の放棄をした者も遺族の1人として道義的に葬式費用を負担することがないとはいえない。そこで，相続の放棄をした者は，原則として債務控除の適用はないのであるが，葬式費用を実際に負担した場合には，その費用の額を遺贈で取得した財産の価額から控除してもよいこととされている（相基通13-1）。

　なお，葬式費用の控除対象者について，いわゆる制限納税義務者の

273

第5章／相続財産

場合には，その控除が認められていない。制限納税義務者は，日本国内に所在する財産のみが課税対象とされていることから，債務控除の範囲も限定的である（相法13②）。相続人として喪主を務め，実際に葬式費用を負担したとしても，その者が制限納税義務者である限り，債務控除の適用はない。

3 葬式費用の範囲

　葬式費用の範囲について，葬式の方法や形態が地域や慣習あるいは宗教等でかなり異なっており，どのような費用が債務控除の対象になるかという実務上の問題がある。

　そこで，相続税の取扱いでは，下図のように葬式費用を区分している（相基通13-4，13-5）。葬式費用とされるものとは債務控除の対象になるもの，葬式費用とされないものとは控除できない費用ということである。

●葬儀費用の範囲

葬式費用とされるもの	① 葬式もしくは葬送に際し，又はこれらの前において，埋葬，火葬，納骨又は遺がいもしくは遺骨の回送その他に要した費用（仮葬式と本葬式を行う場合は，その両方の費用）
	② 葬式に際し施与した金品で，被相続人の職業，財産その他の事情に照らして相当程度と認められるものに要した費用
	③ ①又は②のほか，葬式の前後に生じた出費で通常葬式に伴うものと認められるもの
	④ 死体の捜索又は死体もしくは遺骨の運搬に要した費用

葬式費用とされないもの	① 香典返戻費用
	② 墓碑及び墓地の買入費ならびに墓地の借入料
	③ 法会に要する費用
	④ 医学上又は裁判上の特別の処置に要した費用

第6章

遺産分割

第6章/遺産分割

遺産分割の意義と方法
遺産分割の基準・方法と形態

質 問

相続が開始したので，遺産の分割を行いたいと思います。その方法や分割に対する基本的な考え方は，どのようになっているのでしょうか。

また，分割に際しては遺産の価額が問題になると思いますが，民法と相続税法で違いがあるのでしょうか。

法務の視点

1 遺産分割の意義と効果

民法は「相続人は，相続開始の時から，被相続人の財産に属した一切の権利義務を承継する。」（民法896）と定め，被相続人の死亡と同時に債務を含めた被相続人の財産は相続人が承継することとしている。

この場合に，相続人が1人（単独相続）のときは，全ての財産債務がその相続人に移転するが，相続人が複数（共同相続）のときは，被相続人の財産債務を全ての相続人が共有することになる（民法898）。

このような共有状態を解消し，個々の財産と債務をそれぞれの相続人に具体的に帰属させるための手続を遺産分割という。

なお，遺産分割によって各相続人が取得した財産は，相続開始の時にさかのぼって被相続人から承継したことになる（民法909）。

2 遺産分割の基準と時期

民法は，「遺産の分割は，遺産に属する物又は権利の種類及び性質，各相続人の年齢，職業，心身の状態及び生活の状況その他一切の事情を考慮してこれをする。」（民法906）とし，遺産分割の基準を定めて

いる。ただ，これは遺産分割の基本的な指針を示しているにすぎないから，実際には共同相続人の協議や家庭裁判所の審判等によって具体的に分割が行われる。

遺産分割の時期及び期限について民法に定めはなく，相続開始後はいつでも分割することができるとされている（民法 907 ①）。ただ，相続開始から長期間にわたって未分割の状態にあるのは不安定であり，また，遺産分割を行わないと，原則として相続財産となった預貯金の払戻しができないという不都合が生じる。さらに，相続税が課税される場合に，遺産未分割の状態では税務上の問題が数多く生じることになる。このため，実務的には相続税の申告期限（相続開始日の翌日から 10 か月以内）が分割時期の一応の目途となっている。

なお，遺産の評価の時期について，相続税の課税上は相続開始の時とされているが，遺産分割の基準となる遺産の価額は，分割を行う時の時価と解されている。

▌3 遺産分割の方法と形態

遺産分割の具体的な方法としては，共同相続人間の協議によることが原則であるが，遺産分割に関する被相続人の遺言があれば，それが優先される（指定分割）。また，共同相続人間での協議が調わないときは，その分割について相続人は家庭裁判所に請求することができる。

なお，家庭裁判所における遺産分割は，調停と審判があるが，実務では当初から審判の申立てをする例は少なく，ほとんどが調停による。また，審判事件として申し立てた場合でも，家庭裁判所の職権で調停に付されるケースが多い。調停が成立すると調停調書が作成され，その記載は確定判決と同一の効力を有することとされ（家事事件手続法268 ①），調停が成立しないときは，とくに手続がなくても審判手続が開始される。

一方，遺産分割の形態としては，現物分割，代償分割，換価分割，共有による分割などがあり，また，これらを組み合わせる方法も可能である。したがって，遺産分割の手続や方法は，次のように極めて多様である。

第6章／遺産分割

●遺産分割の手続と方法

分割手続	協議分割……共同相続人の協議による分割
	指定分割……被相続人の遺言に基づく分割
	調停分割……
	……相続人の家庭裁判所への請求に基づく分割
	審判分割……

分割方法	現物分割……個々の財産の取得者を確定する分割
	代償分割……特定の相続人が他の相続人に代償財産を交付する分割
	換価分割……相続財産を換金してその代金を配分する分割
	共有分割……相続財産を複数の相続人で共有とする分割

税務の視点

1 遺産分割と相続税の課税

　相続税の課税原因は，相続，遺贈又は死因贈与による財産の取得であるが（相法1の3①），この場合の「相続による財産の取得」は，遺産分割の方法や形態を問わない。協議分割，指定分割，調停又は審判分割による財産の取得，あるいは現物分割，代償分割，換価分割又は共有による分割による財産の取得は，全て相続税の課税原因となる。

　もっとも，遺産が未分割であっても，相続によって財産を取得しているため，相続税の課税原因となる。ただし，相続税法55条は，相続税の申告書の提出時において，遺産が未分割である場合の課税につき，特別の規定を置いていることからみると，「相続による財産の取得」は，共同相続人間で遺産分割が確定し，それぞれの相続人が相続財産を個々に取得することを前提としていると考えられる。相続税法55条は暫定的な課税規定である。

　相続税法は，最終的には遺産分割により実際に取得した財産の価額に課税することを指向していると考えられる。

2 遺産の価額の評価と相続税の負担

　相続財産の評価について，相続税法は，相続又は遺贈により取得し

278

た財産の価額は，当該財産の取得の時における時価によると定めており（相法22），相続開始時の価額を課税上の基準としている。

一方，遺産分割という観点からみると，前述のとおり遺産の分割時の価額を基にして共同相続人の利害の調整を行うことを原則としている。この点に，民法と税法の考え方の相違がある。

したがって，相続開始時の財産価額と遺産分割時の財産価額が異なることとなった場合には，必ずしも相続人が認識する財産の価額に応じて負担すべき相続税額が算出されるとは限らない。

例えば，相続開始時に1,000万円と評価される株式を相続人Aが取得し，同じく5,000万円と評価される土地を相続人Bが取得した場合の相続税額は，Aが1に対してBは5の割合で負担することになる。ただし，遺産の分割時に株式が3,000万円に値上がりし，土地が3,000万円に下落したとすれば，実質的には土地を相続したBの相続税の負担割合は，Aのそれより多いことになる。

相続財産の価額に変動を生じた場合に，このような現象が生じるのは当然のことであるが，遺産の分割に当たっては，相続税の負担割合についても十分に考慮した上で実行することが重要である。

第6章／遺産分割

② 現物分割
その意義と遺産分割協議書の作成方法

質 問

　遺産分割の方法として現物分割は，最もシンプルな方法とされているようです。現物分割をした場合の遺産分割協議書の作成に当たって，どのようなことに注意する必要がありますか。

法務の視点

1 現物分割の意義

　相続財産を構成する個々の財産について，個別にその取得者を決定し，各共同相続人に相続財産を振り分ける方法が現物分割である。

　遺産分割が相続財産の共有状態を解消する手続であることからみて，現物分割は遺産分割の趣旨を実現する最もシンプルな分割方法といってよい。現物分割によって個々の相続財産は特定の相続人に帰属することになり，権利関係が単純になるとともに，各共同相続人にとってその利用や処分が容易になるというメリットがある。

　もっとも，現物分割によると，各相続人が取得する財産価額をその相続分の額と完全に一致させることは困難である。この点は，共同相続人の全員の合意に基づく協議分割であるときは，とくに問題にはならない。また，審判分割においても，取得財産価額と各相続人の相続分との乖離が大きくない限り容認されると考えられる。

2 遺産分割協議書の作成方法

　遺産分割は，要式行為ではないため，共同相続人の全員が合意すれば，書面がなくても成立する。しかしながら，協議の内容を明確にし，後日の紛争を予防するためには，共同相続人の全員を当事者として遺

280

産分割協議書を作成しておくべきである。

　また，不動産の相続登記の申請の際には，「相続を証する書面」として遺産分割協議書の添付が必要であり（不動産登記法41），相続税の申告においても添付が求められている（相法27④，相規16）。したがって，実務上は遺産分割協議書の作成は必須である。

　遺産分割協議書の様式について決まりはないが，次のような点に留意すべきである。

●遺産分割協議書の作成上の留意点

①　被相続人を特定する（被相続人の氏名のほか，本籍，生年月日，死亡年月日，最後の住所を記載することが望ましい）。

②　相続人を特定する（相続人全員の氏名のほか，各人の本籍，住所，生年月日，被相続人との続柄も記載することが望ましい。この場合，本籍，住所は戸籍謄本，住民票の記載どおりに記載する）。

③　不動産の表示は，不動産の登記事項証明書の記載のとおりとする（所在，地番，地目，地積，家屋番号，構造，床面積を記載する）。

④　株式，公社債，預貯金等については，銘柄，株数，金額，金融機関名のほか，証券番号，口座番号等を記載する）。

⑤　各相続人は，氏名を自署し，実印で押印する。遺産分割協議書が複数枚にわたるときは各人が契印をする。

　（注）　相続財産を取得しなかった相続人（事実上の相続放棄をした者）がいる場合でも，その者は遺産分割協議書に署名押印する。

⑥　遺産分割協議書は，共同相続人の数分を作成し，各人の印鑑登録証明書を添付して，それぞれが保有する。

　遺産分割協議書の作成例を示すと，以下のとおりである。

遺産分割協議書

　（被相続人の表示）

　氏　　　名　山田　太郎

第 6 章／遺産分割

本　　　籍　長野県松本市○○二丁目 1058 番地

最後の住所　埼玉県川口市○○三丁目 11 番 17 号

生 年 月 日　昭和○○年 5 月 18 日

死亡年月日　令和○○年 9 月 2 日

　上記の者の遺産について，相続人山田花子，同山田一郎，同川田咲子は，分割協議を行った結果，本日次のとおり分割し，取得することに決定した。

第一　遺産の分割

　一　相続人山田花子が取得する遺産

　　（一）　後記不動産目録記載一の土地の全部

　　（二）　後記不動産目録記載二の建物の全部

　　（三）　埼玉県川口市○○三丁目 11 番 17 号所在の居宅内にある
　　　　　家財一式

　二　相続人山田一郎が取得する遺産

　　（一）　○○株式会社の株式　30,000 株

　　（二）　○○銀行○○支店の普通預金（口座番号 1234567）
　　　　　相続開始日の預入残高　12,876,453 円

　三　相続人川田咲子が取得する遺産

　　（一）　第○回利付国庫債券（証券番号 7654 番）額面 2,000 万
　　　　　円

　　（二）　○○銀行○○支店の定期預金（口座番号 2345678）
　　　　　相続開始日の預入残高　12,000,000 円

第二　債務の負担

　　○○銀行○○支店からの借入金（相続開始日の残高 4,876,453円）は相続人山田花子が負担し，被相続人に係る未納の公租公課は相続人山田一郎が負担するものとする。

　　以上の遺産分割の合意を証するため，本書 3 通を作成し，各相続人が署名押印の上，各自 1 通を所持するものとする。

　　令和○○年 6 月 3 日

　　　　　　　　　　本　　　籍　長野県松本市○○二丁目 1058 番地

　　　　　　　　　　住　　　所　埼玉県川口市○○三丁目 11 番 17 号

282

生年月日　昭和○○年7月23日

　　相続人（妻）　山　田　花　子　㊞

本　　籍　長野県松本市○○二丁目1058番地

住　　所　埼玉県川口市○○三丁目11番17号

生年月日　昭和○○年8月30日

　　相続人（長男）　山　田　一　郎　㊞

本　　籍　千葉県船橋市○○三丁目678番地

住　　所　群馬県高崎市○○二丁目8番7号

生年月日　昭和○○年10月2日

　　相続人（長女）　川　田　咲　子　㊞

〔不動産目録〕

一　所　　在　　川口市○○三丁目

　　地　　番　　11番17

　　地　　目　　宅　地

　　地　　積　　297.53平方メートル

二　所　　在　　川口市○○三丁目11番地

　　家屋番号　　6番5

　　種　　類　　居　宅

　　構　　造　　木造スレート葺2階建

　　床面積　　1階　156.23平方メートル

　　　　　　　　2階　105.82平方メートル

税務の視点

1 現物分割と相続税の特例の適用

　現物分割に限ったことではないが，相続税には遺産分割が成立していることを前提にした特例的措置が多い。次のような制度である。

① 配偶者に対する相続税額の軽減（相法19の2）

② 小規模宅地等の特例（措法69の4）

③ 農地等に係る相続税の納税猶予（措法70の6）

第6章／遺産分割

④ 山林についての相続税の納税猶予（措法70の6の6）

⑤ 特定の美術品についての相続税の納税猶予（措法70の6の7）

⑥ 個人事業者に係る特定事業用資産の相続税の納税猶予（措法70の6の10）

⑦ 非上場株式等に係る相続税の納税猶予（措法70の7の2，70の7の6）

⑧ 医療法人の持分についての相続税の納税猶予（措法70の7の12）

このほか，現物分割によって取得した相続財産でなければ，物納財産に充てることは困難である。また，相続税を納付するために相続財産を譲渡換金する場合も現物分割によることが得策である。

▐2▏小規模宅地等の特例と相続税の負担割合

相続財産の評価の基準時点について，民法の考え方と相続税法との違いは前述したとおりであり，そのことによって，取得する財産の価額と相続税の負担割合に開差が生じる可能性があることも前述したとおりである。

これと同様のことが小規模宅地等の特例の適用に際しても生じることがある。同特例の適用を受けるためには，特例対象宅地等を特例の要件に該当する者が現物分割で取得することが望ましい。ただ，特例の適用を受ける者の相続税は，当然のことながら大きく軽減されるのであるが，その結果，相続財産を時価ベースで均等に分割したとしても，特例の適用を受ける者と受けない者との間の相続税の負担割合は大きく異なることになる。この点は，現行の課税の仕組みからみるとやむを得ないことであるが，相続人間の理解を得ておく必要がある。

284

3／換価分割

❸ 換価分割
その意義と実務上の留意点

質問

　相続財産は，被相続人の居住用の土地建物のみで，他に目ぼしい財産はありません。相続人は2人で，いずれも自己の居住用財産を所有しているため，相続財産を売却して，その代金を分割しようと考えています。その場合の手続と税務の扱いは，どのようになりますか。

法務の視点

1│換価分割の意義

　換価分割とは，相続財産の全部又は一部を処分して，その処分代金を共同相続人間で分配するという遺産分割の方法である。

　審判分割の場合について，「家庭裁判所は，遺産の分割の審判をするため必要があると認めるときは，相続人に対し，遺産の全部又は一部を競売して換価することを命ずることができる」とされている（家事事件手続法194①）。

　換価分割の方法は，審判分割のほか，協議分割においても共同相続人の全員の合意の下に自由に採用することができる。換価分割は，相続財産の中に相続人の全員が取得を希望しないものがあったり，代償分割を行おうとしても代償金の支払能力がない場合，あるいは相続税の納税資金を捻出するために換価する必要がある場合などに実益がある。

　ただし，換価分割は，その相続財産について売却できることが前提となる。また，売却の時期や方法，売却価額，売却のための費用の負担のほか，売却代金の分配方法について相続人全員の合意が成立しないと採用できない。

285

第6章／遺産分割

2 | 換価分割と相続登記

　土地などの不動産を換価分割の対象とする場合には，いったん相続登記を行わなければ処分することはできない。その登記の方法としては，次のいずれを前提とするかによって異なる。

　① 換価代金を法定相続分に従って分配する場合

　② 換価代金を法定相続分と異なる割合で分配する場合

　これらの前提となる相続登記は，いずれも共有とするための登記であるが，①の場合には，遺産分割前の相続共有登記として行えるため，登記申請に際して遺産分割協議書の提出は要しない。これに対し②によるときは，登記申請に際し，換価代金の分配割合（不動産の共有割合）を明記した遺産分割協議書の添付を要することになる。

　なお，登記の方法がいずれであっても，登録免許税（税率は不動産の価額に対し1,000分の4）は変わらない。

3 | 換価分割の場合の遺産分割協議書の作成方法

　遺産分割協議書の作成上の留意点は，前項で述べたとおりであるが，換価分割の場合には，次のような記載が加えられる。

遺産分割協議書

第一

....

第二　換価分割

　　共同相続人全員は，後記不動産目録記載の土地を相続人Ａが持分2分の1，相続人Ｂ及びＣがそれぞれ持分4分の1を取得し，次の条件で売却した後，その売却代金から売却費用を控除した金員につき，各持分の割合で分配することに合意した。

　　　最低売却価格　　金6,000万円

　　　売却期限　　　　令和〇年〇〇月〇〇日

　　なお，当該条件による売却が不可能となったときは，共同相続人

• 286

3／換価分割

間で改めてその処分方法を協議することとする。

税務の視点

1 換価分割と相続税の課税

　換価分割とは，前述のとおり相続財産の全部又は一部を処分して，その処分代金を共同相続人間で分配する方法をいう。

　相続税は，相続財産の相続開始時の価額をもとに，各相続人の取得額に対して課税することはいうまでもない。したがって，換価分割において，相続財産の処分価額と相続税とは無関係であり，その財産の評価額について，分配割合（共有割合）に応じた価額がそれぞれの相続人の課税価格に算入されることになる。

設例

　遺産の土地を次のように換価分割した。

- ●処分価額……6,000万円
- ●相続開始時の評価額…5,000万円
- ●処分代金の分配……相続人A：2分の1，B：4分の1，C：4分の1

　それぞれ次の額が相続税の課税価格に算入される。

相続人A……$5,000万円 \times \dfrac{1}{2} = 2,500万円$

相続人B……$5,000万円 \times \dfrac{1}{4} = 1,250万円$

相続人C……$5,000万円 \times \dfrac{1}{4} = 1,250万円$

2 換価分割と小規模宅地等の特例

　換価分割のために処分した宅地等であっても，小規模宅地等の特例の要件を満たす場合には，同特例を適用することができる。

　もっとも，同特例は，特定事業用宅地等，特定居住用宅地等，特定

287

第6章／遺産分割

同族会社事業用宅地等及び貸付事業用宅地等に区分されているが，配偶者が被相続人等の居住用宅地等を取得した場合を除き，いずれについても，相続税の申告期限までその宅地等を継続して所有していることが適用要件とされている（措法69の4③）。したがって，換価分割を行うために，相続税の申告期限前に宅地等を処分した場合には，特例の適用は認められない。

3 | 換価分割と譲渡所得課税

換価分割の対象となった相続財産が譲渡所得の基因となる資産である場合には，譲渡所得課税が行われる（所法33）。土地等について換価分割を行うためには，通常の場合，複数の相続人において，いったんその土地等について共有相続登記を行い，その後に譲渡することになる。その譲渡価額を各人の共有持分に応じて配分した金額がそれぞれの者の譲渡収入金額となる。

もっとも，換価分割を行うことに合意していても，換価代金の取得割合が決まっていない場合には，各相続人が法定相続分に従って換価代金を取得したものとして譲渡所得の金額を計算して申告することになる。ただし，換価する時点で代金の取得割合が決まっていなくても，譲渡の年の翌年3月15日の所得税の確定申告期限までに，換価代金が分割されたときは，譲渡収入金額をその分割された金額として各相続人の譲渡所得を計算することができる。

なお，所得税の申告期限までに換価代金の分割が行われていない場合には，法定相続分に応じて譲渡所得の申告を行うが，その申告後に換価代金が分割されたとしても，譲渡所得に異動はないこととされている。したがって，いったん申告した譲渡所得について，修正申告は不要であり，また，更正の請求もできないことになる。

4 | 相続財産の譲渡と譲渡所得課税の特例

換価分割に限ったことではないが，相続開始後に相続財産を譲渡した場合には，譲渡所得の課税において次のような特例措置がある。

1● 相続税額の取得費加算の特例

　相続又は遺贈により財産の取得をした個人で，その相続又は遺贈につき相続税額があるものが，その相続の開始があった日の翌日からその相続に係る申告書の提出期限の翌日以後3年を経過するまでの間に，相続税の課税価格に算入された資産の譲渡をした場合には，譲渡所得の金額の計算上，次の算式で計算される金額を取得費に加算することができる（措法39）。

$$取得費加算額＝譲渡者の確定相続税額\times\frac{譲渡資産の相続税評価額}{譲渡者の相続税の課税価格}$$

　なお，この算式における「確定相続税額」とは，その譲渡者の相続税額で，その譲渡をした日の属する年分の所得税の納税義務が成立する時（その年の12月31日）において確定している相続税額をいう（措令25の16①）。

2● 空き家に係る譲渡所得の特別控除

　相続開始の時からその相続の開始のあった日以後3年を経過する日の属する年の12月31日までに，相続開始の直前に被相続人の居住の用に供されていた家屋及びその敷地の用に供されていた土地を相続により取得した個人が，その家屋と敷地，又はその家屋を除却した後の敷地を譲渡した場合には，その譲渡に係る譲渡所得の金額の計算上，居住用財産の譲渡に係る3,000万円特別控除の適用を受けることができる（措法35③～⑩）。

　この特例については，その家屋に相続開始の直前において被相続人以外に居住していた者がいなかったこと，譲渡対価の額が1億円を超えないことなどの要件がある。

　なお，相続人が被相続人と同居していた場合には，この特例は適用できないが，その相続人がその家屋を相続により取得し，その後に譲渡したときは，その相続人自身の居住用財産の譲渡として3,000万円特別控除の適用を受けることができる（措法35①②）。

第6章／遺産分割

3. 相続した非上場株式を発行会社に譲渡した場合の みなし配当課税の特例

　現行の所得税法では，法人が自己株式を取得し，その法人の株主に金銭等の資産を交付した場合において，その金銭等の額がその法人の資本金等の額のうちその交付の基因となったその法人の株式に対応する部分の金額を超えるときは，その超える部分の金額に係る金銭等は，その株主に対する剰余金の配当とみなして配当課税を行うこととされている（所法25①）。

　これについて，相続又は遺贈により財産を取得した個人で，その相続又は遺贈につき相続税額のあるものが，その相続の開始の日の翌日からその相続税の申告期限の翌日以後3年を経過する日までの間に，その相続税の課税価格に算入された非上場株式をその発行会社に譲渡した場合において，その譲渡対価としてその発行法人から交付を受けた金銭等の額がその発行法人の資本金等の額を超えるときは，その超える部分の金額については，みなし配当課税はなく（措法9の7①），株式等に係る譲渡所得の収入金額とみなして株式等の譲渡所得課税の規定を適用することとされている（措法9の7②）。

　この特例の適用を受けることにより，次のような税負担の軽減効果を得ることができる。

①　配当に対する所得税の源泉徴収が不適用になる。

②　配当課税（総合課税）に代えて株式等に係る譲渡所得課税が適用され，20.315%（うち住民税5%）の比例税率による分離課税となる。

③　株式等の譲渡所得の課税上，相続財産を譲渡した場合の相続税額の取得費加算の特例の適用を受けることができる。

代償分割
その意義と実務上の留意点

質問

被相続人は，同族会社の経営者であり，遺産の大半はいわゆる自社株で占められています。事業の後継者である長男が自社株の全部を相続すると，他の相続人の取得財産はほとんどありません。

この場合，代償分割という方法があると聞きましたが，この方法によるときの手続はどうしたらよいですか。また，税務の扱いはどうなりますか。

法務の視点

1 代償分割の意義

相続財産となった土地について，分筆が困難な場合で相続財産の大部分を占めている場合や，被相続人の事業を承継する相続人が取得する事業用財産の価額が大半を占めるなど，相続財産の種類や性質によっては現物分割が困難であることが少なくない。

このため，特定の相続人が相続財産の全部又は大部分を取得し，その相続人から他の相続人に金銭等の資産を交付する，という遺産分割が利用されている。特定の相続人が他の相続人に代償債務を負うという意味で，一般に代償分割とよばれている。

代償分割は，家事事件手続法195条の「家庭裁判所は，遺産分割の審判をする場合において，特別の事由があると認めるときは，遺産の分割の方法として，共同相続人の1人又は数人に他の共同相続人に対する債務を負担させて，現物の分割に代えることができる。」という規定を根拠として，審判分割で採用される遺産分割方法である。

ただ，実務的には共同相続人間の遺産配分の調整に有効であるため，

第6章／遺産分割

協議分割においても利用される例が多い。

2 代償分割の実務上の留意点～代償金の支払能力の有無

　共同相続人間の協議で代償分割を行う場合には，代償する額を決定することはもちろんのこと，代償財産を金銭とする場合には，その代償金を支払う相続人（代償債務の負担者）の支払能力を検討することが重要である。分割協議が成立しても，代償金の支払が不能の場合には後日にトラブルが生じかねない。家庭裁判所における調停や審判による分割では，その支払能力を見極めた上で代償分割を行っているが，協議分割では安易に合意することがあるため留意する必要がある。

　実務的には，代償金の支払が可能であるかどうかを相互に確認した上で実行することとし，代償金の支払の時期や支払方法等を遺産分割協議書に明記すべきである。この場合，代償金の支払期日まで一定の期間を設定することや分割払とすることも合意すれば可能であるが，トラブルを回避するためには，可能な限り短期間のうちに一括払とすることが望ましい。

　なお，代償金の支払期間が長期にわたる場合には，代償債務者の有する資産に抵当権を設定するなど，代償債務の履行を担保するための措置も検討する必要がある。また，支払期日までの間について金利を付すかどうかも検討する必要がある。

3 代償債務の不履行と遺産分割協議の解除の可否

　被相続人の相続人は，A，B及びCの3人である。相続財産はほとんどが不動産であることから，その散逸を防止するため，相続財産の全部をAが取得し，AからBに5,000万円の代償金を，AからCに3,000万円の代償金をそれぞれ支払うことで合意した。ところが，その後3年が経過し，AからCに対する代償金は支払われたが，AからBに対する支払は履行されず，また，その支払がほぼ不可能であることが判明した。そこでBは，A及びCに対し，当初の遺産分割協議を解除し，やり直すべきであると主張した。

　この場合のBの主張は認められるであろうか。代償債務の不履行

292

4／代償分割

を理由とした遺産分割協議の解除の可否について，次のような判例がある（最判平元.2.9）。

　「共同相続人間において遺産分割協議が成立した場合に，相続人の1人が他の相続人に対して前記協議において負担した債務を履行しないときであっても，他の相続人は民法541条（履行遅滞による解除権）によって遺産分割協議を解除できないと解するのが相当である。けだし，遺産分割はその性質上協議の成立とともに終了し，その後は協議において債務を負担した相続人とその債権を取得した相続人間の債権債務関係が残るだけと解すべきであり，しかも，このように解さなければ民法909条本文により遡及効を有する遺産の再分割を余儀なくされ，法的安定性が著しく害されるからである。」

　この判示からみれば，上例のBの主張は認められないことになる。もっとも，その主張とは別に，BがAを相手方として債務不履行の訴えを提起することは可能であると考えられるが，代償金の支払が不能となった場合には，こうしたトラブルに発展する可能性があることに留意する必要がある。

4 代償分割の場合の遺産分割協議書の作成方法

　遺産分割協議書の作成上の留意点は，「現物分割」の項で述べたとおりであるが，代償分割の場合の例を示すと，以下のとおりであり，「代償財産」の事項が追加される。

遺産分割協議書

　　被相続人　　中田　幸造
（本　　　籍）　長野県松本市○○二丁目1058番地
（最後の住所）　東京都新宿区○○二丁目5番6号
（生 年 月 日）　昭和○○年○月○日
（死亡年月日）　令和○年○月○日
　上記の者の遺産については，同人の相続人間において，次のとおりとすることに決定した。

293

第6章／遺産分割

第1　遺産の取得

相続人中田良子は，次の遺産を取得する。

（1）　東京都新宿区〇〇二丁目所在

地　番　304番3

宅　地　277.29平方メートル

（2）　東京都新宿区〇〇二丁目26番地3所在

家屋番号　26番

木造ストレート葺二階建居宅

床面積 154.29平方メートル

（3）　その他被相続人中田幸造の所有に属する一切の財産

第2　代償財産

前項の遺産の取得により，相続人中田良子の取得する遺産は，同人の相続分を超えることとなるので，同人は，他の相続人に対し，それぞれ次の金額を令和〇年〇月〇日までに金銭により交付するものとする。

相続人　安田建造　金 1,500万円

相続人　吉田年子　金　750万円

相続人　竹田作造　金　550万円

上記の遺産分割の合意を証するため，本書4通を作成し，相続人の各自署名押印のうえ，各自1通宛所持するものとする。

令和〇年〇月〇日

東京都新宿区〇〇二丁目5番6号

相続人　中　田　良　子　㊞

名古屋市熱田区〇〇三丁目9番5号

相続人　安　田　建　造　㊞

大阪市北区〇〇六丁目8番1号

相続人　吉　田　年　子　㊞

福岡市博多区〇〇二丁目2番2号

相続人　竹　田　作　造　㊞

4／代償分割

税務の視点

1 代償分割が行われた場合の相続税の課税価格

　相続税は，各相続人が遺産分割により取得した財産の価額をもとに課税することを原則としており，この点は現物分割でも代償分割でも変わることはない。

　代償分割を簡略化していえば，共同相続人がＡとＢの２人（相続分はいずれも２分の1），相続財産は土地のみで，その価額は１億円という場合に，土地の全部を相続人Ａが取得し，ＡからＢに5,000万円の金銭を交付する方法をいう。

　この場合，相続人Ｂが取得する5,000万円の金銭は被相続人から相続により取得したものではないが，相続税の課税上は相続財産とみることが適当であり，一方の相続人Ａの相続財産は実質的には土地１億円から代償金5,000万円を控除した5,000万円とするのが自然である。このため，代償分割が行われた場合の相続税の課税価格の計算は，次によることとされている（相基通11の2-9）。なお，下記②の計算で代償財産の価額を控除するのは，債務控除を行う趣旨ではない。

①　代償財産の交付を受けた者

$$課税価格＝\left[\begin{array}{l}相続又は遺贈により取\\得した現物財産の価額\end{array}\right]＋代償財産の価額$$

②　代償財産の交付をした者

$$課税価格＝\left[\begin{array}{l}相続又は遺贈により取\\得した現物財産の価額\end{array}\right]－代償財産の価額$$

　したがって，上記の相続人Ａ及びＢの課税価格は次のようになり，税額のあん分割合をそれぞれ0.5として相続税額を計算することになる。

- Ａ（代償財産の交付者）……１億円－5,000万円＝5,000万円
- Ｂ（代償財産の取得者）……5,000万円

第6章／遺産分割

2 代償財産の価額の算定方法

ところで，遺産分割に際しての相続財産の価額は，相続開始時の価額ではなく，遺産分割を行う時の財産の価額を基準とするのが民法の考え方である。一方，相続税法は，相続又は遺贈により取得した財産の価額は，相続開始時の時価で評価することとされている（相法22）。

このため，代償財産の価額は，遺産分割時の相続財産の価額を基に決定されるが，代償財産を交付する者の取得した現物財産の価額は相続開始時において評価されることになる。その結果，上記 **1** で示した課税価格の計算において，現物財産の価額と代償財産の価額の間には評価の時点が異なるという問題が含まれている。

そこで，相続税の課税価格の計算における上記 **1** の算式の「代償財産の価額」は，代償分割の対象となった財産を現物で取得した者が他の相続人に対して負担した債務（代償債務）の額の相続開始時における金額によることとしている（相基通11の2-10）。

3 代償財産の「時価」と「評価額」の調整

上記 **2** の代償財産の価額の算定については，「時価」と「相続税評価額」との差異に関する問題がある。相続又は遺贈により取得した財産の価額は，財産評価基準によって評価することになるが，遺産分割の基準となる財産の価額は，いわゆる「時価」であり，両者の間には価額の差異があるのが一般的である。このため，上記 **1** で示した課税価格の計算方法について，現物の相続財産と代償財産の間で価額の評価ベースを統一しなければ，相続人間での相続税の負担割合が不公平になるという問題が生ずる。

例えば，前述した相続人A（土地1億円を取得）と相続人B（代償財産として金銭5,000万円を取得）の場合に，Aの取得した土地の時価が2億円であるとすれば，Aは実質的には，

2億円－5,000万円＝1億5,000万円

の財産を取得したことになる。

したがって，代償財産として金銭5,000万円を取得したBとの間で，

・296

税額のあん分割合をそれぞれ 0.5 とすると，Ｂの相続税の負担割合は，相対的に過重になる。そこで，上記 **1** の課税価格の計算における代償財産の価額はそれぞれ次によることとしている（相基通 11 の 2-10 ただし書）。

① 共同相続人等の全員の協議に基づいて代償財産の価額を次の②に掲げる算式に準じて又は合理的と認められる方法によって計算して申告があった場合……その申告があった金額

② ①以外の場合で，代償債務の額が，代償分割の対象となった財産が特定され，かつ，その財産の代償分割の時における通常の取引価額（時価）を基として決定されているとき……次の算式により計算した金額

$$代償財産の価額＝代償債務の額 \times \frac{代償分割の対象となった財産の相続開始時の相続税評価額}{代償債務の額の決定の基となった代償分割対象財産の代償分割の時の時価}$$

このうち②の算式について，前述した相続人ＡとＢの例で示せば，それぞれの課税価格は次のようになる。

イ　代償財産（金銭 5,000 万円）の価額

$$5,000 万円 \times \underset{\text{（Aの取得した土地の分割時の時価）}}{\overset{\text{（分母の土地の相続開始時の相続税評価額）}}{\frac{1 億円}{2 億円}}} ＝2,500 万円$$

ロ　課税価格
- 相続人Ａ……1 億円－2,500 万円＝7,500 万円（税額のあん分割合 0.75）
- 相続人Ｂ……2,500 万円（税額のあん分割合 0.25）

ところで，上記の①において，代償財産の価額を「合理的と認める方法によって計算して申告があった場合」には，その申告を認めることとされており，代償財産の価額の算定は納税者が任意に行うことができる。これは，代償財産の価額をどのように算定しても課税価格の合計額に変わりはなく，したがって，相続税の総額も変わらないからである。

297

第6章／遺産分割

　ただし，共同相続人に配偶者がある場合には，その計算方法によっては配偶者の課税価格が法定相続分相当額を下回り，配偶者の税額軽減規定の適用上，納税者に不利になることがある。この場合，その不利を回避するために，代償財産の価額を不合理な方法で算定すると，税務的には否認の対象となる。

　なお，上記②の算式における分子の金額（代償分割の対象となった財産の相続開始時の相続税評価額）の算定上，その財産について「小規模宅地等の特例」の適用がある場合には，その特例の適用前の評価額による必要がある。

▌4 代償財産が現物の場合の譲渡所得課税

　代償分割により交付する資産が金銭（現金）の場合には問題はないが，土地などの譲渡所得の基因となる資産の場合には，その譲渡益に対する課税問題が生じることになる。

　代償財産の交付は，代償債務を消滅させる行為であり，現物資産を交付すると一種の代物弁済という対価性のある資産の譲渡ということになる。このため，代償財産を交付する相続人がもともと所有していた土地等の資産で代償すると，その土地等をその時の時価で譲渡したものとみなされることになる（所基通33-1の5）。

　なお，代償分割により現物資産を交付又は取得をした資産の取得費は，次によることとされている（所基通38の7）。

　① 　代償分割により負担した債務に相当する金額は，その債務を負担した者がその代償分割に係る相続により取得した資産の取得費には算入されない。

　② 　代償分割により債務を負担した者からその債務の履行として取得した資産は，その履行があった時においてその時の価額により取得したことになる。

　このうち①は，代償財産を交付した者の取扱いであり，代償債務の額は資産の取得費を構成しないことになる。これは，現物分割により被相続人の債務を負担しても，相続税の計算上債務控除されるだけであり，その債務が資産の取得費を構成しないことと同じである。

共有とする分割
その意義と共有物分割の留意点

質問

相続人間で遺産分割の協議を行っていますが，各人の意見が対立してまとまりません。そこで，遺産のうちの不動産は，ひとまず各相続人の相続分に応じた共有にしておきたいと思います。その場合，将来において共有状態を解消するときに問題が生じますか。

法務の視点

1 共有とする分割の問題点

遺産の分割に際し，現物分割，代償分割及び換価分割のいずれも不可能な場合には，相続財産の全部又は一部を相続人全員の共有とすることも可能である。

しかしながら，相続財産を各共同相続人に個別に帰属させるという遺産分割の趣旨からみれば，共有とする分割方法は好ましいものとはいえない。各相続人が相続財産を自由に使用収益できないことになるとともに，共有とする分割を行うと，物権法上の共有状態となり，その解消をするためには，共有物分割の手続によらざるを得なくなる（民法256，258）。

もっとも，物権法上の共有物であっても，共有者全員の合意が成立すれば，共有物を第三者に売却し，その売却代金を持分に応じて分配することは可能である。また，共有者の1人が他の共有者からその持分を譲り受けて単独所有としたり，1筆の土地を複数の土地に分筆して各共有者の単独所有とすることもできる。

しかしながら，共有者の間で合意が得られない場合には，分割を求める共有者が他の共有者全員を被告として，地方裁判所に共有物分割

第6章／遺産分割

請求訴訟を提訴し，勝訴判決を得なければ分割を実現させることはできないこととなる（民法258①）。

いずれしても，共有とする遺産分割を行うと，事後の財産の処分のために相当の費用と時間を要することになる。

2 共有とする分割の場合の遺産分割協議書の作成方法

相続財産を共有とする遺産分割の場合の遺産分割協議書は，次のように記載して作成することになる。

別紙不動産目録記載の土地は，共同相続人の全員が共有により取得することとし，その持分につき相続人Ａは２分の１，相続人Ｂは４分の１，相続人Ｃは４分の１とする。

税務の視点

1 共有とする分割があった場合の相続税の課税

相続税の課税は，原則として各相続人等の遺産分割に基づく取得財産の価額に対して行われ，この場合の遺産分割について，その態様は問わない。共有による分割も遺産分割の一形態であり，相続税の課税について特別の定めはない。各相続人の取得した財産に対する共有持分の価額がそれぞれの課税価格に算入されることになる。

なお，共有財産の持分の価額は，その財産の価額をその共有者の持分に応じてあん分した価額によって評価することとされている（評基通2）。

2 共有物の分割と譲渡所得課税

相続財産を共有とする分割が行われた後に，その共有状態を解消するとすれば，共有物分割の手続によらざるを得ない。

共有物分割に関して，2以上の者が土地等の資産を共有している場合において，その土地等をそれぞれの共有持分に応じて分割し，それ

• 300

5／共有とする分割

ぞれの単独所有とする行為は，法的にみれば共有者相互間においてその有する持分の交換又は売買が行われたことになるとされている（最判昭42.8.23）。したがって，共有物の分割を行った場合において，その資産が譲渡所得の基因となるものであるときは，譲渡所得課税の問題が生ずることになる。

しかしながら，共有関係にある資産を分割するということは，共有者が有していたその資産全体に及んでいた持分権がその資産の一部分に集約したにすぎないものであり，経済的実態からみれば，資産の譲渡による収入の実現とまではいえない。

そこで，税務の取扱いとしては，共有物を分割した場合には，持分の交換・譲渡がなかったものとして譲渡所得課税はないことが明らかにされている（所基通33-1の6）。

ただし，分割された資産が土地等の場合で，分割後のそれぞれの土地等の価額の比が共有持分の割合と著しく異なるときは，共有者相互間で財産的価値が移転したことになる。したがって，その価額差に見合う対価の授受がなければ贈与となり，また，実際に対価を授受すれば譲渡の発生として譲渡所得の課税問題が生じることになる。

301

第6章／遺産分割

遺産全部の未分割
税務上の問題点と分割後の処理

質問

被相続人の相続人は，配偶者と子3人ですが，いわゆる相続争いが生じました。そこで，紛争を静めるため，共同相続人の協議により1年間は遺産分割をしないことにしました。

この場合は，相続税の申告等をどのように行うかが問題になると思われますが，どのような点に留意すべきでしょうか。

法務の視点

1 遺産未分割の法的性質

民法は，「相続人が数人あるときは，相続財産は，その共有に属する。」（民法898）と規定している。したがって，遺産分割が行われるまでは，相続財産は共同相続人の全員による共有の状態となる。

この共有状態の法的性質については，物権法上の「共有」と同じであるとする考え方があるが（民法249以下），一方で「合有」とする考え方がある。前者であれば，各共同相続人は相続財産を構成する個々の財産に対し物権的な持分権（共有持分）を有するため，遺産分割が成立する前であってもその持分権を単独で処分することができる。

これに対し，「合有」であれば，各共同相続人は相続財産の全体に対して抽象的な持分を有することになる。その持分の処分は可能（相続分の譲渡）であるが，物権的な持分はない。

判例は一貫して「共有」とする考え方を採っているが（最判平17.10.11），相続の実務からみれば，共有と合有の違いを議論する実益はほとんどないと考えられる。

6／遺産全部の未分割

2 遺産分割の禁止

　相続財産の共有状態を解消するための手段として，遺産分割は重要な手続であるが，民法は，被相続人の遺言によって相続開始から5年を超えない範囲で遺産分割を禁ずることができる旨を規定している（民法908）。

　また，家庭裁判所は，特別の事由があるときは，期間を定めて遺産の全部又は一部について分割を禁ずることができることとされており（民法907③），相続人の協議により5年を超えない期間で共有物の分割をしないことを合意することもできる（民法256）。

　遺産分割を禁止することは，各共同相続人にとって有益なことではないが，遺産の範囲をめぐって訴訟が提起されているような場合には，家庭裁判所の判断によって遺産分割が禁止されることがある。

3 未分割遺産から生じる収益の帰属

　相続の開始から遺産分割まではタイムラグがあるが，遺産が未分割である間にその遺産から生じた果実の帰属の問題がある。賃貸不動産がある場合の家賃や地代は誰のものであるかという問題である。

　相続人間でその帰属が争われた事案について，原審（大阪高判平12.2.2）は，「遺産から生ずる法定果実は，それ自体は遺産ではないが，遺産の所有権が帰属する者にその果実を取得する権利も帰属するのであるから，遺産分割の効力が相続開始の時にさかのぼる以上，遺産分割によって特定の財産を取得した者は，相続開始後に当該財産から生ずる法定果実を取得することができる。そうすると，本件不動産から生じた賃料債権は，相続開始の時にさかのぼって，本件遺産分割決定により本件不動産を取得した各相続人にそれぞれ帰属する」ものであると判示した。

　これについて上告審である最高裁判所は，次のように判示して原審の判断を覆している（最判平17.9.8）。

　「しかしながら，原審の上記判断は是認することができない。その理由は，次のとおりである。

303

第6章／遺産分割

遺産は，相続人が数人あるときは，相続開始から遺産分割までの間，共同相続人の共有に属するものであるから，この間に遺産である賃貸不動産を使用管理した結果生ずる金銭債権たる賃料債権は，遺産とは別個の財産というべきであって，各共同相続人がその相続分に応じて分割単独債権として確定的に取得するものと解するのが相当である。遺産分割は，相続開始の時にさかのぼって効力を生ずるものであるが，各共同相続人がその相続分に応じて分割単独債権として確定的に取得した上記賃料債権の帰属は，後にされた遺産分割の影響を受けないものというべきである。」

要するに，未分割遺産から生じる果実は，各共同相続人が相続分に応じて取得する権利があるということである。もっとも，共同相続人の全員の合意によってその果実を特定の相続人に帰属することとした場合には，その合意したところによると考えられる。

税務の視点

1 未分割遺産に対する課税規定

相続財産が未分割であることを理由として申告期限を伸長させるのは課税の公平を害することになる。したがって，相続財産が未分割であっても，当然のことながら法定申告期限までに申告と納税を行わなければならない。

そこで，相続税法は，相続税の申告書の提出時までに相続財産の全部又は一部が共同相続人又は包括受遺者によってまだ分割されていないときは，その分割されていない財産は，各共同相続人又は包括受遺者が民法の規定による相続分又は包括遺贈の割合に従ってその財産を取得したものとして課税価格を計算することとしている（相法55）。

なお，この規定における「民法の規定による相続分」とは，民法900条から903条まで（法定相続分，代襲相続人の相続分，指定相続分及び特別受益者の相続分）の相続分をいうことに取り扱われている（相基通55-1）。

未分割遺産がある場合の課税価格の計算方法については，第2章の

「3　特別受益者の相続分」の項（70ページ）で説明したとおりである。

2　遺産分割後の課税の調整

上記**1**の課税規定による申告が行われた後に遺産の分割が行われ，その分割による取得財産の価額に基づいて計算された課税価格が当初の申告額と異なることとなったときは，次のいずれかの方法により課税計算の調整が必要となる。

① 遺産分割が行われたことにより，新たに申告義務が生じた場合……期限後申告書の提出（相法30①）

② 遺産分割が行われたことにより，既に確定した相続税額に不足を生じた場合……修正申告書の提出（相法31①）

③ 遺産分割が行われたことにより，当初申告した課税価格及び相続税額が過大となった場合……更正の請求（相法32①）

　（注）　相続税の申告書は，実務的には共同提出を行っているが，相続人ごとに提出することが原則である。この場合に，相続財産を取得しても，税額控除等により納付税額がないときは，その相続人に申告書の提出義務はない（相法27①）。
　　　　したがって，遺産が未分割のときの課税価格について納付すべき税額がない場合には，期限内申告書の提出義務はないことになるが，無申告の後，遺産分割によって納付すべき税額が算出されれば，上記①により期限後申告書を提出することになる。

ところで，未分割遺産に対する課税規定に基づいて申告をした後に，遺産分割が行われ，相続税額に異動が生じたとしても，修正申告や更正の請求をする必要がない場合もある。次のような例である。

▶設例◀

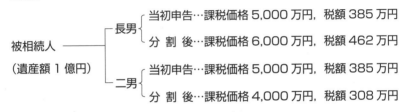

第6章／遺産分割

　この例の場合には，法令上は遺産分割が行われた後に，長男は修正申告を，二男は更正の請求を行うことになる。ただし，遺産が未分割である当初申告における税額と分割後の課税価格に基づく税額もその合計額（相続税の総額）は770万円で異なることはない。このため，税負担の調整は相続人間において行えば足りることになり，あえて長男について修正申告，二男において更正の請求を行う必要はないと考えられる。

　もっとも，二男が更正の請求を行った場合に，長男が修正申告をしなければ，長男について税務署長による更正処分がある（相法35③）。

　参考までに，期限後申告，修正申告及び更正の請求に関する国税通則法と相続税法の規定をまとめると，本項の末尾の表のとおりである。

3 未分割遺産に対する配偶者の税額軽減規定の不適用

　配偶者に対する相続税額の軽減規定が適用される場合には，配偶者の相続税額から，次の①と②の算式で計算される金額のうちいずれか少ない金額が控除される（相法19の2①）。

①　相続税の総額 × $\dfrac{\text{相続税の課税価格の合計額} \times \text{配偶者の法定相続分}}{\text{相続税の課税価格の合計額}}$

②　相続税の総額 × $\dfrac{\text{配偶者の相続税の課税価格}}{\text{相続税の課税価格の合計額}}$

> （注1）　①の分子の金額が1億6,000万円に満たない場合には，1億6,000万円として計算する。
>
> （注2）　①の分子の「配偶者の法定相続分」とは，相続の放棄があってもその放棄がなかったものとした場合の相続分をいう。したがって，例えば，配偶者と子が相続人で，子の全員が相続の放棄をしたため，配偶者と直系尊属が相続人となった場合には，「3分の2」ではなく「2分の1」となる。

　配偶者の税額軽減規定は，配偶者の生活を保護するための制度であることから，配偶者が実際に取得した財産が軽減の対象となる。このため，相続税の申告書の提出期限までに分割されていない財産の価額は，上記②の算式の「配偶者の相続税の課税価格」には含まれない（相法19の2②）。税額軽減の対象になる財産とは，次のものをいう（相

306

基通 19 の 2-4)。

① 相続税の申告書の提出期限までに相続又は遺贈により取得した財産のうち分割により取得した財産

② 被相続人の相続人がその配偶者のみで包括受遺者がいない場合におけるその相続により取得した財産

③ その相続に係る包括受遺者が配偶者のみで他に相続人がいない場合におけるその包括遺贈により取得した財産

④ 被相続人からの特定遺贈により取得した財産

⑤ 相続開始前3年以内に被相続人からの贈与により取得した財産で，その価額が相続税の課税価格に加算された場合におけるその財産

⑥ 相続税法の規定により相続又は遺贈により取得したものとみなされる財産

⑦ 相続税の申告期限から3年以内に遺産分割がされた場合におけるその分割により取得した財産

⑧ 相続税の申告期限から3年が経過する日までの間に財産が分割されなかったことにつきやむを得ない事情がある場合において，税務署長の承認を受けたときは，その財産につき分割できることとなった日の翌日から4か月以内に遺産分割がされた場合におけるその分割により取得した財産

これらのうち⑦は，相続財産が申告期限内に分割されなかった場合であっても，その後3年以内に分割を行えば，税額軽減規定を適用できるということであるが，その場合には，その分割が行われた日の翌日から4か月以内に更正の請求を行うことになる（相法19の2②ただし書，32①八）。

（注）　遺産の分割が行われた結果，配偶者について当初の申告と「課税価格」が異なることとなったときは，相続税法32条1項1号により更正の請求を行うことができる。

　　　　ただし，分割後の課税価格が当初の申告と同額の場合，つまり，民法の相続分どおり分割が行われると，「課税価格」は異ならない。この場合には，税額軽減規定の適用により配偶者の相続税額が減少するため，相続税法

第6章／遺産分割

32条1項8号により更正の請求を行うことになる。

また，上記⑧の「分割ができないやむを得ない事情」と「分割ができることとなった日」とは，下表のとおりである（相令4の2①）。

なお，上記⑦について，遺産分割の確定時に税額軽減の規定を受けるためには，当初の期限内申告の際に「申告後3年以内の分割見込書」を提出する必要がある（相規1の6③二）。

また，上記⑧について，分割制限期間を伸長したい場合には，申告期限後3年を経過する日の翌日から2か月以内に，税務署長に対し一定の書類を添付した「遺産が未分割であることについてやむを得ない事由がある旨の承認申請書」を提出することとされている（相令4の2②，相規1の6①②）。

●「分割ができないやむを得ない事情」「分割ができることとなった日」の取扱い

分割ができないやむを得ない事情	分割できることとなった日
①　相続税の申告期限の翌日から3年を経過する日において，その相続又は遺贈に関する訴えが提起されている場合（その相続又は遺贈に関する和解又は調停の申立てがされている場合において，これらの申立ての時に訴えの提起がされたものとみなされるときを含む）	判決の確定又は訴えの取下げの日その他その訴訟の完結の日
②　相続税の申告期限の翌日から3年を経過する日において，その相続又は遺贈に関する和解，調停又は審判の申立てがされている場合	和解もしくは調停の成立，審判の確定又はこれらの申立ての取下げの日その他これらの申立てに係る事件の終了の日
③　相続税の申告期限の翌日から3年を経過する日において，その相続又は遺贈に関し，民法907条3項もしくは908条の規定により遺産の分割が禁止され，又は同法915条1項ただし書の規定により相続の承認もしくは放棄の期間が伸長されている場合（その相続又は遺贈に関する調停又は審判の申立てがされている場合において，その分割の禁止をする旨の調停が成立し，又はその分割の禁止もしくはその期間の伸長をする旨の審判もしく	その分割の禁止がされている期間又は伸長されている期間が経過した日

6／遺産全部の未分割

はこれに代わる裁判が確定したときを含む)	
④ ①～③のほか，相続又は遺贈に係る財産が，その相続税の申告期限の翌日から3年を経過する日までに分割されなかったこと及びその財産の分割が遅延したことについて，税務署長がやむを得ない事情があると認める場合	その事情の消滅の日

(注) 上表の④における「やむを得ない事情」については，次のような判断基準がある（相基通19の2-15）。
　① その申告期限の翌日から3年を経過する日において，共同相続人又は包括受遺者の1人又は数人が行方不明又は生死不明であり，かつ，その者に係る財産管理人が選任されていない場合
　② その申告期限の翌日から3年を経過する日において，共同相続人又は包括受遺者の1人又は数人が精神又は身体の重度の障害疾病のため加療中である場合
　③ その申告期限の翌日から3年を経過する日前において，共同相続人又は包括受遺者の1人又は数人が法施行地外にある事務所もしくは事業所等に勤務している場合又は長期間の航海，遠洋漁業等に従事している場合において，その職務の内容などに照らして，その申告期限の翌日から3年を経過する日までに帰国できないとき
　④ その申告期限の翌日から3年を経過する日において，相続税法施行令4条の2第1項1号から3号までに掲げる事情又は（注）①から③までに掲げる事情があった場合において，その申告期限の翌日から3年を経過する日後にその事情が消滅し，かつ，その事情の消滅前又は消滅後新たに同項1号から3号までに掲げる事情又は（注）①から③までに掲げる事情が生じたとき

4 遺産未分割の場合の小規模宅地等の特例の不適用

　個人が相続又は遺贈により取得した財産のうちに，被相続人等（被相続人及び被相続人と生計を一にする親族をいう）の事業の用又は居住の用に供されていた宅地等がある場合に，その宅地等の「限度面積要件」を満たす部分については，一定の要件の下に，その宅地等の相続税の課税価格に算入する金額は，その宅地等の相続税評価額から80％又は50％の割合で減額した金額とされる（措法69の4①）。

　いわゆる小規模宅地等の特例であり，限度面積と減額割合は，次ページの表のとおりである。

309

第 6 章／遺産分割

●小規模宅地等の特例の限度面積・減額割合

小規模宅地等の種類		限度面積	減額割合
特定事業用等宅地等	特定事業用宅地等	400 ㎡	80%
	特定同族会社事業用宅地等	400 ㎡	80%
特定居住用宅地等		330 ㎡	80%
貸付事業用宅地等		200 ㎡	50%

　ところで，小規模宅地等の特例は，一定の要件に該当する相続人等が取得した場合に適用することとされているため，特例の対象となる取得者が確定していない場合には，その適用はない。したがって，相続税の申告期限までに共同相続人間で分割されていない宅地等には，特例は適用されない（措法 69 の 4 ④）。

　ただし，相続税の申告期限において未分割であっても，その宅地等が申告期限から 3 年以内に分割された場合には，更正の請求によりその適用を受けることができる（措法 69 の 4 ④ただし書）。また，3 年以内に分割されなかったことにつきやむを得ない事情がある場合には，その分割ができることとなった日の翌日から 4 か月以内に分割されたときは，同様に特例の適用を受けることができる（措法 69 の 4 ④かっこ書）。

　この場合の「やむを得ない事情」の意義は前述した配偶者の税額軽減の場合と同様であり（措令 40 の 2 ⑯，相令 4 の 2 ①），また，一定の書類を提出するなど，その手続も配偶者の税額軽減の場合と同様である（措令 40 の 2 ⑯⑱，相令 4 の 2 ②，措規 23 の 2 ⑨，相規 1 の 6 ①②）。

5 | 遺産未分割の場合の納税猶予制度の不適用

　相続人等の事業承継を支援し，又は特定の美術品の保存を目的として，相続税については次のような納税猶予制度が措置されている。

　①　農地等についての相続税の納税猶予（措法 70 の 6）

　②　山林についての相続税の納税猶予（措法 70 の 6 の 6）

　③　特定の美術品についての相続税の納税猶予（措法 70 の 6 の 7）

　④　個人の事業用資産についての相続税の納税猶予（措法 70 の 6 の 10）

⑤　非上場株式等についての相続税の納税猶予（措法 70 の 7 の 2）
　　　及び納税猶予の特例（措法 70 の 7 の 6）
　　⑥　医療法人の持分についての相続税の納税猶予（措法 70 の 7 の
　　　12）

　これらの特例措置は，いずれも適用対象となる者の要件が定められ
ているため，その対象となる財産を適用対象者が取得した場合に適用
される。したがって，遺産未分割の場合には，その適用はない。

　なお，これらの特例は，配偶者の税額軽減や小規模宅地等の特例と
異なり，申告期限後の分割について適用することとはされていない。
したがって，申告期限内の遺産分割が適用に際しての絶対的条件にな
る。

6 未分割遺産から生ずる収益の帰属と所得課税

　未分割遺産から生ずる不動産所得等の収益の帰属については，前述
したとおり，各相続人がその相続分に応じて取得することとされてい
る。

　この考え方によれば，遺産が未分割であった期間中に生じた不動産
所得等は，共同相続人の全員についてその相続分に応じて所得の実現
があったものとして所得税の申告を要することになる。

　この場合に，各相続人が所得税の申告をした後に遺産の分割が行わ
れ，特定の相続人がその不動産等を取得した場合であっても，その財
産を取得しなかった相続人について，更正の請求はできないと解され
ている。

　なお，遺産が未分割であった期間中に生じた不動産所得等について，
その不動産等を取得する者に帰属させる旨の共同相続人の全員の合意
があれば，その不動産所得等の全部をその不動産等を取得した者に帰
属するものとして所得税の申告ができると考えられる。

第6章／遺産分割

●更正の請求等に係る国税通則法と相続税法の特則規定の概要

区　分	国税通則法の原則規定	相続税法の特則規定
(1)期限後申告（通則法18・相法30） 期限後申告ができる場合	期限内申告書を提出すべき者で，その提出期限内にその申告書を提出しなかった場合	期限内申告書の提出期限後に次の事由が生じたため，新たに申告書の提出要件に該当した場合 ① 未分割遺産に対する課税規定（相法55）により課税価格が計算されていた場合において，その後財産の分割が行われ，共同相続人等がその分割により取得した財産に係る課税価格が既に申告した課税価格と異なることとなったこと ② 死後認知，推定相続人の廃除，相続の放棄の取消し等により相続人に異動が生じたこと ③ 遺留分侵害額の請求に基づき支払うべき金銭の額が確定したこと ④ 遺贈に係る遺言書が発見され，又は遺贈の放棄があったこと ⑤ いわゆる条件付物納が許可された場合において，その後に物納財産である土地について土壌汚染又は地下に廃棄物等があることが判明したため，その物納許可が取り消され又は取り消されることとなったこと ⑥ 相続，遺贈又は贈与により取得した財産についての権利の帰属に関する訴えについての判決があったこと ⑦ いわゆる死後認知により相続人となった者から民法910条（相続の開始後に認知された者の価額の支払請求権）の規定による請求があったことにより弁済すべき額が確定したこと ⑧ 条件付の遺贈について，条件が成就したこと

6／遺産全部の未分割

			⑨　死亡退職金の支給額が確定したこと
	期限後申告ができる期間	税務署長による決定があるまで	（同左）
	加算税・延滞税の課税	原則として課税あり	課税なし
(2)修正申告（通則法19・相法31）	修正申告ができる場合	申告書を提出した者で，先の申告書に記載した税額に不足がある場合	申告書を提出した後に，上記(1)の期限後申告の①から⑨の事由が生じたため，既に確定した相続税額に不足が生じた場合
	修正申告ができる期間	税務署長による更正があるまで	（同左）
	加算税・延滞税の課税	原則として課税あり	課税なし
(3)更正の請求（通則法23・相法32）	更正の請求ができる場合	①　申告書を提出した場合において，その申告書に記載した課税標準もしくは税額等の計算が国税に関する法律に従っていなかったこと又はその計算に誤りがあったことにより納付すべき税額が過大であるとき ②　①の理由により，その申告書に記載した還付金の額に相当する税額が過少であるとき又はその申告書に還付	申告書を提出した後に，次の事由が生じたため，課税価格及び相続税額が過大となったとき ①　未分割遺産に対する課税規定（相法55）により課税価格が計算されていた場合において，その後財産の分割が行われ，共同相続人等がその分割により取得した財産に係る課税価格が既に申告した課税価格と異なることとなったこと ②　死後認知，推定相続人の廃除，相続の放棄の取消し等により相続人に異動が生じたこと ③　遺留分侵害額の請求に基づき支払うべき金銭の額が確定したこと ④　遺贈に係る遺言書が発見され，又は遺贈の放棄があったこと ⑤　いわゆる条件付物納が許可された場合において，その後に物

313 •

金の額に相当する税額の記載がなかったとき

③ 申告書を提出した場合において，次に掲げる事由に該当することにより，その申告書に記載した税額が過大であるとき

(イ) 課税価格等の計算基礎となった事実に関する訴えについての判決（判決と同一の効力を有する和解を含む）により，その事実がその計算の基礎としたところと異なることが確定したとき

(ロ) 申告をした者に帰属するものとされていた課税物件が，他の者に帰属するものとする当該他の者に係る国税の更正又は決定があったとき

(ハ) その他(イ)又は(ロ)に準ずる理由があるとき

納財産である土地について土壌汚染又は地下に廃棄物等があることが判明したため，その物納許可が取り消され又は取り消されることとなったこと

⑥ 相続，遺贈又は贈与により取得した財産ついての権利の帰属に関する訴えについての判決があったこと

⑦ いわゆる死後認知により相続人となった者から民法910条（相続の開始後に認知された者の価額の支払請求権）の規定による請求があったことにより弁済すべき額が確定したこと

⑧ 条件付の遺贈について，条件が成就したこと

⑨ 相続財産法人から財産分与があったこと

⑩ 特別寄与者が支払を受けるべき特別寄与料の額が確定したこと

⑪ 未分割遺産が分割された時以後において配偶者の税額軽減規定を適用して計算した相続税額が既に申告した相続税額と異なることとなったこと

⑫ 国外転出時の譲渡所得等の特例に係る納税猶予分の所得税の納付義務を承継した者の相続人がその所得税を納付することとなったこと

⑬ 非居住者に資産が移転した場合の譲渡所得等の特例に係る納税猶予分の所得税の納付義務を承継した適用贈与者等の相続人がその所得税を納付することとなったこと

更正の請求ができる期間	① 上記①②の場合……法定申告期限から5年以内 ② 上記③の場合……それぞれの事由が生じた日の翌日から2か月以内	上記の事由が生じたことを知った日の翌日から4か月以内

（注）　更正の請求ができる場合の国税通則法の規定の③の(ハ)における「その他(イ)又は(ロ)に準ずる理由」とは，次のように規定されている（通則令6）。

① 申告等に係る課税標準等又は税額等の計算の基礎となった事実のうちに含まれていた行為の効力に係る官公署の許可その他の処分が取り消されたこと

② 申告等に係る課税標準等又は税額等の計算の基礎となった事実に係る契約が，解除権の行使によって解除され，もしくは当該契約の成立後生じたやむを得ない事情によって解除され，又は取り消されたこと

③ 帳簿書類の押収その他やむを得ない事情により，課税標準等又は税額等の計算の基礎となるべき帳簿書類その他の記録に基づいて国税の課税標準等又は税額等を計算することができなかった場合において，その後，当該事情が消滅したこと

④ わが国が締結した所得に対する租税に関する二重課税の回避又は脱税の防止のための条約に規定する権限のある当局間の協議により，その申告，更正又は決定に係る課税標準等又は税額等に関し，その内容と異なる内容の合意が行われたこと

⑤ 申告等に係る課税標準等又は税額等の計算の基礎となった事実に係る国税庁長官が発した通達に示されている法令の解釈その他国税庁長官の法令の解釈が，更正又は決定に係る審査請求もしくは訴えについての裁決もしくは判決に伴って変更され，変更後の解釈が国税庁長官により公表されたことにより，当該課税標準等又は税額等が異なることとなる取扱いを受けることとなったことを知ったこと

第6章／遺産分割

遺産の一部分割
その可否と相続税額計算上の留意点

質問

遺産の分割に当たり，その一部を現物分割とし，残余は当面の間，未分割にしておくことにしたいと思います。そのような方法は可能ですか。

また，可能な場合には相続税の計算はどのように行えばよいのでしょうか。

法務の視点

1 遺産の一部分割の可否

相続財産を共同相続人に確定的に帰属させ，その所有関係を安定的なものとするという遺産分割の趣旨からみれば，全ての相続財産を1回の遺産分割で完結させることが望ましいと考えられる。

ただ，実務においては，早期に分割を行う必要がある場合や，財産の取得者について共同相続人間に異論がない場合には，遺産の一部についての分割も行われていた。

遺産の一部分割について，旧民法には明文の規定がなかったが，平成30年7月に成立した改正民法は，「共同相続人は，次条の規定により被相続人が遺言で禁じた場合を除き，いつでも，その協議により，遺産の全部又は一部の分割をすることができる。」(民法907①)とした。改正前の規定に「全部又は一部の」の文言が加えられ，一部分割が可能であることが明確化された。

相続財産に預貯金債権がある場合には，遺産分割が成立しないと，原則として金融機関に払戻し請求ができないが，預貯金についてのみ分割することによって，その払戻しが可能になる。

7／遺産の一部分割

　なお，遺産分割の前に預貯金債権を行使して金融機関から払戻しを受けた場合には，その相続人が一部分割によりその預貯金債権を取得したものとみなされる（民法909の2）。

2 | 一部分割が認められない場合

　共同相続人による協議分割が調わない場合には，家庭裁判所に分割の請求をすることになるが，遺産の一部を分割することにより他の共同相続人の利益を害するおそれがある場合には，家庭裁判所に一部分割の請求はできないこととされている（民法907②ただし書）。例えば，次のような例である。

〔設例〕

● 相続人……子A，子B及び子Cの3人
● 相続財産……事業用の土地2,000万円とその他の財産3,000万円
● 生前贈与（特別受益）……Aに対して1,000万円
● 一部分割……事業の後継者であるAに事業用の土地を取得させることにAとBは同調しているが，Cはこれに反対している。

　本設例の場合，民法の相続分の規定よれば，各相続人の取得財産の価額は次のようになる。

$$2,000\text{万円}+3,000\text{万円}+\underset{(\text{生前贈与})}{1,000\text{万円}}=6,000\text{円}$$

$$\text{子A}……6,000\text{万円}\times\frac{1}{3}-1,000\text{万円}=1,000\text{万円}$$

$$\text{子B}……6,000\text{万円}\times\frac{1}{3}=2,000\text{万円}$$

$$\text{子C}……6,000\text{万円}\times\frac{1}{3}=2,000\text{万円}$$

　この例で事業用の土地（2,000万円）をAが取得すれば，実際に分割できる財産は，その他の財産3,000万円となる。この場合，BとCの相続分は対等であり，それぞれ1,500万円を取得できるが，Aが2,000万円の事業用の土地を一部分割により取得することに反対しているCは，具体的相続分である2,000万円に足りない500万円の代償金をAから取得できる。

317

第6章／遺産分割

ただし，A が 500 万円の代償金の支払う資力がないとすれば，一部分割を行うことで C に A の無資力の負担を負わせることとなり，他の相続人の利益を害することになる。このような場合には，家庭裁判所は一部分割の申立ては不適法であるとして却下することになると考えられる。

税務の視点

1 遺産の一部分割の場合の課税価格の計算

相続税の申告時までに相続財産の一部が分割され，残余が未分割という場合のその未分割遺産については，相続税法 55 条の規定が適用され，その未分割遺産は共同相続人が民法の規定による相続分に従って取得したものとして課税価格の計算をすることになると考えられる。

設例

① 被相続人甲の遺産は 2 億円である。

② 甲の相続人は，配偶者乙，長男 A 及び二男 B の 3 人である。

③ 甲の遺産は，そのうち 5,000 万円の土地を配偶者乙が分割により取得することで合意したが，その余の財産については相続税の申告時において共同相続人間で未分割である。

本設例の場合，各相続人の課税価格の計算方法については，次の 2 つの考え方がある。

〔第 1 方法〕

① 未分割遺産の価額

（一部分割遺産）
2 億円－ 5,000 万円＝ 1 億 5,000 万円

② 民法の相続分による配分

配偶者乙……1 億 5,000 万円 $\times \dfrac{1}{2} =$ 7,500 万円

長　男A……1 億 5,000 万円 $\times \dfrac{1}{4} =$ 3,750 万円

二　男B……1 億 5,000 万円 $\times \dfrac{1}{4} =$ 3,750 万円

318

7／遺産の一部分割

③　各人の課税価格

　配偶者乙……5,000万円（分割遺産）＋7,500万円（未分割遺産）＝1億2,500万円

　長　男A……3,750万円（未分割遺産）

　二　男B……3,750万円（未分割遺産）

〔第2方法〕

①　遺産の総額……2億円

②　分割遺産の価額……5,000万円（配偶者乙）

③　未分割遺産の配分

　配偶者乙……2億円×$\frac{1}{2}$－5,000万円（分割遺産）＝5,000万円

　長　男A……2億円×$\frac{1}{4}$＝5,000万円

　二　男B……2億円×$\frac{1}{4}$＝5,000万円

④　各人の課税価格

　配偶者乙……5,000万円（分割遺産）＋5,000万円（未分割遺産）＝1億円

　長　男A……5,000万円（未分割遺産）

　二　男B……5,000万円（未分割遺産）

　これらの計算方法の違いは，＜第1方法＞が1億5,000万円の未分割遺産を単純に法定相続分で配分しているのに対し，＜第2方法＞は，配偶者乙が一部分割で取得した5,000万円の財産を一種の特別受益額とみて課税価格計算の調整をしていることである。

　いずれの方法が正しいかは現行の相続税法からは明らかではないが，相続税法55条において，「財産の全部又は一部が共同相続人又は包括受遺者によって未だ分割されていないときは，その分割されていない財産については」民法の規定による相続分によって取得したものとして課税価格を計算する，としていることからみて，上記のうち＜第1方法＞が法の文言に即していると考えられる。

319

第6章／遺産分割

もっとも，相続税法55条は，財産が分割されるまでの間の暫定的な計算規定である。全ての財産の分割が確定したときは精算的に税務処理を行うことが予定されていることからみて，上記2つの方法のいずれによってもよいと考えられる。

なお，いずれの方法であっても，配偶者の税額軽減の対象となる財産の価額は5,000万円である。

2 預貯金債権の行使による一部分割の税務

各共同相続人は，遺産分割の前であっても，預貯金債権のうち相続開始時の債権額の3分の1に法定相続分を乗じた額（金融機関ごとに150万円を限度とする）について，単独でその権利を行使することができる。

この場合の権利行使をした預貯金債権は，その共同相続人が遺産の一部分割により取得したものとみなされることは，前述したとおりである（民法909の2）。したがって，その権利行使をした額は，その相続人の課税価格に算入されるとともに，残余の相続財産が未分割であれば，上記1により課税価格の計算を行うことになる。

3 一部分割と配偶者の軽減及び小規模宅地等の特例の適用

相続税における配偶者の税額軽減規定は，配偶者が遺産分割等により実際に取得した財産について適用することとされており，未分割遺産は軽減規定の対象にならない（相法19の2②）。

また，小規模宅地等の特例についても，適用対象者が分割等で取得した特例対象宅地等に適用することとされており，遺産未分割の場合には適用されない（措法69の4④）。

このため，実務的には，期限内申告においてこれらの規定の適用を受けるために，配偶者の取得する財産のみを確定させ，また，小規模宅地等の適用対象者について，適用対象宅地等の取得のみを確定させる一部分割を行うことが考えられる。

•320

8 遺言の内容と異なる遺産分割
遺言を無視した遺産分割の可否と留意点

質問

被相続人に自筆証書による遺言があり、「遺産である甲土地は相続人Aに遺贈し、乙土地は妹Dに遺贈する」旨の記載がありますが、その他の遺産については、特に指示はありません。ただし、妹Dは、乙土地は要らないといっており、また、相続人Aも甲土地の取得を望んでいません。

そこで、遺言はなかったことにして相続人の協議で遺産の配分を決めたいと思います。遺言の内容と異なる遺産分割は可能ですか。

また、遺言執行者がいる場合といない場合で取扱いが異なりますか。

法務の視点

1 遺言執行者が指定・選任されていない場合

遺贈のうち特定遺贈について民法は、「受遺者は、遺言者の死亡後、いつでも、遺贈の放棄をすることができる。」（民法986①）と規定している。

遺贈の放棄があった場合には、その目的財産は相続財産に復帰することになる。したがって、相続人間で分割協議の対象になるため、結果として遺言の内容と異なる遺産分割が可能になる。

この点は、遺言執行者が指定・選任されていない場合はもちろんのこと、たとえ遺言執行者が指定・選任されていたとしても、遺贈の放棄があれば、遺言執行の余地がなくなるため、遺言の内容と異なる遺産分割が行われたとしても問題は生じない。

一方、包括遺贈について、受遺者が相続の開始があったことを知った時から3か月以内に家庭裁判所に放棄の申述をした場合には、特定

321

第6章／遺産分割

遺贈の放棄と同様に包括遺贈分の財産・債務は相続人に帰属すること
になる。したがって，上記と同様の結論になる。

多少の問題があるとすれば，包括受遺者が法定の期限までに家庭裁
判所に申述せずに,事実上の放棄をした場合であるが,その場合であっ
ても，遺言執行者が指定・選任されていないときは，遺言執行者の職
務権限の問題は生じないことから，包括受遺者において相続財産の取
得を欲しない限り相続人間で自由な遺産分割が可能であると考えられ
る。

2 遺言執行者が指定・選任されている場合

遺言執行者の職務や権限については，第4章の「6　遺言の執行」
の項で説明したとおりである。ただし，遺言において遺言執行者が指
定され又は選任されたとしても，特定遺贈又は包括遺贈が適法に放棄
された場合には，遺言の執行という場面はなくなることから，上記の
遺言執行者が指定・選任されていない場合と同様に共同相続人におい
て自由な遺産分割が可能になる。

また，相続人に対する特定遺贈があり，その遺贈が受遺者に有利な
内容であったにもかかわらず，遺言と異なる遺産分割協議が成立した
場合には，特段の事情がない限り，遺贈の全部又は一部を放棄したも
のと認めるのが相当であるとする裁判例がある（東京地判平6.11.10)。
このような場合も共同相続人において，遺言と異なる内容の遺産分割
が可能である。

一方，遺言で遺言執行者が指定されている場合において，その者の
同意を得ずして遺言の内容と異なる遺産分割を行うことを否定する裁
判例がある。その事案は，おおむね次のようなものである。

① 遺言者は，遺産である20余筆の土地を5人の法定相続人に具
体的に指定して相続させる旨の公正証書遺言をしていた。

② 遺言執行者として第三者（弁護士）を指定した。

③ 相続開始後,5人の相続人は遺産分割協議により各土地につき,
相続を原因として持分を各5分の1とする所有権移転登記をした。

④ これに対し，遺言執行者は，遺言の内容と異なるとしてその相

8／遺言の内容と異なる遺産分割

続登記の抹消を求めて提訴した。

⑤　相続人は，遺言書の文言は遺産分割方法の指定であり，各登記は遺産分割前の共有状態を忠実に表現しているものであり，遺言の執行を妨げるものではないなどと反論し，遺言執行者の請求の棄却を求めた。

これについて裁判所は，遺言者は「本件遺言により，特定の財産をあげて共同相続人間に遺産の分配を具体的に指示するという方法をもって相続分の指定を伴う遺産分割方法の指定をし，あわせて，原告を遺言執行者に指定したものである。このような遺言がされた場合には，遺言者は，共同相続人間において遺言者が定めた遺産分割の方法に反する遺産分割協議をすることを許さず，遺言執行者に遺言者が指定した遺産分割の方法に従った遺産分割の実行を委ねたものと解するのが相当である。」と判示し，遺言執行者の登記抹消手続の請求を認容している（東京地判平元.2.27）。

民法は，「遺言執行者は，遺言の内容を実現するため，相続財産の管理その他遺言の執行に必要な一切の行為をする権利義務を有する。」（民法1012①）とし，「遺言執行者がある場合には，相続人は，相続財産の処分その他遺言の執行を妨げるべき行為をすることができない。」（民法1013①）と規定している。さらに，「遺言執行者がその権限内において遺言執行者であることを示してした行為は，相続人に対して直接にその効力を生ずる。」（民法1015）としている。

これらは，平成30年7月の改正民法において，遺言執行者の権限を強化したものである。遺言執行者は，遺言者の意思を忠実に実現させる任務を負っている。したがって，遺言の内容と異なる遺産分割を行うに際しては，事後の問題発生を回避するため，あらかじめ遺言執行者の同意を得ることが必要であると考えられる。

税務の視点

1 遺言の内容と異なる遺産分割と相続税課税

上記により遺言と異なる内容の遺産分割が可能な場合において，共

323

第 6 章／遺産分割

同相続人間の協議によって遺産分割が行われたときは，その取得財産に基づいて各相続人に通常どおり相続税が課税されることになる。

ところで，包括遺贈に関して，「相続権のない被相続人の妹に対して，遺産の5分の1を遺贈する」という遺言があった場合において，包括受遺者である妹を含めた相続人全員の協議により遺産分割を行い，妹の取得財産について，遺産の10分の1相当の額としたような場合に税務的な問題が生じるであろうか。

この場合に，包括受遺者が包括遺贈の割合に見合う財産をいったん取得した後，実際に取得した財産の価額との差額相当額が受遺者から相続人に移転したとすれば，受遺者から相続人に対する贈与となり，相続税とは別に贈与税の課税問題が生じることになる。

ただ，遺贈がない場合の共同相続人の遺産分割においては，各相続人の相続分とは異なる遺産分割が行われているのが通常であり，その場合には，遺産分割協議に基づく実際の取得財産価額に相続税が課税されるのみで，相続人間での贈与の問題はない。そうであれば，包括遺贈の割合と異なる遺産分割が行われたとしても，当事者の合意があれば，財産取得者に対する相続税課税のみであり，贈与税の課税問題は生じないと考えられる。

2 国税庁の質応答事例における税務の取扱い

遺言と異なる内容の遺産分割が行われた場合の課税問題について，国税庁の「質疑応答事例」には，次のようなものがある。

遺言書の内容と異なる遺産の分割と贈与税

【照会要旨】

被相続人甲は，全遺産を丙（三男）に与える旨（包括遺贈）の公正証書による遺言書を残していましたが，相続人全員で遺言書の内容と異なる遺産の分割を行い，その遺産は，乙（甲の妻）が1/2，丙が1/2をそれぞれ取得しました。

この場合，贈与税の課税関係は生じないものと解してよろしいですか。

8／遺言の内容と異なる遺産分割

【回答要旨】

　相続人全員の協議で遺言書の内容と異なる遺産の分割をしたということは（仮に放棄の手続がされていなくても），包括受遺者である丙が包括遺贈を事実上放棄し（この場合，丙は相続人としての権利・義務は有しています。），共同相続人間で遺産分割が行われたとみて差し支えありません。

　したがって，照会の場合には，原則として贈与税の課税は生じないことになります。

　この質疑応答事例をみる限り，遺言と異なる内容の遺産分割が行われたとしても，相続税の課税のみであり，贈与税等の問題は生じないと考えられる。

　しかしながら，上記の内容は，遺言において遺言執行者が定められているか否かについては一切触れていない。また，相続人に対する遺贈の例であるが，相続人以外の者に対する遺贈があった場合も同様の結論になるかどうかも不明である。このため，上記の質疑応答事例の回答が全てのケースにあてはまるかどうかには疑問がないとはいえない。

　ただ，遺言の内容と異なる遺産分割があった場合に，積極的に贈与税等の課税を行うという実務は行われていないのが実態であると考えられる。

325

第6章／遺産分割

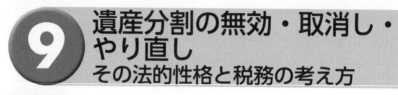

9 遺産分割の無効・取消し・やり直し
その法的性格と税務の考え方

質問

被相続人の遺産であるA土地の価額を時価2億円と算定し，共同相続人間で全遺産の分割を確定させました（相続税の申告も終了しています）。

ところが，その後において，A土地の時価は実際には1億円程度であることが判明しました。このため，A土地を取得した相続人から当初の遺産分割は無効であるとの主張がなされています。法の規定はどのようになっていますか。

また，遺産分割のやり直しは可能でしょうか。また，その場合の税務はどのようになるのでしょうか。

法務の視点

1 遺産分割の効力

民法は，「遺産の分割は，相続開始の時にさかのぼってその効力を生ずる」（民法909本文）と規定している。

相続財産は相続が開始した後，遺産分割が行われるまでは共同相続人の共有となるが，遺産分割が成立すれば，相続開始時に被相続人から直接承継したことになる。

2 相続人の担保責任

遺産分割の効力に関して，民法は，「各共同相続人は，他の共同相続人に対して，売主と同じく，その相続分に応じて担保の責に任ずる」（民法911）と規定し，相続人が遺産分割により取得した財産に瑕疵がある場合には，他の共同相続人は売主と同じ担保責任を負うこととし

ている。

　例えば，相続人がＡとＢの２人（法定相続分は各２分の１）で，遺産分割によってＡが現金１億円を取得し，Ｂが１㎡当たり100万円の土地100㎡（１億円）を取得することとしたが，その後にＢの取得した土地は80㎡（8,000万円）と判明したとする。この場合には，ＢはＡに対し，土地の価額の不足分である2,000万円の相続分相当額である1,000万円の損害賠償を請求することができる。

　また，相続人の担保責任について，損害賠償のほかに代金減額ということがある。例えば，相続人であるＡとＢの２人（法定相続分は各２分の１）が遺産分割により，Ａが１㎡当たり100万円の土地100㎡（１億円）を取得し，ＡからＢに5,000万円の代償金を支払うこととしたところ，Ａの取得した土地の面積が実際には80㎡（8,000万円）しかなかった場合である。この場合には，ＡはＢに対し，評価の不足分相当額である2,000万円のうち，Ｂの相続分（２分の１）に応じた1,000万円の代償金の減額を請求することができる。

　これら２つの例については，遺産分割の無効となることもあり得るが，遺産分割の有効性を維持するとすれば，相続人の担保責任の問題となる。

3 遺産分割の当事者を欠いた遺産分割

　遺産分割の当事者は，原則として共同相続人であり，相続権のある共同相続人を除いて行った遺産分割は無効になる。

　例えば，胎児は相続に関しては，権利能力を有するとされているため（民法886①），出生した胎児を除いて行った遺産分割は無効である。また，行方不明の相続人については，不在者の財産管理人を選任して遺産分割を行う必要があり（民法25，家事事件手続法203一），未成年者が相続人であるときは，法定代理人又は特別代理人を選任して遺産分割を行う必要がある（民法826，家事事件手続法３の8，167）。したがって，これらの場合に財産管理人や特別代理人を選任せずに行った遺産分割は無効になる。

　もっとも，いわゆる死後認知により相続人となった者がいる場合に，

第 6 章／遺産分割

その被認知者を除いて行った遺産分割は無効にはならない。遺産分割の終了後の被認知者の権利は，他の共同相続人に対する金銭請求によってのみ確保することとされている（民法910）。

なお，包括受遺者は相続人と同一の権利義務を有することから（民法990），共同相続人以外に包括受遺者がある場合にその包括受遺者を除いて行った遺産分割は，当然に無効となる。共同相続人の一部の者から相続分を譲り受けた者を除いた遺産分割も同様である。

4 遺産分割の錯誤

共同相続人による遺産分割協議の成立は，当事者の合意であり，法律行為であるため，錯誤無効となる余地がある。

例えば，相続財産である土地の価額が 1 億円であるという認識の下で遺産分割に合意してその土地を取得したところ，実際には 5,000 万円の価値しかなかったという場合である。この場合には，「要素の錯誤」に該当し（民法95①），その遺産分割は無効であるという主張をすることができる。ただし，錯誤が生じたことについて，本人に「重大な過失」がある場合には，無効を主張できないこともあり得る。その主張の可否は，土地の評価を誤った具体的な経緯から判断することになると考えられる。

なお，遺産分割協議において，詐欺又は脅迫により合意に至った場合には，その遺産分割は取り消される余地がある（民法96）。

5 遺産分割の合意解除

遺産分割が共同相続人の全員の合意であることから，共同相続人の全員の合意があれば，その遺産分割のやり直し（合意解除とそれを伴う再分割）が認められると考えられている。

この点について，判例は，「共同相続人の全員が，既に成立している遺産分割協議の全部又は一部を合意により解除した上，改めて遺産分割協議をすることは，法律上，当然に妨げられるものではなく，……」（最判平2.9.27）と判示しており，合意解除が可能であると解されている。

328

9／遺産分割の無効・取消し・やり直し

もっとも，遺産分割の合意解除は，共同相続人全員の合意が必要であり，一部の相続人の意思だけでは解除することはできない。

なお，代償分割による遺産分割が成立した後に，代償債務の不履行を理由として遺産分割の解除の請求ができないことは，本章「4　代償分割」の項（292ページ）で説明したとおりである。

税務の視点

1 遺産分割確定後の財産の移転と税務

遺産の分割は，共同相続人間でいつでも行えるが（民法907①），いったん有効に成立すると，その効力は相続開始時に遡り，その時点から相続人に直接帰属することになる（民法909）。

したがって，その後に所有関係を移動させると，遺産の分割と称しても相続人間での新たな財産移転として処理せざるを得ず，対価の支払がなければ贈与となる。

遺産分割が確定した後に，錯誤により相続登記をやり直したことにつき贈与税が課税された次のような事例がある（東京地判昭57.6.1，東京高判昭58.7.27）。

被相続人が死亡し，相続財産である土地について，その土地を売却する必要から，約2年後に，原告Xら8人に分割した旨の相続登記をし，その一部を売却した。その後，約12年を経過した後に，X以外の相続人が相続した土地のうち，売却しなかった土地については，もともとXが相続すべきものであったが，売却地が広範囲にわたるため，地番と現地を明確に特定できなかったこと等から，誤って売却予定地としてX以外の相続人に相続登記されてしまったものであるとして，当初の相続登記を錯誤により抹消し，改めてその非売却地をX名義とする相続登記がなされた。

これに対し税務署長は，Xへの名義変更は贈与に当たるとして贈与税の課税処分を行った。裁判所は，当初の相続登記は登記手続の過誤であったとする原告の主張に対し，その土地の利用状況，固定資産税の負担状況等から，当初の相続登記及びその前提となった遺産分割協

329

第6章／遺産分割

議書は，真実の相続関係を表示しているものであり，贈与税の課税処分は相当であるとして，原告Xの請求を棄却した。控訴審においても同様の判断をしている。

2 遺産分割の無効・取消しの場合

上記の裁判例に係る事案は，当初の「遺産分割協議書は真実の相続関係を表示している」と認定されたため，贈与税課税が行われたものである。したがって，逆に言えば，遺産分割協議が真実の姿を表示していないものであれば，その後に財産の移転等が行われても贈与税等の問題は生じない。

その典型例は，遺産分割について，前述した無効又は取消しとなる事実が存する場合である。この場合には，やり直し後の遺産分割に基づいて財産の取得者が確定し，相続税もその内容に従って修正することになる。

問題になりやすいのは，遺産分割後の取得財産価額の増減を理由とした遺産分割のやり直しである。相続人Aの取得した土地がその後に下落し，相続人Bの取得した株式の価額が高騰したという場合に，当事者間でその利益を調整するために遺産分割をやり直したいという意向を持つことが少なくない。

このようなケースは，当初の遺産分割が有効に成立していることから，法務的にはともかく，税務的にはやり直しが認められず，仮に行ったとすれば，贈与ということになる。

しかし，どのようなケースに遺産分割のやり直しが認められるか，あるいは税務的な問題が生じないかは，実際には微妙である。例えば，次のような見解がある。

「しかしながら，個別的には，その遺産分割の目的となった遺産の評価に著しい誤りがあり，その誤りが遺産分割の結果に重大な影響を及ぼすような場合には，その遺産分割についてなんらかの瑕疵があったといってもいい場合があるのではないかと思います。そのような場合にまで，いったん遺産分割の協議が有効になされたとして，そのやり直しを一切認めず，相続人間でやり直したことに対して，贈与税を

330

9／遺産分割の無効・取消し・やり直し

課税するということが適当であるかどうかは，議論の分かれるところではないかと思います。

　この点について，私としてはやはり，遺産分割は，その遺産の価額を基礎とするわけですから，その分割の基礎となった価額に重大な誤りがあったとすれば，当然，その分割について相続人は考え直さざるを得ないし，それはやむを得ないことではないかと思うので，そのような場合にまで，これを形式的に贈与だとすることは必ずしも適当ではないと考えます。…（中略）…ただ，この点については，特別な扱いというようなものが定められていないし，また，安易な遺産分割のやり直しを認めると，贈与税の回避につながるので，あくまで個別的，例外的に取り扱われるべき性質のものであると考えます。」（佐藤清勝他『税務解釈事典』（ぎょうせい））

　この見解は，当初の遺産分割の段階で財産評価に重大な誤りがあったという場合は，当事者間の認識を考慮して，再分割が可能な余地もあることを示している。したがって，分割後の財産価額の変動等を理由とするものは，贈与税等の課税問題が生じると考えられる。

　いずれにしても，遺産分割は当初の段階で慎重に行うべきで，その後のいわば後発的事由による遺産分割のやり直しは，ほとんど不可能と考えるべきである。

331

第6章／遺産分割

10 遺産分割の対象となっていなかった財産の処理
分割後の遺産の発見と再分割の要否

質問

　被相続人の遺産について，相続人間で分割を行い，相続税の申告も済ませました。ところが，その後において，被相続人のものと思われる有価証券が発見されました。

　この場合，当初の遺産分割は無効になるのでしょうか。また，相続税は追加納税が必要と思われますが，どのような点に注意して手続を行えばよいでしょうか。

法務の視点

1 遺産分割協議の対象となった財産の範囲

　共同相続人間で協議分割が成立した後に，新たに相続財産が発見・確認されることは少なくない。この場合に，新たに発見された相続財産について，改めて共同相続人間で遺産分割協議を行う必要があるかどうかは，新たに発見された相続財産が既に行われた遺割協議の対象に含まれているか否かで異なった処理になる。

　例えば，遺産分割協議書において「将来新たに発見された遺産は全て相続人Aが取得する」という定めがある場合には，その財産について既に遺産分割は終了しており，改めて遺産分割協議を行う必要はない。

　ただし，既に成立した遺産分割協議の対象となっていなかった相続財産が発見・確認された場合（当初の遺産分割協議書に記載のなかった財産がある場合）には，その相続財産は未分割の状態であり，改めて遺産分割を行わなければならない。結果的に既に行われた遺産分割は一部分割であったということになる。

332

2 新たな遺産が生じた場合の再分割の要否

　遺産分割が終了した後に新たな相続財産が発見・確認された場合に，当初の遺産分割を解除し，白紙に戻した上で改めて遺産分割協議ができるかどうかという問題がある。

　この問題は，遺産の価額によって判断が異なると考えられる。例えば，当初の遺産分割協議の対象とした遺産額が1億円であったところ，その後に1億円の遺産が発見されたというケースである。この場合に，初めから2億円の遺産であることが明らかであれば，共同相続人の認識として当初の遺産分割はしなかったであろうということであれば，当初の分割協議の対象とした財産を含め，改めて遺産分割を行うことができると考えられる。

　この点は，債務についても同様のことがいえる。当初の遺産分割の終了後に多額の相続債務があることが判明した場合である。初めから相続債務のあることが明らかであれば，当初の遺産分割はしなかったということであれば，再分割を行う余地がある（相続開始から相当の期間を経た後に相続債務が把握され，そのことによって相続財産が債務超過となった場合には，その後に家庭裁判所に申述することによって相続放棄が認められることがある）。

　いずれにしても，遺産分割協議の合意解除と再分割が可能になるということであるが，新たに確認された遺産又は債務の額がどの程度である場合に再分割が可能であるという判断基準はない。また，当事者の認識によっても左右される問題であると考えられる。

税務の視点

1 申告漏れ遺産の分割と修正申告等

　相続税は，いうまでもなく死亡した者の所有財産について，死亡後に相続人が申告納税するものであり，財産所有者本人（被相続人）の申告によらない点が他の税目と異なる。このため，故意か過失かは別として，実際問題とすると，申告漏れ遺産が後日に発見されることが

第6章／遺産分割

少なくない。

　この場合，新たな遺産の発見が相続税の申告期限内に生じたもので
あれば，相続人間の協議よってその取得者を決定し，それに基づいて
改めて期限内申告書を提出すればよい。このようなケースでは，特に
税務的な問題はなく，もちろん延滞税や加算税も課されない。

　しかし，多くの場合は申告後の遺産の発見であり，当初の申告には
その財産が含まれていない。この場合の税務的な処理は，修正申告又
は更正となるが，当初の遺産分割協議の対象となっていなかった財産
が発見された場合には，その財産について，共同相続人間で遺産分割
を行わなければならない。実務においては，申告漏れ遺産の修正申告
を行う場合には，その遺産の取得者を決定したことを明らかにする書
面の提出が求められる。

　その分割による遺産取得を前提として修正申告等を行うことになる
が，共同相続人間で改めて分割協議を行うことが煩わしい場合もある。
また，新たな遺産を原因として相続人間でトラブルが生じないとも限
らない。

　このため，前述のように，当初から遺産分割協議書においてに「将
来新たに発見された遺産は全て相続人Aが取得する」と定めたり，
あるいは，次のような文言を入れて再度の遺産分割協議を回避する方
法がとられている。

遺産分割協議書

　被相続人甲の遺産については，共同相続人A，B及びCの間で，次
のように分割することに確定した。
1　相続人Aの取得する遺産
　(1)　………
　(2)　………
　(3)　上記のほか，相続人B及びCが取得する財産以外の一切の財産
2　相続人Bの取得する遺産
　(1)　………

10／遺産分割の対象となっていなかった財産の処理

```
   (2)  ………
 3  相続人Cの取得する遺産
   (1)  ………
   (2)  ………
```

　要するに，上掲の協議書の1の（3）の条項で，具体的に特定した財産以外の財産が発見されても，自動的に相続人Aに帰属させるという主旨である。

　なお，相続税との関係から，この条項を入れる者（相続人A）を配偶者とする例が多い。申告漏れ遺産が生じても，これを全て配偶者に帰属させれば，配偶者に対する税額軽減規定との関係から，相続税の総額の増差分の法定相続分相当額が実質的な追加納税額となる（配偶者以外の相続人に帰属させると，配偶者の取得割合が法定相続分を下回り，軽減規定の適用上不利になる場合がある）。

❚2❘ 隠蔽・仮装財産に対する配偶者の軽減規定の不適用

　上記の方法により申告漏れ遺産を配偶者に帰属させることとしても，相続又は遺贈により財産を取得した者について，隠蔽又は仮装行為があった場合において，相続税について調査があったことにより税務署長による更正又は決定があることを予知して期限後申告書又は修正申告書を提出するときは，その隠蔽又は仮装行為の基となった財産を配偶者が取得しても，税額軽減規定の対象には含まれない（相法19の2⑤⑥）。したがって，この場合には，当初の申告による配偶者の取得財産のみが軽減の対象となる。

　この場合に，その隠蔽又は仮装行為に基づく財産を配偶者が取得したときは，その隠蔽又は仮装行為をした者が配偶者以外の者であっても，軽減規定は不適用になる。したがって，次ページの表の場合には，④を除き，軽減規定は適用されない。

　なお，隠蔽又は仮装行為があった場合の配偶者の税額軽減額の計算方法については，相続税法基本通達19の2-7の2にその取扱いが定められている。

335

第 6 章／遺産分割

●配偶者の軽減規定の適否

	隠蔽又は仮装の行為者	隠蔽又は仮装した 財産の取得者	配偶者の軽減 規定の適否
①	相続人である配偶者	相続人である配偶者	×
②	配偶者以外の納税義務者	相続人である配偶者	×
③	相続人である配偶者	配偶者以外の納税義務者	×
④	配偶者以外の納税義務者	配偶者以外の納税義務者	○

　なお，配偶者の税額軽減の対象にならないのは，調査が行われたことにより修正申告等をする場合に限られる。したがって，隠蔽又は仮装による申告漏れ遺産について，調査が行われる前に自主的に修正申告等を行う場合には，税額軽減の対象になる。

3 申告漏れ遺産の修正申告等と加算税

　申告漏れ遺産について修正申告をした場合には，延滞税はもちろん，調査が行われた場合には加算税も免れない。また，その申告漏れが隠蔽・仮装行為によるものと認定されたときは，重加算税の対象となる（通則法 65，68）。

［設例］

① 　相続人 A と B は，被相続人甲の遺産について相続税の申告を行った。なお，相続人 A のみが相続時まで被相続人と同居しており，事実上，A がその財産の全部を掌握していた。

② 　その後，税務調査が行われ，1 億円の申告漏れ遺産が生じたが，税務当局は，相続人 A が財産を隠蔽していたものと認定した。

③ 　相続人 A 及び B は，申告漏れとなった 1 億円の財産の分割協議を行い，全て B が取得するものとした。修正申告に伴う増差税額は，A が 500 万円，B が 2,000 万円である。

　本設例で，A について重加算税は免れないが，B についても同様であろうか。事実からすると，被相続人の財産について B はほとんど関知しておらず，「隠蔽・仮装」はもっぱら A において行われたものである。したがって，私見ではあるが，B に対しては，過少申告加算税となるものと考えら

10／遺産分割の対象となっていなかった財産の処理

れる。

　そうだとすると，申告漏れ遺産の全てをＢに帰属させたことは，いわば
「加算税の節税」といえるかもしれない。これを逆にして，Ａが取得した
とすれば，Ａの増差税額が2,000万円となり，重加算税の額も当然に増
加する結果となる。もちろん，財産の取得や分割をどのように行うかは，
相続税の問題だけで決定できることではないが，税負担への影響を忘れる
わけにはいかない事例である。

第6章／遺産分割

再転相続と遺産分割
一次相続と二次相続が連続した場合の法務と税務

質問

本年1月に甲が死亡し，相続が開始しました（一次相続）。甲の相続人は配偶者乙，子A及び子Bの3人です。

ところが，その2か月後に乙が死亡しました（二次相続）。乙の死亡時には，甲の遺産について分割が行われていません。

このように，短期間に連続して相続があった場合には，遺産分割をどのように行うのでしょうか。また，相続税はどうなりますか。

法務の視点

1 再転相続の意義

一次相続に係る相続人が相続の承認・放棄をする前に二次相続が開始すること，又は一次相続に係る遺産分割が未了の間に二次相続が開始することを一般に再転相続とよんでいる。

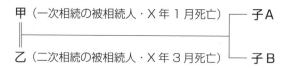

この例の場合に，乙の甲の相続に係る相続分（共有持分権）について，具体的な財産権といえるかどうかという議論があった。裁判例には「相続分は，遺産分割の基準であり，遺産分割において相続財産を取得することができる地位（いわば抽象的な法的地位）であって，遺産分割の対象となる具体的な財産権ではない。」とする考え方があった（大阪高判平17.2.28）。

これに対し，最高裁は「遺産は，相続人が数人ある場合において，

11／再転相続と遺産分割

それが当然に分割されるものでないときは，相続開始から遺産分割までの間，共同相続人の共有に属し，この共有の性質は，基本的には民法249条以下に規定する共有と性質を異にするものではない。そうすると，共同相続人が取得する遺産の共有持分権は，実体上の権利であって遺産分割の対象になるべきものである。本件における甲及び乙の各相続の経緯は，甲が死亡してその相続が開始し，次いで，甲の遺産分割が未了の間に甲の相続人でもある乙が死亡してその相続が開始したというものである。そうすると，乙は，甲の相続開始と同時に，甲の遺産について相続分に応じた共有持分権を取得しており，これは乙の遺産を構成するものであるから，これを乙の共同相続人である子A及び子Bに分属させるには，遺産分割手続を経る必要がある。」とした（最判平17.10.11）。

　要するに，上例の乙の財産が甲からの相続財産しかなくても，その財産を子のAとBに帰属させるためには，その相続財産について遺産分割手続を要するということである。

2 再転相続の場合の遺産分割手続

　上記1の相続関係では，甲を被相続人とする一次相続に係る遺産分割を行い（相続人は乙，A及びBの3人），その後に，乙を被相続人とする二次相続に係る遺産分割を行うことになる（相続人はAとBの2人）。

　この場合に，一次相続に係る遺産分割を行う際は，共同相続人の1人である乙は死亡しているが，AとBの間でその分割方法を決定することになる。その分割において，乙にどの財産をいくら取得させるかはAとBの2人で決定することができる。また，乙の取得財産をないものとすることも自由に決定できる。

　次いで二次相続の遺産分割を行うが，乙の固有財産と乙が一次相続で取得したこととする財産が二次相続の遺産分割の対象になる。

3 再転相続の場合の遺産分割協議書の作成方法

　一次相続と二次相続は，当然のことながら別の相続であり，遺産分

339

割協議書をそれぞれ別に作成することは，もちろんかまわない。ただ実務では，一次相続の分割内容と二次相続の分割内容を併せて1つの遺産分割協議書として作成する方法も採用されている。

相続人関係が次図の場合の遺産分割協議書の作成例を示すと，下記のようになる。

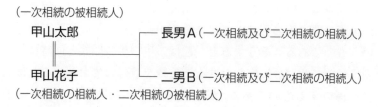

```
                        遺産分割協議書

（被相続人の表示）
    第一次相続
        氏　　　名　　甲　山　太　郎
        本　　　籍　　……………………………………
        最後の住所　　……………………………………
        生 年 月 日　　……………………………………
        死亡年月日　　令和〇年2月8日
    第二次相続
        氏　　　名　　甲　山　花　子
        本　　　籍　　……………………………………
        最後の住所　　……………………………………
        生 年 月 日　　……………………………………
        死亡年月日　　令和〇年4月3日

    上記の者の遺産については，第一次相続及び第二次相続の共同相続
人である甲山一郎及び甲山二郎の間で協議した結果，次のとおり分割
することで合意した。
```

第一次相続に係る遺産分割

　　一　相続人甲山花子が取得する遺産

　　　（一）　……………………………………………………

　　　（二）　……………………………………………………

　　二　相続人甲山一郎が取得する遺産

　　　（一）　……………………………………………………

　　　（二）　……………………………………………………

　　三　相続人甲山二郎が取得する遺産

　　　（一）　……………………………………………………

　　　（二）　……………………………………………………

第二次相続に係る遺産分割

　　一　相続人甲山一郎が取得する遺産

　　　（一）　……………………………………………………

　　　（二）　……………………………………………………

　　二　相続人甲山二郎が取得する遺産

　　　（一）　……………………………………………………

　　　（二）　……………………………………………………

　　以上の遺産分割協議の合意を証するため，本書２通を作成し，各相続人が署名押印のうえ，各自１通を所持するものとする。

　　令和〇年11月22日　　本　　籍　………………………………

　　　　　　　　　　　　住　　所　………………………………

　　　　　　　　　　　　生年月日　………………………………

　　　　　　　　　相続人（長男）甲　山　一　郎　㊞

　　　　　　　　　　　　本　　籍　………………………………

　　　　　　　　　　　　住　　所　………………………………

　　　　　　　　　　　　生年月日　………………………………

　　　　　　　　　相続人（二男）甲　山　二　郎　㊞

4 一次相続と二次相続の相続人の範囲が異なる場合の手続

　上記のような分割協議ができるのは，一次相続の相続人と二次相続の相続人が同じだからである。これに対し，一次相続の被相続人に先妻の子がある場合や死亡した配偶者にいわゆる連れ子がいる場合などでは，次のように一次相続の相続人と二次相続の相続人の範囲が異なることになる。

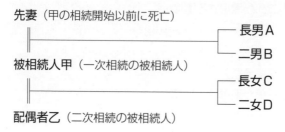

　この例で，一次相続について遺産分割を確定できる（配偶者乙の取得財産を決定できる）のは，長男A，二男B，長女C及び二女Dの4人であるが，二次相続の相続人は，長女Cと二女Dの2人となる。
　このような場合には，いったん一次相続の遺産分割を行い，二次相続の被相続人である配偶者の取得財産を確定した後に，二次相続の遺産分割を行うことになる。

5 再転相続と不動産の相続登記

　ところで，次図の場合の一次相続に係る被相続人の遺産である不動産について，甲からAに所有権の移転の登記（中間省略登記）を行うことが可能であろうか。

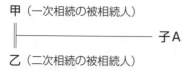

　この例の場合には，一次相続に係る相続人は乙とAの2人であるが，その遺産分割を行う前に乙が死亡しているため，Aにおいて遺産分

割協議書を作成することができない（遺産分割協議を行う相手方がいない）。以下のような事例がある。

　甲の遺産である不動産について，Ａが直接取得したものとする所有権の移転登記を申請することとなったが，その登記申請書には，登記原因証明情報として「遺産処分決定書」と題する書面が添付され，その書面には「被相続人甲の相続登記につき，共同相続人の１人である乙は遺産分割未了のまま死亡したので，甲の遺産である本件不動産は，Ａが直接全部を相続し，取得したことを上申する」旨が記載されていた。

　これに対し，処分行政庁（所轄法務局長）は，登記申請書に遺産分割協議書が添付できないのであれば，直接甲からＡへの相続を原因とする所有権の移転登記をすることはできず，一次相続において，いったん乙及びＡの法定相続分による登記を行うほかはないとし，その登記申請を却下する旨の処分をした。

　その処分を不服としてＡが争ったところ，裁判所は，Ａの主張を認めなかった。その理由については，「原告（Ａ）は，二次相続によってたまたま相続人が１人となったからといって，当該相続人による遺産分割を認めないのは，複数の相続人がいる場合に比べて不合理かつ不公平であるなどと主張する。しかしながら，本件事案において，単独の相続人による遺産分割が認められないのは，民法上，相続人が相続開始時に被相続人に属した一切の権利義務を承継することとされ，複数の相続人の存在が遺産分割の当然の前提とされているからであり，法律上遺産分割の余地がないことをもって不合理かつ不公平であるということはできない。」と判示している（東京地判平26.3.13）。なお，この判示事項は控訴審においても維持されている（東京高判平26.9.30）。

　したがって，上例の場合には，いわゆる中間省略登記はできないことになるが，上記の裁判の確定後に，大阪法務局から法務省民事局に次のような照会が行われている（以下の照会文のＡが一次相続の被相続人であり，Ｂがその配偶者で二次相続の被相続人である。また，ＣがＡとＢの間の子である）。

　「ＢとＣの間でＣが単独でＡの遺産を取得する旨のＡの遺産の分

第6章／遺産分割

割の協議が行われた後にBが死亡したときは，遺産の分割は要式行
為ではないことから，Bの生前にCとの間で遺産分割協議書が作成
されていなくても当該協議は有効であり，また，Cは当該協議の内容
を証明することができる唯一の相続人であるから，当該協議の内容を
明記してCがBの死後に作成した遺産分割協議証明書（別紙）は，
登記原因証明情報としての適格性を有し，これがCの印鑑証明書と
ともに提供されたときは，相続による所有権の移転登記の申請に係る
登記をすることができると考えますが，当該遺産分割協議証明書につ
いては，登記権利者であるC一人による証明であるから，相続を証
する情報（不動産登記令（平成16年政令第379号）別表の22の添付情報
欄）として適格性を欠いているとの意見もあり，当該申請に係る登記
について，いささか疑義がありますので照会します。」

（別紙）

遺産分割協議証明書

　平成20年11月12日○○県○○市○○区○○町○丁目○番○号Aの
死亡によって開始した相続における共同相続人B及びCが平成23年5月
10日に行った遺産分割協議の結果，○○県○○市○○区○○町○丁目○番
○号Cが被相続人の遺産に属する後記物件を単独取得したことを証明する。

　　平成27年1月1日

　　　　　　　　　　　　　　　　　○○県○○市○○区○○町○丁目○番○号
　　　　　　　　　　　　　　　　　（Aの相続人兼Aの相続人Bの相続人）

　　　　　　　　　　　　　　　　　　　　C　　　㊞

　　不動産の表示

　　　　（略）

　この照会に対して法務省は，「貴見のとおり取り扱われて差し支え
ありません。」と回答している（平28.3.2法務省民二第153号法務省民事
局民事第二課長回答）。

　結局，前述した裁判例があるにもかかわらず，上記の「遺産分割協
議証明書」を添付することにより中間省略登記は可能になるというこ
とである。

税務の視点

1 再転相続の場合の相続税の申告期限

相続税の申告書は，相続の開始があったことを知った日の翌日から10か月以内に提出することとされているが（相法27①），その申告書を提出すべき者がその提出期限前に申告書を提出しないで死亡した場合には，その死亡した者の相続人が，その相続（その死亡した者に係る相続）の開始があったことを知った日の翌日から10か月以内に，その死亡した者に係る申告書を提出することとされている（相法27②）。

したがって，次図の被相続人甲に係る相続税の申告書は，その相続の開始を知った日の翌日から10か月以内にAとBが提出することになるが，それ以前に乙が死亡しているため，乙の申告書は，その相続人であるAとBが，乙の相続開始を知った日の翌日から10か月以内に乙に代わって提出することになる。

このため，AとBの申告書の提出期限と乙の申告書の提出期限が異なることとなるが，実務的には，甲の相続から10か月以内にAとBは，乙を含めた3人の連名により申告することになると考えられる。

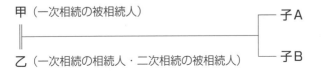

なお，乙の相続に係る申告書は，当然のことながら，その相続の開始を知った日の翌日から10か月以内にAとBが提出することになる。

2 再転相続の場合の相続税の課税価格の計算

上記 1 の例について，甲の相続に係る申告期限までに，AとBにおいて遺産分割を行い，乙を含めた相続人の取得財産を確定させた場合には，その取得財産の価額が乙，A及びBのそれぞれの課税価格に算入される（この場合には，下記で説明するとおり，乙について税額軽減規定が適用できる）。

第6章／遺産分割

ただし，甲の相続に係る申告書の提出時に甲の遺産が未分割である場合には，乙，A及びBがそれぞれの相続分に従って甲の遺産を取得したものとして課税価格を計算することになる。したがって，甲の相続財産の2分の1相当額が乙の課税価格に算入され，4分の1相当額がAとBの課税価格算入額になる（この場合には，乙について税額軽減規定は適用できない）。

なお，乙の相続に係る申告では，一次相続で乙が取得したものとされた財産と乙の固有の財産について，AとBが遺産分割を行うため，その分割の結果に基づいてAとBの課税価格が計算される。ただし，一次相続に係る遺産と二次相続に係る遺産がともに未分割であれば，一次相続における甲の遺産の2分の1相当額と乙の固有財産を併せた相続財産をAとBがそれぞれの相続分に従って取得したものとして，両者の課税価格を計算することになる。

3 再転相続の場合の配偶者の税額軽減の適用

配偶者に対する税額軽減の規定は，遺産分割等により配偶者が実際に取得した財産に適用することとされている（相法19の2②，相基通19の2-4）。このため，配偶者が遺産分割協議の成立前に死亡すると，厳密にいえば分割によって取得した財産がないこととなり，税額軽減制度の適用の余地がなくなってしまう。

しかしながら，この場合に軽減規定の適用を認めないとすると，遺産分割が確定した後に配偶者が死亡した場合と比較して，著しく不公平というべきである。そこで，相続税の取扱いとして，配偶者以外の相続人が一次相続による配偶者の取得財産を確定させたときは，その財産は配偶者が取得したものとして，税額軽減の対象とすることとしている（相基通19の2-5）。

4 再転相続の場合の小規模宅地等の特例の適用

小規模宅地等の特例についても，配偶者の税額軽減と同様に，遺産未分割の場合には適用できないこととされている（措法69の4④）。

ただし，一次相続に係る遺産分割が行われる前に共同相続人のいず

346

11／再転相続と遺産分割

れかが死亡した場合において，小規模宅地等の特例の対象となる宅地
等について，死亡した者以外の共同相続人によって分割され，その分
割により死亡した者の取得した特例対象宅地等として確定させたもの
があるときは，その特例対象宅地等は分割により死亡した者が取得し
たものとして，特例を適用することとされている（措通69の4-25）。

5 再転相続の場合の相次相続控除の適用

　相続により財産を取得した場合において，その相続（二次相続）に
係る被相続人が，二次相続の開始前10年以内に開始した相続（一次
相続）により財産を取得したことがあるときは，二次相続の被相続人
から相続により財産を取得した者について，相次相続控除が適用され
る（相法20）。控除額は，次により計算される（相基通20-3）。

相次相続控除額＝$A \times \dfrac{C}{B-A} \times \dfrac{D}{C} \times \dfrac{10-E}{10}$

　（注）　$\dfrac{C}{B-A}$が$\dfrac{100}{100}$を超えるときは$\dfrac{100}{100}$とする。

　　　この算式における符号の意味は，次のとおりである。
　　　A＝二次相続に係る被相続人が一次相続で取得した財産に課せられた
　　　　　相続税額
　　　B＝二次相続に係る被相続人が一次相続で取得した財産の価額
　　　C＝二次相続の相続人及び受遺者の全員が取得した財産の価額の合計
　　　　　額
　　　D＝控除対象者であるその相続人が二次相続で取得した財産の価額
　　　E＝一次相続から二次相続までの経過年数（1年未満の端数は切捨て）

　この算式は，二次相続の被相続人が一次相続で課せられた相続税額
（算式の符号のA）について，一次相続からの経過年数1年につき
10％ずつ減額（算式の10－E/10）した金額を控除総額とし，これを
二次相続の相続人の取得した財産価額の比（算式のD/C）であん分し
て，各相続人の控除額を求めるという意味である。
　したがって，再転相続の場合に二次相続の被相続人（上記1の例に
おける乙）に相続税が課税されている場合には，二次相続の相続人（上

347

第6章／遺産分割

記**1**の例におけるA及びB) について相次相続控除が適用される。

設例

① 被相続人甲は，令和元年11月20日に死亡し（二次相続），その相続人である子乙と丙は相続により財産を取得した。

② 甲の父は，平成28年1月10日に死亡しており（一次相続），その際，甲に相続税が課税されている。

③ 一次相続で甲が取得した財産の価額……1億2,000万円

④ 一次相続で甲に課せられた相続税額……2,500万円

⑤ 二次相続により財産を取得した乙及び丙の取得財産価額……

乙：1億7,000万円，丙：1億1,000万円，合計：2億8,000万円

⑥ 一次相続（平成28年1月10日）から二次相続（令和元年11月20日）までの期間……3年10か月→3年

＜相続人乙の相次相続控除額＞

$$2,500万円 \times \frac{2億8,000万円}{1億2,000万円 - 2,500万円} \left[> \frac{100}{100} \rightarrow \frac{100}{100} \right] \times$$

$$\frac{1億7,000万円}{2億8,000万円} \times \frac{10年 - 3年}{10年} = 1,062.5万円$$

＜相続人丙の相次相続控除額＞

$$2,500万円 \times \frac{2億8,000万円}{1億2,000万円 - 2,500万円} \left[> \frac{100}{100} \rightarrow \frac{100}{100} \right] \times$$

$$\frac{1億1,000万円}{2億8,000万円} \times \frac{10年 - 3年}{10年} = 687.5万円$$

もっとも，二次相続の被相続人は一次相続の被相続人の配偶者であり，一次相続において配偶者の軽減規定が適用されていれば，納付した相続税額がないため，相次相続控除額が算出されないケースが多い。

6 一次相続の遺産分割が税負担に与える影響

ところで，再転相続の場合の一次相続における配偶者の税額軽減規定の適用上の問題は，上記**3**によって解決されているのであるが，実務上は，一次相続における配偶者の取得財産価額によって，一次相

続と二次相続を通じた全体の税負担に相違が生じることに注意する必要がある。次のような例である。

設例

● 一次相続時の被相続人甲の相続財産……4億円
● 二次相続の被相続人乙（一次相続の相続人）の固有財産……1億円
● 一次相続・二次相続の相続人（甲及び乙の子）……長男A，二男Bの2人

＜ケース1＞　一次相続及び二次相続とも被相続人の財産を法定相続分どおり分割して取得した場合の納付税額

	配偶者乙	長男A	二男B	合　計
一次相続	ゼロ （税額軽減適用）	2.305万円	2.305万円	4,610万円
二次相続		3,460万円	3,460万円	6,920万円
合　計	ゼロ	5,765万円	5,765万円	1億1,530万円

＜ケース2＞　一次相続において配偶者の取得財産はないものとし，一次相続及び二次相続とも被相続人の財産を子のみが取得した場合

	配偶者乙	長男A	二男B	合　計
一次相続	ゼロ	4,610万円	4,610万円	9,220万円
二次相続		385万円	385万円	770万円
合　計	ゼロ	4,995万円	4,995万円	9,990万円

　この結果，上例の場合には，一次相続における配偶者の取得財産をゼロとし，税額軽減規定の適用を受けないほうが有利になるが，もちろんこの方法が全てのケースに当てはまるわけではない。一次相続時の財産価額や配偶者の固有財産の価額，相続人の数などによってケース・バイ・ケースである。ただ，再転相続の場合には，一次相続における配偶者の取得財産は，他の相続人が自由に決められるだけに，慎重に試算した上で最も有利な方法を選択する必要がある。

第7章

遺留分

第7章／遺留分

遺留分
その意義と遺留分額の算定方法

質問

被相続人は，特定遺贈により全財産の処分方法を遺言しています。しかし，どうみても相続人全員の遺留分が満たされているとは思えません。

遺留分の額を計算する場合，遺産の価額や生前贈与等は，どのように評価するのでしょうか。

法務の視点

1 遺留分の意義

遺留分とは，一定範囲の相続人（遺留分権利者）に保障されている遺産の取得割合をいう。換言すれば，被相続人が自由に処分できない遺産に対する割合のことである。

私有財産制度の下では，遺言自由の原則によって，個人の所有財産は生前であっても死後においても自由に処分できるが，その自由を無制限に認めると，相続人に多大な不利益を与えかねない。そこで，相続人の生活の安定及び相続財産の公平な分配との関係から，財産処分の自由に一定の制限を設けたのが遺留分制度である。

遺留分の意義について，古く明治民法は，家督相続制度の下で，家督を相続する遺留分権利者の家産の維持を目的として遺留分制度があるとされていた。これに対し，現在の遺留分制度は，遺留分権利者の生活保障や遺産の形成に貢献した遺留分権利者の潜在的持分を清算することを目的にしたものとされている。

要するに，被相続人の財産処分の自由と相続人の相続利益との調整を図っているのが遺留分の制度である。

1／遺留分

2 遺留分権と遺留分侵害額請求権

　相続が開始すると，一定範囲の相続人は，相続財産に対する一定割合を確保することができる遺留分権を有することになる。その遺留分権から，遺留分を侵害する遺贈及び贈与に係る受遺者又は受贈者から弁済を受けることができる遺留分侵害額請求権が派生的に生じることになる。

　したがって，「遺留分権を有すること」と「遺留分侵害額請求権を有すること」とは別次元のことであり，遺留分権が遺留分侵害額請求権に先行的に発生すると考えることもできる。

3 遺留分権利者の範囲

　遺留分権利者となり得るのは，兄弟姉妹以外の相続人であり（民法1042），被相続人の配偶者，子及び直系尊属である。その順位は相続人の規定に従うから，子（又はその代襲者）がいる場合には直系尊属が遺留分権利者になることはない。また，配偶者は常に遺留分権利者となる。

　ただし，これらの者であっても，相続欠格，相続の廃除又は相続の放棄をした者に遺留分はない。また，相続に関して包括受遺者は相続人と同一の権利義務を有するが（民法990），遺留分権利者にはなり得ない。このほか，胎児は生きて生まれれば相続人となるため（民法886），子としての遺留分を有する。

　子の代襲相続人も被代襲者である子と同じ遺留分を有する。相続欠格や廃除の場合のその欠格者や被廃除者に遺留分はないが，これらは代襲相続の原因となるため，これらの者の直系卑属は遺留分権利者である。なお，相続開始後に非嫡出子が嫡出子となった場合にも遺留分権利者となる。

4 遺留分の割合

　兄弟姉妹以外の相続人は，遺留分として「遺留分を算定するための財産の価額」に，次の割合を乗じた額の財産を取得する権利がある（民

353

第7章／遺留分

法1042①)。

① 直系尊属のみが相続人である場合……3分の1

② その他の場合……2分の1

これらの割合は,「総体的遺留分」と称されているが,遺留分権利者の個々の遺留分（個別的遺留分）は,総体的遺留分にそれぞれの法定相続分を乗じた割合となる（民法1042②）。

$$遺留分の額 = \frac{遺留分の算定の基礎となる財産の価額}{} \times \frac{1}{2} \times 遺留分権利者の法定相続分$$

（注） 相続人が直系尊属のみの場合には,「2分の1」が「3分の1」となる。

相続人が配偶者と子2人の場合の個別的遺留分は,次のようになる。

被相続人 ┬ 子A
配偶者 └ 子B

配偶者 …… $\dfrac{1}{2} \times \dfrac{1}{2} = \dfrac{1}{4}$

子 A …… $\dfrac{1}{2} \times \dfrac{1}{2} \times \dfrac{1}{2} = \dfrac{1}{8}$

子 B …… $\dfrac{1}{2} \times \dfrac{1}{2} \times \dfrac{1}{2} = \dfrac{1}{8}$

以上を取りまとめると,次表のようになる。

●相続人のパターン別の遺留分

相 続 人	総体的遺留分	個別的遺留分	
配偶者と子	1/2	配偶者 1/4	子 1/4
配偶者と直系尊属	1/2	配偶者 2/6	直系尊属 1/6
配偶者と兄弟姉妹	1/2	配偶者 1/2	兄弟姉妹 なし
配偶者のみ	1/2	配偶者 1/2	
子のみ	1/2	子 1/2	
直系尊属のみ	1/3	直系尊属 1/3	
兄弟姉妹のみ	なし	兄弟姉妹 なし	

1／遺留分

5 遺留分の算定の基礎となる財産の価額と生前贈与

遺留分の算定の基礎となる財産の価額は，次の算式により計算する（民法 1029）。

遺留分の算定の基礎となる財産の価額 =

被相続人が相続開始の時に　＋　贈与した財　－　被相続人の
おいて有した財産の価額　　　　産の価額　　　債務の全額

この計算式で問題になるのは，「贈与した財産」の範囲である。旧民法では，次のように考えられていた（改正前民法 1030）。

① 相続人に対する贈与……贈与の時期を問わず，原則として全ての贈与財産の価額が遺留分の算定の基礎となる財産の価額に算入される。

② 相続人以外の者に対する贈与……相続開始前 1 年以内にされた贈与財産の価額が遺留分の算定の基礎となる財産の価額に算入される（ただし，当事者双方が遺留分権利者に損害を加えることを知って贈与したときは，1 年以上前の贈与に係る財産の価額も算入される）。

このように取り扱われるとすれば，被相続人が相続開始の何十年も前に行った相続人に対する贈与によって，第三者である受遺者又は受贈者が受ける減殺の範囲が大きく変わることになる。しかしながら，第三者である受遺者又は受贈者は，相続人に対する古い時期の贈与を知り得ないのが通常であるため，場合によっては，これらの者に不測の損害を与え，その法的安定性が損なわれるという批判的な意見があった。

そこで，平成 30 年 7 月の改正民法は，生前贈与の範囲について，次のような見直しを行った（民法 1044）。

① 相続人に対する贈与（特別受益としての生前贈与）については，相続開始前 10 年以内されたものに限り，遺留分の算定の基礎となる財産の価額に算入する（民法 1044 ③）。

② 相続人以外の者に対する贈与は，相続開始前 1 年以内されたも

355

第7章／遺留分

のに限り，遺留分の算定の基礎となる財産の価額に算入する（民法1044③）。

③　ただし，当事者双方が遺留分権利者に損害を加えることを知って贈与したときは，①及び②にかかわらず，贈与の時期を問わず全ての贈与に係る財産の価額が遺留分の算定の基礎に算入される（民法1044①ただし書）。

●改正民法における生前贈与に対する遺留分の取扱い

贈与の区分		遺留分算定の贈与の取扱い
原　則	相続人に対する贈与	相続開始前の10年間にした贈与に限り，遺留分の算定の基礎となる財産の価額に算入する。
	相続人以外の者に対する贈与	相続開始前の1年間にした贈与に限り，遺留分の算定の基礎となる財産の価額に算入する。
遺留分権利者に損害を与えることを知って贈与した場合		贈与の時期を問わず，原則として全ての贈与財産の価額を遺留分の算定の基礎となる財産の価額に算入する。

上記のほか，改正民法では，贈与財産が受贈者の行為によって滅失し又はその価格の増減があったときであっても，相続開始の時においてなお現状のままあるものとみなして，遺留分の算定の基礎となる財産の価額に算入する旨が明らかにされている（民法1044②，904）。

また，負担付贈与がされた場合の「遺留分の算定の基礎となる財産の価額」に加算する贈与の価額は，贈与の目的財産の価額から負担の額を控除した額となる（民法1045①）。さらに，不相当な対価をもってした有償行為があった場合には，その対価を負担の額とする負担付贈与とみなすこととし，その目的の価額から対価の額を控除したものを遺留分の算定の基礎財産価額に加算することとした上で（民法1045②），遺留分侵害額の負担割合の基準においても，その目的の価額から対価の額を控除したものを贈与の目的の価額とみなすこととされている（民法1047②，1045②）。

なお，贈与財産が金銭の場合には，特別受益である金銭の評価と同様に，贈与の時の金額を相続開始時の貨幣価値に換算した金額で評価

すると考えられる（最判昭 51.3.18）。

（注）　上記の規定における「当事者双方が遺留分権利者に損害を加えることを
　　　知って贈与したとき」について，どのような場合が該当するかは事実認定
　　　の問題であるが，遺留分権利者の遺留分を侵害することを認識し，かつ，
　　　その後将来にわたって財産が増加する可能性がないことを認識して贈与し
　　　たような場合をいうとする裁判例がある（東京地判昭 51.10.22）。

6 被相続人が相続開始の時に有していた財産の範囲

　上記 5 の遺留分の算定の基礎となる財産の価額のうち「被相続人
が相続開始の時に有していた財産」とは，被相続人の遺産である積極
財産をいう。遺贈の目的とされた財産については，包括遺贈と特定遺
贈を問わずこれに含まれる。

　ただし，系譜，祭具，墳墓等の祭祀財産は，一般の相続財産とは別
に取り扱われるため被相続人の有していた財産には含まれない（民法
897）。また，扶養請求権などの一身専属権も遺留分の算定上の財産に
含まれない。

　なお，遺留分の算定の基礎となる相続財産の価額は，相続開始時の
時価により評価するというのが通説的な考え方である。この点，遺産
分割を行う際の基準となる価額は，遺産分割時の時価とされているが，
遺留分権が発生し，遺留分の範囲が確定するのが相続開始の時である
ことから，その評価も相続開始時を基準とすることになる。

　このほか，条件付権利又は存続期間が不確定な権利は，家庭裁判所
が選任した鑑定人の評価に従ってその価格を定めることとされている
（民法 1029 ②）。

7 経営承継円滑化法における遺留分の特例

　ところで，遺留分制度は，中小企業の事業承継の問題と深く関わっ
ている。中小企業の経営者が事業承継のために自社の株式を後継者に
生前贈与をした場合において，その経営者の相続開始時に後継者以外
の相続人から遺留分侵害額請求があると，後継者は多額の金銭の償還
債務を負うことになり，円滑な事業承継に支障が生じるからである。

357

第7章／遺留分

　こうした問題に対処するため，「中小企業における経営の承継の円滑化に関する法律」（経営承継円滑化法）は，遺留分制度について特例的な措置を講じている。いわゆる「除外合意」，「固定合意」及び「付随合意」である（経営承継円滑化法4①，5）。

●経営承継円滑化法に規定する遺留分の特例

	合意の内容
除外合意	経営者の生前に，経済産業大臣の確認を受けた後継者が，遺留分権利者全員の合意に基づき，家庭裁判所の許可を受けることで，経営者から後継者へ贈与された株式について，遺留分の算定の基礎となる財産から除外することができる。
固定合意	経営者の生前に，経済産業大臣の確認を受けた後継者が，遺留分権利者全員の合意に基づき，家庭裁判所の許可を受けることで，経営者から後継者へ贈与された株式について，遺留分の算定の基礎となる財産の価額をその合意時の価額に固定することができる。 （注）　固定合意を行うには，合意の時における株式の価額として相当であることにつき，弁護士，弁護士法人，公認会計士，監査法人，税理士又は税理士法人の証明を要する。
付随合意	家庭裁判所の許可を受けることで，次の財産を遺留分の算定の基礎となる財産から除外することができる。 ・後継者が贈与を受けた株式以外の財産の全部又は一部 ・非後継者が贈与を受けた財産の全部又は一部

　これらの特例合意は，次の場合に書面によって行うこととされている（経営承継円滑化法4）。

　①　当事者（経営者の推定相続人）の全員が合意すること

　②　特例合意の対象となる特例中小企業者の株式を除くと，後継者の議決権割合が50％に達しないこと（株式の贈与前の後継者の議決権割合が50％以上の場合には，特例合意をすることができない）

　③　次の場合に後継者以外の推定相続人がとる措置に関する定めがあること

　　イ　後継者が合意の対象となった株式を処分する行為があった場合

ロ 経営者の生存中に、後継者がその特例中小企業者の代表者として経営に従事しなくなった場合

(注1) 上記②の「特例中小企業者」とは、3年以上継続して事業を行っている会社をいう。

(注2) 上記③の「後継者以外の推定相続人がとる措置」については、次のような定めをすることが考えられる。

① 非後継者がその合意を解除することができる。

② 後継者が合意の対象とした株式を譲渡して対価を得た場合には、非後継者は後継者に対し、その対価の額の一定割合に相当する額の金銭の支払を請求することができる。

この遺留分の特例制度における「旧代表者」(経営者) 及び「後継者」とは、次の者をいう (経営承継円滑化法3②③)。

●経営承継円滑化法に規定する遺留分の特例における当事者の要件

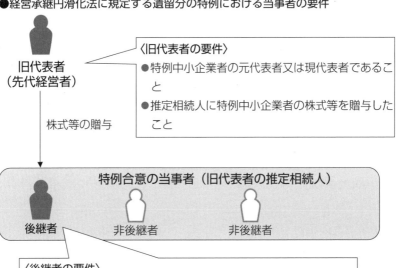

また，特例合意の手続は，次のとおりであり，当事者間で合意した後，後継者が経済産業大臣の確認を受け，家庭裁判所の許可を受けることで，その効力が生じる（経営承継円滑化法7, 8）。

●特例合意の手続

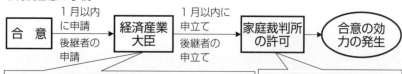

〈経済産業大臣の確認の内容〉
① 当該合意が特例中小企業の経営の承継の円滑化を図るためにされたものであること
② 申請者が後継者の要件に該当すること（旧代表者から株式等の贈与を受けた推定相続人であり，議決権の過半数を有する代表者であること等）
③ 後継者が保有する株式等のうち合意の対象とした株式等を除くと議決権の数が過半数に達しないこと
④ 次の事由が生じた場合の措置に関する定めがあること
　イ　後継者が合意の対象となった株式等を処分した場合
　ロ　旧代表者の生前に後継者が代表者として経営に従事しなくなった場合

〈家庭裁判所の許可の要件〉
○ 当該合意が当事者全員の真意であること

なお，次の事由が生じた場合には，合意の効力は失われることになる（経営承継円滑化法10）。
① 経済産業大臣の確認が取り消されたこと
② 旧代表者の生前に後継者が死亡し，又は成年被後見人・被保佐人となったこと
③ 合意の当事者以外の者が新たに旧代表者の推定相続人となったこと（旧代表者の再婚，新たな子の出生など）

1／遺留分

税務の視点

1 遺留分と相続税

　遺留分は，遺留分権利者に保障されている最低の取得財産に対する割合及びその額のことであるが，相続又は遺贈により取得した財産ではないため，相続税の課税に直接関わることはない。

2 遺留分侵害額請求と相続税

　遺留分侵害額請求があり，相続に伴う取得財産の価額に異動が生じた場合には，相続税の課税にも影響が生じる。とりわけ，相続税の申告後に遺留分侵害額請求が行われた場合には，事後的な税務を行う必要がある（次項参照）。

361

第7章／遺留分

遺留分侵害額請求
侵害額請求の方法と税務処理

質問

遺留分を侵害されている場合の財産の取戻し請求を行うには，どのようにすればよいのでしょうか。

また，既に相続税の申告は終えていますが，遺留分侵害額請求をすると，税務はどのようになりますか。

法務の視点

1 旧民法における遺留分の減殺請求と法的性質

遺留分に反した被相続人の遺贈や相続分の指定は，直ちに無効にはならず，遺留分を侵害された者の遺産の取得は，減殺請求によることとされていた（改正前民法 1031）。

この場合の遺留分の減殺請求は，裁判上の請求による必要はなく，その意思表示がされた場合には，当然に減殺の効力を生ずる形成権であるとするのが判例の立場である（最判昭 41.7.14）。

旧民法における問題点は，遺留分減殺請求権が行使されると，遺留分を侵害する贈与や遺贈は，侵害の限度で失効し，その目的財産は受遺者・受贈者と減殺請求をした者の共有になるとされていたことである。いわゆる物権的効力の発生である。

このため，遺贈等の目的財産が事業用財産であった場合には円滑な事業承継を困難にするという指摘があった。例えば，被相続人が事業の後継者である特定の相続人に事業用の土地建物を遺贈し，又は後継者に株式を承継させたとしても，遺留分減殺請求がされると，これらの財産が事業の後継者と他の相続人との共有になり，事業承継後の経営が困難になるとともに，共有関係の解消をめぐって新たな紛争が生

ずるという問題である。

なお，旧民法においては，遺留分の減殺請求を受けた受贈者又は受遺者は，目的物を現物で返還することが原則であるが，その価額の弁償（金銭の交付）により返還の義務を免れることができることとされていた（改正前民法 1041 ①）。ただし，受遺者又は受贈者が返還を免れるためには，現実に価額弁償ないし弁済を要することとされていた（最判昭 54.7.10）。このため，遺贈又は贈与された財産が事業用資産や非上場株式などの場合には，その評価に関しても争いが生じ，その解決までに一定の時間がかかり，長期間に渡ってこれらの財産の共有状態が解消されないという問題が生じていた。

なお，遺贈又は贈与の目的物の現物返還が原則であるため，遺留分権利者が価額弁償（金銭償還）を選択し請求することはできないこととされていた。

2 改正民法における遺留分の法的性質と遺留分侵害額請求

上記のような問題点を解消するため，平成 30 年 7 月に成立した改正民法は，遺留分に関する権利行使により遺贈又は贈与の一部が当然に無効となり，共有状態が生ずるという旧法の規律を見直し，遺留分に関する権利行使があった場合には，受遺者又は受贈者に対し，遺留分侵害額に相当する金銭の支払を請求することができることとされた（民法 1046 ①）。改正前の物権的効力から債権的効力への変更である。

なお，遺留分に関する権利が金銭債権となったため，受遺者又は受贈者は，遺留分侵害額の請求に対し，現物による返還を選択することはできないこととなった。もっとも，請求を受けた受遺者又は受贈者が現物で返還することを希望し，かつ，遺留分権利者が現物による返還を認めた場合には，現物返還も可能であると考えられる。

（注）　旧法においては，遺留分に関する権利が行使されると，遺留分を侵害する限度で遺贈又は贈与が無効となり，その無効とされた部分に関する権利が遺留分権利者に移転することとされていた。このため，遺贈又は贈与の一部が無効になるという意味で「遺留分減殺」という文言となっていた。

これに対し，改正法では遺留分侵害の基因となる遺贈又は贈与の効力は

363

第7章／遺留分

維持した上で，遺留分侵害額に相当する金銭の請求を行うこととされた。このため「減殺」という用語が適切ではないことから，例えば「遺留分減殺請求権」を「遺留分侵害額請求権」と改めている。

3 遺留分侵害額の算定方法

遺留分侵害額の請求に関する民法の規定を示すと，以下のとおりである（民法1046）。

（遺留分侵害額の請求）

第1046条　遺留分権利者及びその承継人は，受遺者又は受贈者に対し，遺留分侵害額に相当する金銭の支払を請求することができる。

2　遺留分侵害額は，第1042条の規定による遺留分から第1号及び第2号に掲げる額を控除し，これに第3号に掲げる額を加算して算定する。

一　遺留分権利者が受けた遺贈又は第903条第1項に規定する贈与の価額

二　第900条から第902条まで，第903条及び第904条の規定により算定した相続分に応じて遺留分権利者が取得すべき遺産の価額

三　被相続人が相続開始の時に有した債務のうち，第899条の規定により遺留分権利者が承継する債務

この条文の第2項が遺留分侵害額の算定に関する規定である。遺留分侵害額とは，遺留分権利者が，遺贈及び一定範囲の贈与を含む被相続人の財産から遺留分に相当する財産を取得することができない場合のその不足分をいう。

このため，遺留分権利者が被相続人から生前贈与（特別受益）を受けている場合や遺産分割によって取得できる財産がある場合には，これらの財産の価額を控除して遺留分侵害額を算定することになる。

また，遺留分の額は，遺留分権利者の手元に最終的に残る額と考えられることから，遺留分権利者が被相続人の債務を承継した場合には，遺留分の額にその承継した債務の額を加算して遺留分侵害額を算定する必要がある。遺留分侵害額の算定方法を図式化すると，次のようになる。

364

2／遺留分侵害額請求

●遺留分侵害額の算定方法

遺留分の額

(−)

遺留分権利者の特別受益の額

(−)

遺留分権利者が遺産分割において取得すべき財産の価額

(＋)

遺留分権利者が相続によって負担する債務の額

(＝)

遺留分侵害額

(注)　遺留分侵害額の算定に当たって加算すべき債務の額は，法定相続分又は指定相続分に応じて遺留分権利者が負担すべき債務の額となる（民法1046②三）。

　　　被相続人の債務の承継については，共同相続人の合意によって，相続分と異なる割合で承継する（他の相続人が負担すべき相続債務を引き受ける）ことがあるが，他の相続人の債務を引き受けた者の遺留分にその引受額を加算すると，遺留分侵害額請求を受ける受遺者又は受贈者が関知しないところで遺留分侵害額の加算が生ずることになる。このため，受遺者又は受贈者の予測可能性を欠き，相当でないことから，遺留分の額に加算する債務の額は，法定相続分又は指定相続分に応じて遺留分権利者が負担すべき額とされている。

　遺留分侵害額の算定方法の具体例を示すと，以下のとおりである。

設例

● 遺留分権利者……相続人Ａ（法定相続分4分の1）

● 被相続人の相続開始時の積極財産の額……3億円

● Ａが遺産分割により取得すべき財産の価額……2,000万円

● 被相続人の債務の額……1,000万円

● Ａが負担する被相続人の債務の額……250万円

● 被相続人からの生前贈与財産の価額

　・相続人Ａに対する贈与……相続開始の15年前　　400万円

　・相続人Ｂに対する贈与…　　相続開始の15年前　　800万円

　　　　　　　　　　　　　　　相続開始の8年前　　3,000万円

　・第三者に対する贈与………相続開始の半年前　　200万円

365

第7章／遺留分

① 相続人Aの遺留分の割合

$$\underset{\text{(総体的遺留分)}}{\frac{1}{2}} \times \underset{\text{(法定相続分)}}{\frac{1}{4}} = \frac{1}{8}$$

② 遺留分を算定するための財産の価額

　　　　　3億円（被相続人の相続開始時の積極財産の額）

＋）　3,000万円（相続人Bに対する相続開始前10年以内の贈与）

＋）　　200万円（第三者に対する相続開始前1年以内の贈与）

－）　1,000万円（被相続人の債務の額）

3億2,200万円

相続人Aの遺留分の額……3億2,200万円×$\frac{1}{8}$＝4,025万円

③ 相続人Aの遺留分侵害額

　　　4,025万円（Aの遺留分の額）

－）　　400万円（Aの特別受益の額）

－）2,000万円（Aの遺産分割による取得財産価額）

＋）　250万円（Aが負担する債務の額）

　　　1,875万円

4 金銭請求を受けた受遺者又は受贈者に対する支払期限の許与

　遺留分侵害額請求権が金銭債権化された結果，遺留分権利者から金銭請求を受けた受遺者又は受贈者が直ちにその金銭の支払をすることが困難になることがあり得る。

　遺留分侵害額請求権を行使するかどうかは遺留分権利者の自由な意思に委ねられていることから，受遺者又は受贈者があらかじめその請求があることは予測し難いところであり，また，被相続人から遺贈を受けた財産が不動産の場合には早期に換金することが困難な場合が多い。

　こうした場合において，遺留分権利者の権利行使がされたことに対し，直ちに金銭の支払をしなければ常に履行遅滞に陥るとすれば，受遺者又は受贈者に酷な場合もあり得る。

　そこで，裁判所は，受遺者又は受贈者の請求により，金銭債務の全部又は一部の支払につき相当の期限を許与することができるとしてい

366

る（民法1047⑤）。

　ところで，遺留分権利者の権利行使は，「遺留分侵害額を請求する」旨の意思表示で足り（いわゆる形成権の行使），当初から具体的な金額を明示する必要はないと考えられている。このような形成権の行使により生じる金銭債務は，期限の定めのない債務となり，その後に遺留分権利者が具体的に金額を示してその履行を請求した時点で履行遅滞となり（民法412③），その時点から遅延損害金が発生することになると考えられる。

　もっとも，遺留分に関する権利を行使する旨と具体的に金額を明示した金銭請求とを同時に行うことは可能であり，その場合には，その請求が行われた時点から金銭債務は履行遅滞となる。

5 受遺者又は受贈者の負担の順序

　遺留分を侵害している受遺者又は受贈者が複数いる場合の負担の順序（負担割合）について，受遺者又は受贈者は，次の順によって遺贈又は贈与の目的の価額を限度として遺留分侵害額を負担することとされている（民法1047①）。

①　受遺者と受贈者があるときは，受遺者が先に負担する。

②　受遺者が複数あるとき，又は受贈者が複数ある場合においてその贈与が同時にされたものであるときは，受遺者又は受贈者がその目的の価額に応じて負担する。ただし，遺言者が遺言で別段の意思表示をしたときは，その意思に従う。

③　受贈者が複数あるときは，後の贈与に係る受贈者から順次前の贈与に係る受贈者が負担する。

　この場合の「遺贈」には，特定財産承継遺言（いわゆる相続させる旨の遺言）による財産承継又は相続分の指定による財産の取得が含まれる。また，上記の「贈与」は，遺留分を算定するための財産の価額に算入されるものに限られる。

　遺留分侵害額の負担の順序について，簡単な例でみると，次のとおりである。

第7章／遺留分

設例

- ●相続人……子Aと子Bの2人（遺留分はいずれも4分の1）
- ●遺　贈……第三者Xに対して1,000万円（土地）を遺贈
- ●生前贈与…子Aに対して相続開始の5年前に4,000万円（土地）を贈与
- ●相続財産……なし

（計算）

- ●子Bの遺留分侵害額……

$$(1,000万円+4,000万円)\times\frac{1}{4}=1,250万円$$

- ●遺留分侵害額は，受遺者が先に負担することとされているため，Bは，Xに対して1,000万円，Aに対して250万円の支払をそれぞれ求めることができる。

6 受遺者又は受贈者が相続人である場合の遺留分侵害額の負担

受遺者又は受贈者の遺留分侵害額の負担に関して，原則として遺贈又は贈与の目的の価額を限度とし，受遺者又は受贈者が相続人である場合には，その目的の価額からその相続人の遺留分の額を控除した額を上限とすることとされている（民法1047①本文）。

これは，受遺者又は受贈者が相続人である場合には，その相続人も遺留分を有しているため，その相続人についても最低保障額としての遺留分を確保する必要があることによる。

設例

次の場合のBの遺留分の額と侵害額の負担者はどうなるか。

- ●相続人……AとBの2人（遺留分はいずれも4分の1）
- ●遺　贈……Aに対して1,000万円，第三者Cに対して3,000万円
- ●相続財産……なし

$$(1,000万円+3,000万円)\times\frac{1}{4}=1,000万円$$

上記の計算より1,000万円がBの遺留分の額となるが，Aの遺留分の額も1,000万円である。このため，Aの負担すべき遺留分侵害額の上限は，

368

次のようになる。

1,000 万円（遺贈財産の額）− 1,000 万円（Ａの遺留分の額）＝ゼロ

したがって，ＢはＡに対しては遺留分侵害額の請求はできないこととなり，Ｃが遺留分侵害額の全額を負担することになる。

7 遺留分侵害額請求権の行使方法

遺留分侵害額請求は，受遺者又は受贈者に対して意思表示をすることで効力が生じることとされており，必ずしも裁判上の請求による必要はないとされている（最判昭 41.7.14）。もちろん裁判上の請求でも訴訟上の抗弁でもよい。

遺留分侵害額請求を裁判外の意思表示で行う場合，その方式についての定めはない。ただし，相手方に到達することが重要であるため，内容証明郵便によることが望ましい。

この場合の意思表示について，どの程度の内容を要するかという問題がある。遺留分侵害額の請求権に係る短期消滅時効（その請求権は，相続開始及び遺留分の侵害をする贈与又は遺贈があったことを知った時から１年間行使しないと時効によって消滅する）との関係から，とりあえず被請求者に侵害額請求の意思を伝える必要がある場合が多い。この場合，相続開始から短期間のうちに相続財産や遺贈財産の価額を正確に算定し，具体的な請求額を明示することは，実際問題として困難である。

このため，「被相続人からの遺贈・贈与について遺留分を侵害されているので，侵害額請求をする」といった程度の意思表示でも有効と解されている（遺留分侵害額請求の通知の文例については，下記の文例を参照）。

なお，遺留分権利者が遺留分侵害額請求権を行使し，具体的な金銭債権の額が確定した場合であっても，裁判所がその債務の全部又は一部の支払につき期限の許与をした場合には，その期限まで弁済期は到来していない。その後，弁済期限が到来し債務の履行がない場合には，家事調停の申立て又は民事訴訟（給付訴訟）を提起することになると考えられる。

369

第 7 章／遺留分

●遺留分侵害額請求通知の文例

> 被相続人甲山一郎は，貴殿に対し，次の財産を遺贈しました。その結果，私の遺留分が侵害されました。よって，本書をもって貴殿に対し，遺留分侵害額請求をいたします。
>
> 記
>
> 一　神奈川県藤沢市○○二丁目５番所在　宅地 345.67 平方メートル
> 一　○○銀行△△支店の預金全部
>
> 令和○年９月５日
> 神奈川県藤沢市○○二丁目３番４号
> 甲　山　次　郎
>
> 神奈川県横浜市○○三丁目４番５号
> 　　　乙　山　花　子　殿

8 ｜ 遺留分侵害額請求権の期間制限

　遺留分侵害額請求権は，遺留分権利者が相続の開始及び遺留分を侵害する贈与又は遺贈があったことを知った時から１年間その行使をしないときは，時効によって消滅する（民法 1048 前段）。

　この場合の起算点となる「遺留分を侵害する贈与又は遺贈があったことを知った時」とは，遺留分権利者が相続の開始及び遺贈又は贈与があったことを知るのみでなく，その遺贈又は贈与が遺留分を侵害し，侵害額請求を行い得ることを知った時であるというのが通説である。

　また，相続開始の時から 10 年を経過したときも，遺留分侵害額請求権は消滅する（民法 1048 後段）。これは，除斥期間と解されており，時効の中断は問題にならない。

　なお，遺留分権は，相続が開始したことによって発生する権利であり，遺留分権利者について相続の開始前には具体的な権利としての請求権を有していない。したがって，遺留分について事前の保全行為をすることはできない。

2／遺留分侵害額請求

税務の視点

1 遺留分侵害額請求が行われた場合の税務

　相続税の申告書の提出期限内に遺留分侵害額の請求があり，その期限内に金銭債権・金銭債務の額が確定した場合には，それに基づいて取得する財産の額又は金銭債務の額によって相続税の課税価格を計算し，法定期限内に申告することになる。

　これに対し，被相続人の適法な遺言に基づき財産を取得した相続人や受遺者が法定申告期限内に相続税の申告を行った後に，他の遺留分権利者から遺留分侵害額請求権が行使され，支払うべき金銭の額が確定した場合には，申告済の相続税の課税価格及び相続税額に異動が生ずることになり，相続税について事後的な税務処理が必要になる。その概要は，下表のとおりである。

●遺留分侵害額の請求に伴う税務処理

	税務手続	手続の期限
更正の請求 （相法32①三）	遺留分侵害額の請求を受けた者は，既に確定した相続税額が過大となるため，更正の請求をすることができる。	遺留分侵害額の請求に基づき支払うべき金銭の額が確定したことを知った日の翌日から4か月以内に更正の請求を行う。
期限後申告 （相法30①）	遺留分侵害額の請求により，金銭債権を取得し，新たに相続税の申告義務が生じた（新たに納付すべき税額が算出された）者は，期限後申告書を提出できる。	期限後申告書についての提出期限の定めはなく，税務署長による決定があるまでは，いつで申告書を提出することができる。
修正申告 （相法31①）	遺留分侵害額の請求により金銭債権を取得した者が，既に申告書を提出している場合には，既に確定した相続税額に不足を生ずるため，修正申告書を提出できる。	修正申告書についての提出期限の定めはなく，税務署長による更正があるまでは，いつでも申告書を提出することができる。

371

第7章／遺留分

　なお，相続税法は上表のような手続規定を置いているが，前述の未分割遺産が分割された場合と同様に，修正申告（期限後申告）及び更正の請求といった税務処理を行わず，遺留分侵害額請求を行った者とその請求を受けた者との間で税負担の調整を行うことも可能であると考えられる。

　もっとも，遺留分侵害額請求を受けた者が更正の請求を行った場合には，当然のことながらその請求を受けた者は修正申告（期限後申告）をしなければならない。この場合に，修正申告（期限後申告）がないときは，税務署長による更正（決定）処分がある（相法35③）。

2 更正の請求と手続の期限

　遺留分侵害額請求を受けた者の更正の請求の期限は，上記のとおり，遺留分侵害額請求に基づき支払うべき金銭の額が確定したことを知った日の翌日から4か月以内とされている（相法32①三）。事例で確認すると，次のとおりである。

設例

① 相続人Aは，X_1年1月に死亡した被相続人甲の適法な遺言に基づいて全財産を取得し，平成X_1年10月に相続税の申告をした。

② その後3か月を経過したX_2年1月に，相続人BからAに対し，遺留分侵害額請求権が行使された。

③ Aは，Bからの請求額に不服があるとしてこれに応じなかった。そこで，BはX_2年5月に請求権の履行を求めて家庭裁判所に調停を申し立てた。

④ X_2年12月に，Bの申立てに係る調停が成立し，Aの弁済すべき額が確定した。

　この事例の相続人Aは，X_2年12月の調停成立（弁済額の確定）の日の翌日から4か月以内に限り，相続税法32条1項3号の「遺留分侵害額の請求に基づき支払うべき金銭の額が確定したこと」を事由として更正の請求をすることができる。これを図で示せば，下記のとおりである。

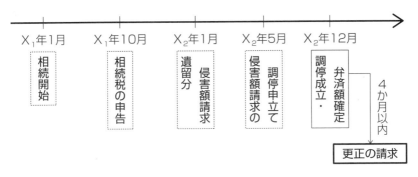

　なお，遺留分侵害額の請求によって新たに金銭債権を取得した相続人Bは，相続税法30条1項の規定に基づき期限後申告書を提出することができる。この場合に，税務署長による決定があるまでに期限後申告書の提出と納税を行えば，加算税・延滞税は課されない（通則法65①，相法51②）。

　ところで，国税通則法の規定による更正の請求の場合には，その期限を原則として法定申告期限から5年以内としている（通則法23①）。したがって，遺留分侵害額の請求を受けて弁済すべき額が確定したことが同項1号における「当該申告書に記載した課税標準等若しくは税額等の計算が国税に関する法律の規定に従っていなかったこと」又は「当該計算に誤りがあったこと」のいずれかに該当する場合には，上記の事例における更正の請求の期限は，相続税の法定申告期限から5年以内となる。

　問題は，「遺留分侵害額の請求に基づき支払うべき金銭の額が確定したこと」が相続税について「当該申告書に記載した課税標準等若しくは税額等の計算が国税に関する法律の規定に従っていなかったこと」といえるかどうかである。この点については疑義のあるところであるが，遺留分侵害額の請求を受けるかどうかは当初申告の段階では不明であり（遺留分権利者が遺留分侵害額の請求を行うかどうかは，その者の任意であり），当初申告に係る課税価格又は税額の計算が相続税法の規定に従っていなかったとはいえないという見方もできる。このため，上記の事例の場合には，遺留分侵害額の請求に基づいて弁済すべき金銭の額が確定した日の翌日から4か以内に更正の請求を

行ったほうがよいと考えられる。

3 遺留分侵害額の請求に基づく資産の移転と譲渡所得課税

　遺留分制度について，平成30年7月の改正民法は，遺留分侵害額請求権を金銭債権化した。このため，その請求を受けた受遺者又は受贈者は，遺留分権利者に対し，原則として金銭の支払をすることになる。

　ただし，当事者双方が合意すれば，金銭の支払に代えて現物の資産で弁済することも可能である。注意したいのは，金銭債務の履行に代えて資産を交付すると，いわゆる代物弁済となり，譲渡所得課税が生じることである。この場合の譲渡所得の収入金額は，その履行により消滅した債務の額に相当する金額となる（所基通33-1の6）。

●金銭債務の履行に代えて資産を交付した場合の受遺者・受贈者の譲渡所得課税

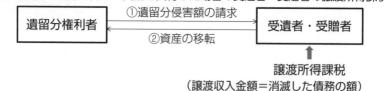

　なお，遺留分権利者に移転させた資産が相続又は遺贈により取得した資産の場合には，譲渡所得の課税上の取得費及び取得時期は，被相続人のものを引き継ぐことになる（所法60①）。

　一方，金銭の支払に代えて，その債務の履行として資産の移転があったときのその履行を受けた者のその資産の取得費は，その履行により消滅した債務の額に相当する価額となる（所基通38-7の2）。

●金銭債務の履行に代えて資産を移転した場合の遺留分権利者の取得費

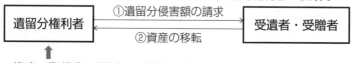

3 遺留分の放棄
その方法と効果

質問

遺留分については，相続後のトラブルを避けるため，生前に放棄をすることができると聞きました。

遺留分を放棄すると，その分だけ他の相続人の財産が増加することになり，一種の生前贈与として贈与税の問題が生じないか心配です。

法務の視点

1 遺留分の放棄の意義と方法

遺留分をめぐる紛争を防止するための一手法として，遺留分を事前放棄することが考えられる。民法は，遺留分権利者が相続の開始前に，家庭裁判所の許可を得て遺留分の放棄をすることを認めている（民法1049①）。家庭裁判所の許可は審判事項であり，管轄裁判所は被相続人の住所地の家庭裁判所である（家事事件手続法216①）。

遺留分の放棄について，家庭裁判所の許可を要することとしているのは，被相続人がその地位を利用して一部の相続人に対して強制するような行為を防止するためと解されている。

したがって，遺留分放棄の申立てがあった場合には，その申立人の自由な意思に基づくものであるかどうか，遺留分を放棄することに合理的な理由があるかどうかといった点が家庭裁判所の許可基準となる。

2 遺留分の許可審判の取消し

家庭裁判所の許可を得て遺留分の放棄をした後に，その取消し（撤回）ができるかどうかについては，「遺留分放棄許可の審判がなされた後には，原則として，放棄の撤回はできないが，審判の基礎となっ

第7章／遺留分

た客観的事情に明白かつ著しい変化が生じ，許可の審判を維持することが著しく社会的実情に合致しなくなった場合には，相続開始前に限り，遺留分放棄許可の審判を取り消すことができる。」とされている（東京家審昭 44.10.23，松江家審昭 47.7.24）。

なお，遺留分の放棄の取消しは相続開始前に限られている。相続開始後にその取消しを認めると，遺留分の放棄を前提にした被相続人の財産処分の意思に影響を与えるとともに，相続開始後の相続関係や取引の安全性が害されるおそれがあるからである。

3 遺留分の放棄の効果

共同相続人のうちの1人が行った遺留分の放棄は，他の共同相続人の遺留分に影響を及ぼさないとされている（民法 1049 ②）。遺留分の放棄があると，被相続人が自由に処分することができる財産の範囲が増加するということである。

また，遺留分の放棄は，相続の放棄とは異なるから，遺留分を放棄した者も相続開始後は相続人となる。したがって，遺留分を放棄した者も遺産分割協議に参画して相続財産を取得することができる。

なお，遺留分の放棄があると，被相続人が自由に処分できる財産が増加するが，その増加した分を他の相続人等に遺贈又は贈与をしなければ，遺留分を放棄した者に実質的な影響はない。被相続人が遺留分を放棄した者に財産を与えたくないという意向がある場合には，遺留分の放棄があったことにより増加した自由分を他の相続人等に遺贈又は贈与を行う必要がある。

税務の視点

1 遺留分の放棄と相続税

遺留分の放棄は，相続の放棄ではないから，前述のとおり，遺留分を放棄した者も相続開始後は相続人となる。このため，遺留分の放棄があったとしても，法定相続人の数や法定相続分に変動はなく，通常どおり相続税の計算が行われる。

376

2 遺留分の放棄と贈与税

　共同相続人のうちの1人が遺留分の放棄をしても，他の共同相続人の遺留分は増加しない。したがって，共同相続人間で財産価値の移転はなく，贈与税の課税問題は生じない。

【著者略歴】

小池　正明（こいけ　まさあき）

税理士

長野県生まれ。中央大学卒業後，昭和53年税理士試験合格，昭和58年小池正明税理士事務所開設。

税理士として中小企業の経営・税務の指導にあたるとともに，研修会・セミナー等の講師も担当。

現在，日本税理士会連合会税制審議会専門委員長，早稲田大学大学院法務研究科講師

主な著書に，『事例で理解する相続税トラブルの原因と防止策』（清文社），『法人税・消費税の実務処理マニュアル』，『消費税のしくみと実務がわかる本』（日本実業出版社），『民法・税法による遺産分割の手続と相続税実務』（税務研究会出版局）などがある。

税理士のための相続法と相続税法 法務と税務の視点

2019年11月29日　発行

著　者　　小池　正明　Ⓒ

発行者　　小泉　定裕

発行所　　株式会社 清文社

東京都千代田区内神田1－6－6（MIFビル）
〒101-0047　電話03（6273）7946　FAX03（3518）0299
大阪市北区天神橋2丁目北2－6（大和南森町ビル）
〒530-0041　電話06（6135）4050　FAX06（6135）4059
URL http://www.skattsei.co.jp/

印刷：奥村印刷㈱

■著作権法により無断複写複製は禁止されています。落丁本・乱丁本はお取り替えします。
■本書の内容に関するお問い合わせは編集部までFAX（03-3518-8864）でお願いします。
＊本書の追録情報等は，当社ホームページ（http://www.skattsei.co.jp）をご覧ください。

ISBN978-4-433-62359-3